Angkor und die Tempel der Khmer in Kambodscha

ANGKOR

UND DIE TEMPEL DER KHMER IN KAMBODSCHA

JOHANN REINHART ZIEGER

Herausgeber:

REINHARD HOHLER

SILKWORM BOOKS

Angkor und die Tempel der Khmer in Kambodscha
Johann Reinhart Zieger
Herausgeber: Reinhard Hohler

© 2006 by Silkworm Books
Photos © by Johann Reinhart Zieger

ISBN 974-9575-60-1

First published in 2006 by

Silkworm Books
6 Sukkasem Road, T. Suthep, Mueang,
Chiang Mai 50200, Thailand
E-mail: info@silkwormbooks.info
www.silkwormbooks.info

Typeset by Silk Type in Janson 8 pt.
Cover photograph: Johann Reinhart Zieger
Line drawings and illustrations: Umaphon Soetphannuk

Printed in Thailand by O. S. Printing House, Bangkok

5 4 3 2 1

INHALT

Zeichen und Abkürzungen VII
Einleitung X

I KATALOG DER TEMPEL

Angkor
01. Am Phnom Bakheng 1
02. Am Östlichen Baray 8
03. Am Westlichen Baray 24
04. ANGKOR WAT 28
05. Angkor Thom 46
06. Am Großen Platz von Angkor Thom 51
07. BAYON 58
08. Andere Monumente in Angkor Thom 68
09. Am Nördlichen Baray 74
10. Nördlich von Angkor Thom 81

Umgebung von Angkor
11. Tempel von Roluos 87
12. Bereich des Tonlé Sap 94
13. Am Fuß des Phnom Kulen 96
14. Phnom Kulen 105

Übriges Kambodscha
15. Battambang 113
16. BANTEAY CHHMAR 117
17. PREAH VIHEAR 123
18. Koh Ker 132
19. PREAH KHAN von Kampong Svay . . . 138
20. SAMBOR PREI KUK 143
21. Mekong 155
22. Mekong-Delta 160

II GRUNDLAGEN

23. Museen und Sammlungen 171
24. Geographie 173
25. Geschichte 174
26. Religion 187

III ARCHITEKTUR

27 Elemente des Tempel-Baus 203
28 Funktion von Tempeln 211
29 Entwicklung des Pyramiden-Tempels 212
30 Symbolik des Pyramiden-Tempels 215
31 Flach-Tempel 217
32 Holz, Stein und Wasser 218
33 Städte, Straßen und Brücken 222

IV ANHANG

Praktische Hinweise 227
Glossar 237
Literatur 247
Endnoten 251
Nachwort 254

VERZEICHNIS DER KÄSTEN, PLÄNE UND ABBILDUNGEN

ANGKOR THOM 47
ANGKOR THOM, Riesen-Balustrade, N-Tor . . . 50
ANGKOR WAT, Ansicht von S und Schnitt . . . 29
ANGKOR WAT, der Tempel 214
ANGKOR WAT, Gesamt-Anlage 28
Angkor, sls geometrische Harmonie XI
ASRAM MAHAROSEI 166
Ausschnitt aus einer Karte von Aymonier 113
BAKONG 90
BANON 115
BANTEAY CHHMAR, Gesamt-Anlage 117
BANTEAY CHHMAR, Relief 121
BANTEAY CHHMAR, zentrale Tempel-Anlage . . 120
BANTEAY KDEI 16
BANTEAY KDEI und SRAH SRANG 17
BANTEAY PIR CHAN 136
BANTEAY PREI NOKOR, Gesamt-Anlage . . . 157
BANTEAY PREI NOKOR, PREAH THEAT THOC, . 159
    Rekonstruktions-Zeichnung
BANTEAY PREI NOKOR, PREAH THEAT THOM C, 158
    Rekonstruktions-Zeichnung
BANTEAY PREI NOKOR, PREAH THEAT THOM S, 158
    Rekonstruktions-Zeichnung
BANTEAY SREI, Rekonstruktions-Zeichnung . . . 97
BANTEAY THOM 82
BAPHUON, Rekonstrutions-Zeichnung . . . 214
BASSET 115
BAYANG 166
BAYON, innere Galerie 63
BENG MEALEA, von Osten, Delaportes Rekonstruktion . 103
BENG MEALEA, Gesamt-Anlage 103
CHAU SREI VIBOL 102
DAMREI KRAP, Rekonstruktions-Zeichnung . . 108
Eck-Pavillon NW 42

Eck-Pavillon SW 37
Fliegender Palast, SAMBOR PREI KUK N 145
HANCHEY, Zelle, Fotographie vor 1950 157
Koh Ker 133
Lingam in Sockel 190
Modell des Borobudur 93
Mudra 198
NEAK BUOS 131
ÖSTLICHER MEBON 9
PHNOM BOK 100
PHNOM CHISOR, Tempel 162
PRASAT DAMREI 134
PRASAT THOM 135
PRE RUP 213
PREAH KHAN von Kompong Svay, Gesamt-Anlage . 139
PREAH KHAN von Kompong Svay, ... 140
    MEBON PRAH THKOL
PREAH KHAN von Kompong Svay, PREAH DAMREI 141
PREAH KHAN von Kompong Svay 208
PREAH KHAN von Kompong Svay, zentraler Bereich . 140
PREAH VIHEAR Hof I und Vorhof II 126
PREAH VIHEAR, von NO 124
Roluos-Gruppe 87
SAMBOR PREI KUK N 145
SAMBOR PREI KUK S 146
SAMBOR PREI KUK, TRAPÉANG ROMÉAS . . 150
SAMBOR PREI KUK, Übersichts-Plan 144
TA PROHM 19
WAT EK PHNOM 113
Yasodharapura 4

ZEICHEN UND ABKÜRZUNGEN

❶ ... ❽	▶ Besuchs-Programm
▶	siehe im Teil II oder III
▷	siehe im Teil I oder IV
☛	Hinweis
/	oder
~	ungefähr
(01.01)	Nummer im Katalog
A.	Anfang
AC	Air Condition, Klima-Anlage
B.	Baht (Thailand)
C	Zentrum, Mitte
CA	Angkor Conservation
E.	Ende
EFEO	Ecole Française d'Extrême-Orient
eM	E-Mail
frz.	Französisch
in.	Bahasa Indonesia, Indo¬nesisch
Jh.	Jahrhundert
kh.	Khmer, Kambodscha¬nisch
kursiv	▶ im Glossar und Index
lat.	Latein
M.	Mitte
p.	Pali
Pt	Prasat
R.	Riel (Kambodscha)
RN	Route National, National-Straße
san.	Sanskrit
S.	Siehe
th.	Thai

Bei Maßangaben steht erst O-W, dann N-S.
Bei Karten ist, wenn nicht anders angegeben, N oben.

EINLEITUNG

▷ Angkor als geometrische Harmonie: Eine Welt in Harmonie mit der kosmischen Ordnung, eine Welt der Menschen und Götter, erbaut vom 9. bis 13. Jh. n. Chr., Hauptstadt des Khmer-Reiches, das zeitweise die gesamte südostasiatische Halbinsel beherrschte.

Der archäologische Park Angkor umfasst:

- das eigentliche **Angkor**, 5 bis 12 km nördlich von Siem Reap, mit ANGKOR WAT, Angkor Thom, zwischen 900 und 1300.
- die Tempel von **Roluos**, gut 12 km östlich von Siem Reap, um 860 und früher.
- **BANTEAY SREI**, 25 km nördlich von Angkor, 967
- WAT ATHVÉA und PHNOM KROM südlich von Siem Reap.

„ANGKOR"

Als Europäer im 19. Jh. diesen Platz „entdeckten", stießen sie zuerst auf das, was die Einheimischen *Angkor Wat* und *Angkor Thom* nannten. So entstand der Name *Angkor* für das Reich und die Kultur von Kambu-ja/Kambu-chea (Kambodscha) vom 9. bis ins 14. Jh..

Angkor bedeutet: *Stadt, Hauptstadt*, abgeleitet von *nagara* (Sanskrit). Auch: *ongkor, nokor* ,in Thai *nakhorn, nakhon* o. *nokhon*. Ausgesprochen mit offenen „*o*" wie in „horchen", amerikanisiert klingt es wie „*ängkör*".

Insgesamt um die 70 Monumente, die den Besuch wert sind.

Nehmen Sie sich Zeit dafür, „Man hätte länger bleiben sollen.", sagen die meisten Besucher.

Diese Vielfalt kann verwirren, es lohnt sich das Besuchs-Programm zu planen und nicht der Routine zu folgen.

CRASH-KURS

Erste Schritte in Siem Reap Angkor

1. Auf dem Weg *zum Guesthouse* oder Hotel lassen Sie sich zu nichts überreden. Organisieren Sie Ihren Aufenthalt vom Quartier aus. Nehmen Sie sich Zeit für die Planung.

2. Engagieren Sie einen Motodop. Moped 6–8$ pro Tag. Oder ein Tuk Tuk, Moped-Sänfte, für 1 bis 3 Personen 8–10$. Fahrrad 1–3$. Limousine ab 20$. Lassen Sie sich dazu von Ihrem Guesthouse oder Hotel beraten.

3. Westliche Besucher brauchen einen Tempel-Pass, den gibt es nur bei der Kontroll-Stelle auf dem Wag nach ANGKOR WAT. 1 Tag: 20$, 3 Tage: 40$, 7 Tage: 60$.[1]

Den Pass brauchen Sie für Angkor —von Angkor Thom bis BANTEAY SAMRE, die Tempel von Roluos,

---

1. Das Geld geht zum größten Teil an eine private Gesellschaft.

Angkor als geometrische Harmonie

BANTEAY SREI WAT ATHVÉA und
PHNOM KROM. Für BENG MEALEA
besondere Bedingungen.

4. Den Pass können Sie bereits am
Vortag ab 17 Uhr benutzen (oder ab 17
Uhr wird nicht mehr kontrolliert).

5. Zeit genug für BAKSEI CHAM-
KRONG (01.05), einen kleinen Pyramiden-Tempel. Dann steigen Sie hinauf
zum PHNOM BAKHENG (01.02),
einem großen Pyramiden-Tempel. Von
dort haben Sie einen schönen Blick auf
ANGKOR WAT (04.01), den Tonlé Sap
und den Westlichen Baray (03.05). Sonnen-Untergang.

6. Sie brauchen den Pass auch für
viele Tempel in der Umgebung von
Angkor. Erkundigen Sie sich über den
aktuellen Stand der Dinge.

7. Für die Mittagspause in Angkor gibt
es einfache, freundliche Essens-Stände, an
manchen können Sie auch in einer Hängematte ausruhen. Vor allen großen Tempeln
und in Angkor Thom zwischen Großem
Platz und BAYON. Erkundigen Sie sich
nach den Preisen, Essen sollte ~1$ kosten.

8. Das schönste Licht haben Sie am
frühen Morgen und am späten Nachmittag
(wenn es dann nicht regnet). Die Einheimischen machen Mittagspause von 11 bis
14 Uhr. Aber: Reliefs an Außen-Wänden
können im steilen Mittags-Licht besonders
plastisch hervor treten. Betreten Sie Tempel möglichst mit der Sonne im Rücken.

BESUCHS-PROGRAMM

Ein Tag:

BAKSEI CHAMKRONG–Angkor
Thom, S-Tor–**BAYON**–Großer Platz
in Angkor Thom–TA PROHM oder
PREAH KHAN–**ANGKOR WAT**.

Drei Tage:

Angkor ist der wohl größte Tempel-
Komplex auf dieser Erde, Monumente
aus 500 Jahren. Die Fülle kann verwirren.
Deshalb: Besuchen Sie die wichtigsten
Tempel in chronologischer Ordnung,
das erleichtert das Verstehen und Sehen.
Wählen Sie aus.

1. Tag–Roluos–Tempel und 10. Jh.		
❶ **BAKONG**		11.04
PREAH KO		11.05
LOLEI		11.07
❷ **PHNOM BAKHENG**		01.02
❸ **BAKSEI CHAMKRONG**		01.05
PRASAT KRAVAN		02.07
BANTEAY SREI		13.01
2. Tag–11. und 12. Jh.		
BANTEAY SAMRE		02.05
❹ **ÖSTLICHER MEBON**		02.02
❺ **PRE RUP**		02.03
❻ **TA KEO**		02.12
PHIMEANAKAS		06.05
❼ **ANGKOR WAT**		04.01
3. Tag–Bayon–Epoche, E. 12. bis 13. Jh.		
Angkor Thom, S-Tor,		05.02
❽ **BAYON,**		07.01
Großer Platz in		06.01
Angkor Thom		
TA PROHM		02.11
NEAK PEAN		09.06
PREAH KHAN		09.03

Einstiegs-Tempel ❶ bis ❼ (unterstrichen) sind
im Katalog so beschrieben und erklärt, dass Sie
mit jedem von ihnen Ihren Besuch in Angkor
anfangen können.

Sieben Tage:

Verschaffen Sie sich zunächst einen
Überblick, Drei-Tage-Programm wie
oben. Dann wählen Sie frei.

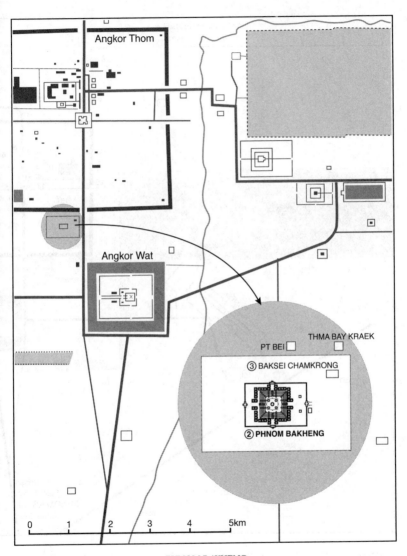

PHNOM BAKHENG

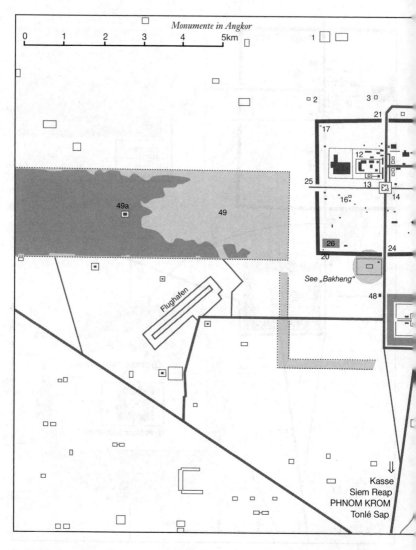

Monumente in Angkor

0   1   2   3   4   5km

Flughafen

See „Bakheng"

Kasse
Siem Reap
PHNOM KROM
Tonlé Sap

1	BANTEAY THOM 10.03	6	KROL KO 09.07	11	Angkor Thom 05.01
2	CHAN TA OURM 10.02	7	PREAH KHAN 09.03	12	Königs-Palast 06.04
3	TONLE SNGOT 10.01	8	NEAK PEAN 09.06	13	BHAPUON 06.06
4	BANTEAY PREI 09.05	9	Nördlicher Baray 0º.01	14	② BAYON 07.01
5	PT PREI 09.04	10	TA SOM 09.08	15	MANGALARTHA 08.10

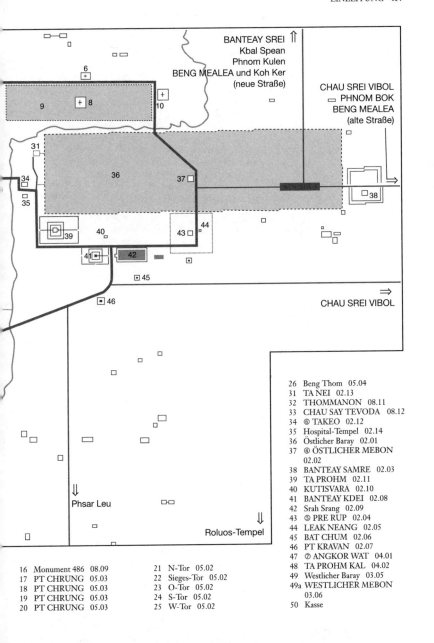

BANTEAY SREI ⇑
Kbal Spean
Phnom Kulen
BENG MEALEA und Koh Ker
(neue Straße)

CHAU SREI VIBOL
PHNOM BOK
BENG MEALEA
(alte Straße)

CHAU SREI VIBOL ⇒

Phsar Leu ⇓

Roluos-Tempel ⇓

16 Monument 486 08.09
17 PT CHRUNG 05.03
18 PT CHRUNG 05.03
19 PT CHRUNG 05.03
20 PT CHRUNG 05.03

21 N-Tor 05.02
22 Sieges-Tor 05.02
23 O-Tor 05.02
24 S-Tor 05.02
25 W-Tor 05.02

26 Beng Thom 05.04
31 TA NEI 02.13
32 THOMMANON 08.11
33 CHAU SAY TEVODA 08.12
34 ⑥ TAKEO 02.12
35 Hospital-Tempel 02.14
36 Östlicher Baray 02.01
37 ④ ÖSTLICHER MEBON
     02.02
38 BANTEAY SAMRE 02.03
39 TA PROHM 02.11
40 KUTISVARA 02.10
41 BANTEAY KDEI 02.08
42 Srah Srang 02.09
43 ⑤ PRE RUP 02.04
44 LEAK NEANG 02.05
45 BAT CHUM 02.06
46 PT KRAVAN 02.07
47 ⑦ ANGKOR WAT 04.01
48 TA PROHM KAL 04.02
49 Westlicher Baray 03.05
49a WESTLICHER MEBON
     03.06
50 Kasse

I
KATALOG DER TEMPEL

ANGKOR

01. Am Phnom Bakheng 1
    01.01   Die erste Hauptstadt in Angkor . . . 1
    01.02   PHNOM BAKHENG 1
    01.03   PRASAT THMA BAY KRAEK . . . 5
    01.04   PRASAT BEI 5
    01.05   BAKSEI CHAMKRONG . . . 6

02. Am Östlichen Baray 8
    02.01   Östlicher Baray 8
    02.02   ÖSTLICHER MEBON 8
    02.03   BANTEAY SAMRÉ 10
    02.04   PRE RUP 12
    02.05   LEAK NEANG 14
    02.06   BAT CHUM 14
    02.07   PRASAT KRAVAN 15
    02.08   BANTEAY KDEI 16
    02.09   Srah Srang 17
    02.10   KUTISVARA 18
    02.11   TA PROHM 18
    02.12   TA KEO 21
    02.13   TA NEI 22
    02.14   Hospital-Tempel bei TA KEO . . . 23

03. Am Westlichen Baray 24
    03.01   PREI KHMENG 24
    03.02   PHNOM RUNG 24
    03.03   KUK PO 24
    03.04   AK YUM 25
    03.05   Westlicher Baray 26
    03.06   WESTLICHER MEBON . . . 27

04. ANGKOR WAT 28
    04.01   ANGKOR WAT 28
    04.02   TA PROHM KAL 44

05. Angkor Thom 46
    05.01   Angkor Thom—die neue Hauptstadt . . 46
    05.02   Die fünf Tore 47
    05.03   PRASAT CHRUNG 49
    05.04   Beng Thom und Run Tadev . . . 50

06. Am Großen Platz von Angkor Thom 51
    06.01   Großer Platz 51

06.02 Terrasse der Elefanten 51
06.03 Terrasse des Lepra-Königs 52
06.04 Königs-Palast 52
06.05 PHIMEANAKAS 53
06.06 BAPHUON 54
06.07 Khleang 57
06.08 Kleiner Tempel 57
06.09 PRASAT SUOR PRAT 57

07. BAYON 58
07.01 BAYON 60
07.02 Vihear Prampil Loveng 66

08. Andere Monumente in Angkor Thom 68
08.01 PREAH PITHU 68
08.02 PREAH PITHU, Tempel T 68
08.03 PREAH PITHU, Tempel U 69
08.04 PREAH PITHU, Tempel V 69
08.05 PREAH PITHU, Tempel X 70
08.06 PREAH PITHU, Tempel Y 70
08.07 PREAH PALILAY 70
08.08 Tep Pranam 71
08.09 Monument 486 71
08.10 MANGALARTHA 72
08.11 THOMMANON 72
08.12 CHAU SAY TEVODA 73
08.13 Spean Thma 73

09. Am Nördlichen Baray 74
09.01 Nördlicher Baray 74
09.02 Krol Romeas 74
09.03 PREAH KHAN von Angkor 74
09.04 PRASAT PREI 77
09.05 BANTEAY PREI 77
09.06 NÉAK PEAN 78
09.07 KROL KO 79
09.08 TA SOM 79

10. Nördlich von Angkor Thom 81
10.01 TONLÉ SNGOT 81
10.02 CHAN TA OURM 81
10.03 BANTEAY THOM 82
10.04 SRO LAU 83

UMGEBUNG VON ANGKOR

11. Tempel von Roluos **87**
   11.01   Die Stadt Hariharalaya 87
   11.02   TRAPÉANG PHONG 87
   11.03   PREI MONTÍ 88
   11.04   BAKONG 88
   11.05   PREAH KO 92
   11.06   Baray von Lolei 93
   11.07   LOLEI 93

12. Bereich des Tonlé Sap **94**
   12.01   PHNOM KROM 94
   12.02   WAT ATHVÉA 95

13. AM FUß DES PHNOM KULEN **96**
   13.01   BANTEAY SREI 96
   13.02   Kbal Spean 99
   13.03   PHNOM DEI 100
   13.04   PHNOM BOK 100
   13.05   CHAU SREI VIBOL 101
   13.06   BENG MEALEA 102

14. Phnom Kulen **105**
   14.01   Brah Thom 105
   14.02   Tausend Lingam 105
   14.03   KROL ROMÉAS 105
   Zugang zu 14.01 bis 14.03 106
   14.04   Preah Ang Choup 106
   Die Tempel von Mahendraparvata 106
   14.05   RONG CHEN 107
   14.06   PRASAT KRAHAM 107
   14.07   DAMREI KRAP 108
   14.08   NÉAK TA 108
   14.09   O POAN 109
   Zugang zum östlichen Phnom Kulen . . . 109

ÜBRIGES KAMBODSCHA

15. Battambang **113**
   15.01   WAT EK PHNOM 113
   15.02   BANON 114
   15.03   BASSET 115
   15.04   Westlicher PRASAT SNENG 116
   15.05   Östlicher PRASAT SNENG 116

16. BANTEAY CHHMAR **117**
  16.01 BANTEAY CHHMAR 117
  16.02 BANTEAY TOAP 122

17. PREAH VIHEAR **123**
  17.01 PREAH VIHEAR 123
  17.02 NEAK BUOS 130

18. Koh Ker **132**
  S-Gruppe 132
  18.01 PRASAT PRAM 132
  18.02 NEANG KHMAU 132
  18.03 PRASAT BAK / Tempel B 132
  18.04 PRASAT ROLÖM/ANDONG 132
  18.05 ANG KHNA 134
  18.06 PRASAT DAMREI 134
  18.07 PRASAT CHEN 134
  18.08 AN KHNA 134
  18.09 Rahal 134
  Zentrum 134
  18.10 Die Hauptstadt Lingapura 134
  18.11 PRASAT THOM 134
  NO-Gruppe 136
  18.12 BANTEAY PIR CHAN 136
  18.13 PRASAT KRACHAP / TEMPEL E . . 137
  18.14 Tempel H 137

19. PREAH KHAN von Kampong Svay **138**
  19.01 Die Stadt PREAH KHAN von Kampong Svay 138
  19.02 PREAH DAMREI 138
  19.03 MEBON PRAH THKOL 140
  19.04 PREAH STUNG 140
  19.05 Zentraler Tempel von PREAH KHAN . . 140

20. SAMBOR PREI KUK **143**
  20.01 SAMBOR PREI KUK N 145
  20.02 SAMBOR PREI KUK S 146
  20.03 SAMBOR PREI KUK C 147
  Nähere Umgebung von SAMBOR PREI KUK . . 148
  20.04 ASRAM ISEY - N 17 148
  20.05 PRASAT BOS REAM - N 16 . . . 148
  20.06 PRASAT SANDAM - N 19 . . . 148
  20.07 „N 18" 148
  20.08 „N 20" 148

20.09	„N 22"	148
20.10	„S 12"	149
20.11	TRAPÉANG ROPEAK—Y, Z	149
20.12	ROSEI ROLEAK	149
20.13	PRASAT TAMON—K 17	149
20.14	KROL ROMÉAS—K 8	150
20.15	ROBANG ROMEAS—K 1–7	150
20.16	SREY KRUP LEAK—K 10–16	150
Andere Monumente um Kompong Thom		150
20.17	Spean Praptos	150
20.18	AMPIL ROLUM	151
20.19	WAT PRASAT SVAY EAR	151
20.20	PRASAT ANDET	151
20.21	PRASAT KUK ROKHA	152
20.22	PHUM PRASAT	152
20.23	PRASAT THENOT CHUM	152
20.24	PRASAT KAMBOT	153
20.25	KUK NOKOR	153
Museum in Kompong Thom		154
21. Mekong		**155**
21.01	PRASAT BORAN	155
21.02	SAMBOR	155
21.03	SOPHAS B	155
21.04	HANCHEY	156
21.05	BANTEAY PREI NOKOR	157
21.06	PREAH THEAT THOM	157
21.07	PREAH THEAT TOC	158
21.08	WAT NOKOR	158
22. Mekong-Delta		**160**
22.01	PHNOM BASET	160
22.02	TA PROHM Tonlé Bati	161
22.03	YEAY PEAU	161
22.04	PHNOM CHISOR	162
22.05	NEANG KHMAU	164
22.06	Angkor Borei	165
22.07	PHNOM DA	165
22.08	ASRAM MAHAROSEI	165
22.09	BAYANG	166
22.10	Ba Phnom	167

ANGKOR

01.
AM PHNOM BAKHENG

01.01
DIE ERSTE HAUPTSTADT IN ANGKOR

König Yasovarman I. (889–um 900) verlegte die Hauptstadt von Roluos (Hariharalaya) in das Gebiet, das heute Angkor heißt. Das Land wird vom Siem-Reap-Fluß durchflossen, liegt in bequemer Entfernung vom Tonlé Sap und ist doch vor seinen Überschwemmungen geschützt. Die Ebene wird überragt von 4 schroffen Hügeln, auf denen der König Tempel errichten ließ: Phnom Dei im N (13.03), Phnom Bok im O (13.04), Phnom Krom im S (12.01) und Phnom Bakheng (01.02) im W. Diesen bestimmte er zum Ort des zentralen Tempels und zum Mittelpunkt seiner Hauptstadt **Yasodharapura**. Er baute auch den LOLEI (11.07) und den Östlichen Baray (02.01).

Die Stadt Yasodharapura
maß 4.000 m im Quadrat und war von einer Mauer umgeben. Die Stadt reichte im O bis zum umgeleiteten Siem-Reap-Fluß, der den heiligen Strom Ganga (Ganges) symbolisierte, im N bis ins Zentrum des späteren Angkor Thom. Den 200 m breiten Wassergraben kann man im S und W heute noch gut erkennen.

01.02
PHNOM BAKHENG ❷
E. 9. Jh.,
König Yasovarman I. (889–um 900),
Hinduistisch: Shiva
Orientierung O.

Auf einem Hügel („Phnom"), der unvermittelt aus der Ebene aufragt und der die Ebene von Angkor beherrscht, entstand am E. des 9. Jh. der zentrale Tempel der ersten heiligen Stadt in Angkor.

Erhalten sind der O-Zugang (noch begehbar), der N-Zugang (nicht begehbar, an seinem Fuß 2 schöne Löwen), die Stufen-Pyramide und die Ruinen oder Spuren von 109 Prasat und 2 Sakristeien.

DER HÜGEL

Der **Phnom Bakheng** ist ein natürlicher Hügel, 55 m hoch. Der ovalen Form des Hügels folgend ist die **untere Einfriedung** des Tempels rechteckig, etwa 650 m x 440 m. Sie bestand aus einem Wassergraben und einem Erdwall. 4 Gopuram.

3 steile **Treppen** führten auf den Hügel. Die 4., im S, wurde wahrscheinlich nie gebaut. Der Ostaufgang ist der relativ bequemste und der einzige heute noch begangene. Am Fuß der Aufgänge **Löwen** als Wächter. Die Treppen waren Ausgangspunkte von 4 **Straßen**, die geradeaus durch die Hauptstadt und weiter führten.

SAKRISTEIEN

Auf der O-Seite 2 **Sakristeien** aus Sandstein und Backstein, die Türen, wie üblich, zum Tempel hin, also nach W. Die Eingänge an den O-Wänden wurden nachträglich hinein gebrochen. Seitenwände durch Felder von rauten-förmigen Löchern durchbrochen. Fiktive seitliche Halbschiffe und fiktives Obergeschoß.

☞ Sehen Sie sich in der südlichen Sakristei die raffinierte Konstruktion des Überbaus an!

Die ältesten Sakristeien dieses Bau-Typs.

Ein **Lingam-Sockel** steht links von der O-Treppe.

DIE TEMPEL-PYRAMIDE

Um die aus dem Felsen gehauene **Plattform** von etwa 200 m x 100 m eine Umfassungsmauer mit 4 Gopuram.

Am Fuß der Treppen liegen **Nandi**, bereit Shiva in alle Himmelsrichtungen zu tragen.

Die 5-stufige **Pyramide** ist wie die Terrasse, auf der sie steht, aus dem anstehenden Felsen gehauen. Sie mißt an der Basis 76 m x 76 m, auf der obersten Stufe 31 m im Quadrat, und ist 13 m hoch. Die Stufen sind leicht nach W versetzt.

In den 4 Himmelsrichtungen 70° steile **Treppen** flankiert von Mauervorsprüngen, darauf Löwen. Terrassen-Stufen und Löwen sind nach oben proportional verkleinert.

Um die oberste Stufe eine 1,60 m hohe **Mauer**.

DIE ERSTE QUINCUNX

Auf der obersten Stufe der Pyramide eine Plattform, 31 m x 31 m, darauf **fünf** Prasat aus Sandstein in *Quincunx*-Stellung. Der zentrale Prasat hat 4 Tore, die äußeren Prasat haben je 2 Eingänge im O und W, im N und S Scheintüren. In den beiden östlichen je ein Lingam in Sockel.

DER ZENTRALE PRASAT

überragte die 4 Eck-Prasat. Hier wurde Shiva als Yasodharesvara, „Herr über Yasodhara (pura)" verehrt.

Der zentrale Schacht ist 2 m tief, unten ist eine Kammer in den Felsen gehauen, 1,40 m tief, 0,80 m breit und 0,72 m hoch. Sie wird als Grabkammer des Königs gedeutet.

Die runden Löcher dienten wohl einer Holz-Konstruktion.

104 NEBEN-PRASAT

Auf den 5 Pyramiden-Stufen je 12 **Sandstein-Prasat**, zusammen also 60.

Alle Türme sind nach O geöffnet, die auf der W-Seite der Stufen stehenden praktisch nicht betretbar. In jedem stand ein *Lingam*.

Um den Sockel 44 **Ziegel-Prasat** mit Stuck-Dekor, 11 auf jeder Seite.

RELIEF-SCHMUCK

Lintel, durchwegs stark beschädigt.

Kleine Adoranten (Anbeter Shivas) sitzen in Laubwerk.

Apsàra und *Devata* als Wächter-Figuren am zentralen Prasat, die Füße ungraziös nach außen gedreht–die ältesten Darstellungen!

ZERSTÖRUNGEN

Im 16. Jh. hat man begonnen, aus vorhandenen Steinen eine riesige Bud-

dha-Statue zu errichten. Ihre Grundfläche bedeckte die gesamte oberste
Plattform. Sie wurde nie vollendet und
bei der Restaurierung wieder abgetragen.
Darunter kamen die Reste der Quincunx
zum Vorschein. Während der jüngsten
Kriege war der Phnom Bakheng ein
strategisch wichtiger Punkt. So ist von den
Bauten auf dem Phnom Bakheng manches
verwüstet und vieles verschwunden. Die
Treppen der Pyramide scheinen ins Leere
zu führen. Einen Bodhisattva-Torso haben
Rote Khmer in die Türe einer Sakristei
vermauert. Der Fußabdruck Buddhas ist
eine späte Zutat.

SYMBOLIK

König Yasovarman I. war ein frommer Verehrer Shivas. In Shiva sah er
alle hinduistischen Götter vereinigt, ihn
nannte er Yasodharesvara, „Herr von
Yasodhara (pura)", diesen Namen erhielt
auch der Tempel. In jedem Prasat stand
ein Lingam, alle Götter sah er im Bild des
Lingam.

Der heilige Berg Meru, das Zentrum
der Welt, hat 5 Gipfel–5 Türme in Quincunx. Der zentrale Prasat, der Sitz Shivas,
überragt alles und ist von allen Seiten
sichtbar.

108 Prasat stehen um ihn und unter
ihm. 108 gilt als heilige Zahl.

Von allen 4 Himmelsrichtungen
sieht man 3 Türme der Quincunx und
30 weitere. 3, das ist die Trimurti, die
Dreieinigkeit der Götter Shiva, Vishnu
und Brahma. 3 + 30 = 33 ist die Zahl der
Götter in Indras Himmel. Nach allen 4
Himmelsrichtungen wachten die 33 Götter über das Reich des Königs.

Die Tempel-Pyramide zeigt also in
jeder Haupt-Himmelsrichtung eine Fas-
sade mit 3 Türmen der Quincunx und

30 weiteren. Das entspricht *flächenhaftem
Sehen*; der BAKHENG wird nicht als
räumlicher Bau-Körper wahr genommen,
sondern aus jeder Himmelsrichtung als
Fläche.

Der Tempel hatte primär die Funktion,
Sicherheit und Wohlfahrt des Reiches
zu schützen, und zwar universal, in allen
Himmelsrichtungen.

Der ganze Phnom Bakheng, war ein
Shivakshetra, ein heiliger Bezirk des Shiva,
umfriedet von einem Wassergraben. Im
Wald an den Hängen des Hügels medi-
tierten Asketen.

Der königliche Bauherr hatte den
idealen, wahrlich beherrschenden Standort
für den Staats-Tempel gefunden und
gewählt. Er hat ein vollkommenes Abbild
der Welt der Götter geschaffen. Er hat
mit diesem Tempelbau den Schutz der
Götter für sein Reich gesichert.

BERGE

Wichtige Berge in der indischen Mythologie:

- **Meru** — die Achse der Welt und der Wohnsitz der Götter
- Mahaparvata, einer seiner Gipfel, den Vishnu zurück bringt
- **Mandara, Maniparvata** — König der Berge, Berg der Götter, dient beim Quirlen des Milchmeeres als Quirl
- **Govardhana** — der Berg, dem die Hirten opfern und den Krishna hoch hebt
- **Kailasa** — der Wohnsitz Shivas
- **Shivapada** — Ort des Hofes von König Suryavarman II.

Berge sind Stätten des Kultes, Lingam und Prasat werden bevorzugt auf ihren Gipfeln errichtet.
Khmer-Könige trugen den Titel „König des Berges". ▷ Ba Phnom (22.10).

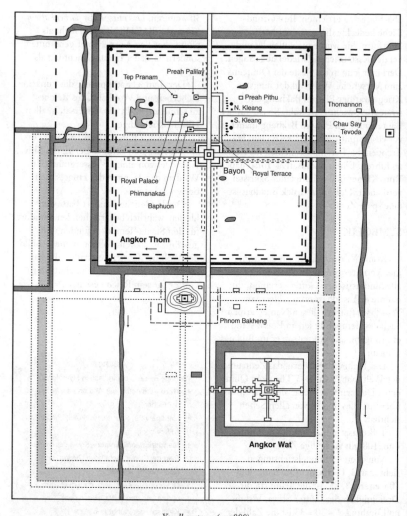

Yasodharapura (um 900)
Im Zentrum PHNOM BAKHENG. .... = Spuren der Stadt-Anlage. Spätere Bauten: Westl. Baray (11. Jh.),
ANGKOR WAT und ANGKOR THOM (12./13. Jh.)

BEDEUTUNG

PHNOM BAKHENG übertraf seinen Vorläufer, den BAKONG (11.04), durch seine Platzierung auf dem Phnom, seine Dimensionen und die Vielzahl der Prasat. Wohl aus der Absicht einen Tempel zu bauen, der aus allen 4 Himmelsrichtung vollständig aussieht, wurde hier die erste Quincunx geschaffen, die dann bis ANGKOR WAT zur bestimmenden Form der großen Tempel wird. Allerdings sind die 5 Prasat der obersten Stufe heute weit gehend zerstört und verschwunden.

DIE AUSSICHT

ANGKOR WAT in der Nähe. PHNOM KROM, dahinter der Tonlé-Sap-See. Westlicher Baray mit WESTLI-CHEM MEBON. (Für den östlichen Damm des Baray verwendete man im 11. Jh. Material von der westlichen Umwallung von Yasodharapura.)

ZUGANG

links an der Straße, ~250 m südlich vor Angkor Thom. Beachten Sie die 3 Löwen. Eine verfallene Treppen-Anlage führt auf den steilen Hügel. Bequemer, aber sehr lang ist der rechts am Treppen-Aufgang einmündende Fußweg. Links der Ele-fanten-Weg. Sie können sich von einem Elefanten hinauf tragen lassen, 15 $.

Die schönen Löwen am Fuß des N-Aufgangs erreichen Sie bequem von PRASAT BEI (01.04) aus.

Der BAKHENG wird meistens zum Sonnen-Untergang besucht. Attraktiver ist er am Morgen.

▶ Kapitel 29, Entwicklung des Pyra-miden-Tempels.

01.03
PRASAT THMA BAY KRAEK
„Tempel an dem Stein, wo man den Reis für die Krähen hin schüttet" Anfang 10. Jh.,
Yasovarman I. (889– ~915)
Hinduistisch: Shiva.
Orientierung: O.

Kurz vor den Riesen-Balustraden des Süd-Tores von ANGKOR THOM steht im lichten Hochwald links die Ruine eines Ziegelturms, quadratischer Grundriss. Sockel aus Ziegelstein, auf einer kleinen Terrasse aus Laterit. Eine Türe im Osten, keine Scheintüren.

Ostwärts davor, 8 m, Torso eines ruhenden **Nandi** mit Blick auf die Cella (wo vermutlich ein Lingam stand).

Südwestlich davor Basis einer **Sakristei** aus Backstein mit Öffnung nach Westen.

Unmittelbar nördlich des Prasat Ruine eines **kleinen Tempels**. Backstein, Torrahmen aus Sandstein. In der Cella Fragment einer stehenden Relief-Figur. Doppelter Sockel aus Ziegelstein.

Was heute aussieht wie eine Parkland-schaft mit ein paar Backstein-Ruinen als Staffage, war im 10. Jh. ein Kranz solcher Prasat um den Fuß des Phnom Kulen mit seinem Pyramiden-Tempel.

01.04
PRASAT BEI
Anfang 10. Jh., Yasovarman I.
(889– ~915), Hinduistisch.
Orientierung: O.

Etwa 200 m hinter dem PRASAT THMA BAY KREAK stehen auf einer Laterit-Terrasse 3 Prasat aus Backstein. Nord-Süd ausgerichtet.

Je ein Tor aus hellem Sandstein auf der Ost-Seite, Scheintüren aus Backstein.

Der zentrale Turm hat noch den größten Teil seines einst wohl 4-stufigen Dachs. In seiner Cella stand ein Lingam. Von den seitlichen Türme stehen nur die Wände. Der nördliche wurde vermutlich nie vollendet.

Schöne Lintel im Stil des 10. Jh.: am mittleren Turm Indra auf Airavana, am südlichen Turm Indra auf einköpfigem Elefant. 8-eckige Colonettes.

Das Schema—3 Tempel Nord-Süd ausgerichtet auf gemeinsamer Plattform—finden wir häufig bei Khmer-Tempeln. Hier noch keine *Schein-Türen*, schlichte Form. Die Lintel zeigen feinste Arbeit.

Wir müssen uns eine Umfassungs-Mauer dazu denken, die heute verschwunden ist.

Vielleicht war der kleine Bau ostwärts von PRASAT BEI der **Torbau** dieses Tempels.

Tor-Rahmen aus Sandstein mit stark verwittertem Lintel im Stil des 10. Jh.

01.05
BAKSEI CHAMKRONG ❸
948, Anfang bis Mitte 10. Jh.,
König Harshavarman I. (um 900–922)
und König Rajendravarman II.
(944–968).
Hinduistisch: Shiva.
Orientierung: O.

Wenige Meter nördlich vom Aufgang zum BAKHENG (01.02) steht ein kleiner Pyramiden-Tempel, innerhalb von dessen 2. Umfassungs-Mauer. Vom Sohn Yasovarmans I. (der den BAKHENG errichtet hat) erbaut, „um den Dharma seiner Eltern zu mehren".[4] Harshavarman stellte dort goldene Bilder seiner vergöttlichten Eltern in Gestalt Shivas und seiner Gemahlin Uma auf. Also ein Ahnen-Tempel.

König Rajendravarman ließ den unvollendet gebliebenen Tempel mit Stuck-Dekor überziehen.

KONSERVIERUNGS-PROJEKTE IN ANGKOR

Die Freilegung, wissenschaftliche Erfassung, Restaurierung und Konservierung der Monumente in Angkor und im übrigen Kambodscha ist eine Sache von internationalen Projekten.

EFEO, École Française d'Extrême-Orient (Französische Schule des Fence Ostens) arbeitet in Angkor seit 1907. Auch eine knappe Darstellung dieser Arbeit würde den Rahmen dieses Buches sprengen. Ihr größtes Vorhaben ist zur Zeit die Rekonstruktion des BAPHUON.
▷ Eine Grabung in ANGKOR WAT
▷ Ta Som, Zeit-Zeuge

Chinese Government Team for Safeguarding Angkor (CSA) restauriert CHAU SAY TEVODA.
German Apsara Conservation Project der Fachhochschule Köln (GACP) ist spezialisiert auf die Konservierung von Steinen, das heißt Reliefs. Arbeitet hauptsächlich in ANGKOR WAT. Dort Informations-Stand, hinter dem nördlichen Wasser-Becken.

Japanese Government Team for Safeguarding Angkor (JSA) arbeitet in ANGKOR WAT, im BAYON und an den PRASAT SUOR PRAT. Ihr Informations-Zentrum steht an der N-Seite des BAYON.

Sophia Mission ist ein Projekt der Nihon University und Sophia University in Tokio, arbeitet in ANGKOR WAT.

World Monuments Fund (WMF) ist eine private gemeinnützige Stiftung mit Sitz in den USA. WMF arbeitet zur Zeit u.a. in PREAH KHAN von Angkor.

Dort, innerhalb des W-Eingangs, betreibt WMF ein sehr informatives **Visitor Center**, das auch Angkor-Literatur und wertvolle Souvenirs verkauft.

Alle Projekte schaffen Arbeitsplätze für Einheimische und bilden Facharbeiter und Studenten aus.

BESCHREIBUNG

1. Ein Prasat aus Backstein, 8 m im Quadrat, auf Sockel aus Sandstein. Lintel: Indra. Backstein-Reliefs: Devata. Inschrift an der Tür-Wandung. 3 Scheintüren. Dach-Pyramide verwittert und leicht überwachsen.

2. Die 4-stufige Pyramide mißt an der Basis 27 m im Quadrat, oben 15 m im Quadrat und ist 13 m hoch. Stufen proportional verjüngt, untere Stufen aus Laterit, oberste aus profiliertem Sandstein.

3. Steile Treppen auf allen 4 Seiten. Von mächtigen Mauern flankiert, kein Zugang zu den schmalen Absätzen der Terrasse.

4. Reste einer Umfassungs-Mauer und eines Gopuram auf der O-Seite; auf alten Fotos sieht man hier noch eine Statue.

Die Baumaterialien sind *Laterit* für die Pyramide, Sandstein für die oberste Stufe und die Rahmen, Backstein für den Prasat und die Umfassungs-Mauer. Es gibt Reste von schönen Reliefs in Backstein und Sandstein und eine Inschrift an den Türpfosten.

Neu ist:

- die Verwendung von Laterit als Baustein für die Stufenpyramide.
- die Steilheit der Pyramide, die bei nur 27 m Seitenlänge etwa so hoch ist wie der BAKONG (11.04) oder der BAKHENG (01.02). Von BAKSEI CHAMKRONG an sind die Pyramiden steil.[5]

▶ Kapitel 29, Entwicklung des Pyramiden-Tempels.

MODELL EINES PYRAMIDEN-TEMPELS

Am BAKSEI CHAMKRONG lassen sich die Elemente des Pyramiden-Tempels bequem überblicken:

- Ein Prasat auf einer 4-stufigen Pyramide.
- Der Prasat hat 5-Geschosse, die Cella und 4 Dachgeschosse. Auf 5 Ebenen wohnen die Götter in ihrem Himmel auf dem Berg Meru.
- Der Prasat auf seiner Pyramide, dem Berg Meru, steht im Mittelpunkt der Welt.
- Deswegen hat der Prasat 4 gleiche Fassaden (nach O offen, nach den anderen 3 Seiten durch Scheintüren symbolisch geöffnet).
- Über 4 Treppen führen 4 Achsen in den 4 Himmelsrichtungen bis an die Enden der Welt.

AM ÖSTLICHEN BARAY

02.01
ÖSTLICHER BARAY
Alter Name: Yasodharatataka
Ende 9. bis Anfang 10. Jh.,
König Yasovarman I.
(886– ~ 915).

Das größte Bauwerk eines großen Bauherren. Zur Versorgung seiner Hauptstadt Yasodharapura (01.01) und zur Bewässerung der Reisfelder ließ König Yasovarman I. quer vor dem Lauf des Stung Siem Reap einen *Baray*, ein rechteckiges Wasser-Becken bauen, genau O-W und N-S ausgerichtet und nicht nach der natürlichen Hangneigung NNO-SSW.

Maße: Gut 7.000 m x ~2.000 m, in der Mitte 3 m tief. Fassungsvermögen gut 40.000.000 Kubikmeter. Damit hat er rund die doppelte Deichlänge und das 4-fache Volumen des Baray Indratataka seines Vaters, Königs Indravarmans I. (886– ~915).

Den Fluß selbst ließ er so umleiten, dass er (bis heute) nördlich und westlich am Östlichen Baray vorbei fließt. Ein Kanal leitete Wasser vom Roluos-Fluß zur NO-Ecke des Baray.

Nach Inschriften auf Stelen, die in Gehäusen an den 4 Ecken aufgestellt worden sind, war der Baray unter den Schutz der Ganga, der Göttin des heiligen Flusses Ganges, gestellt, nach einer Inschrift vom NÖRDLICHEN BARAY

war der ÖSTLICHE BARAY dem Gott Shiva geweiht.

Heute ausgetrocknet.

Der Baray legt die Achsen fest, nach der sich kleinere Bauwerke richten:
- im Zentrum der ÖSTLICHE MEBON.
- in der N-S-Achse PRE RUP und PRASAT TOP.
- in der W-O-Achse das Siegestor von Angkor Thom und der Königspalast, Haupt-Eingang.

Heute bietet er Raum für das Dorf Pradak und ausgedehnte Reisfelder.

02.02
ÖSTLICHER MEBON ❹
952, König Rajendravarman II.
(944–968), Hinduistisch: Shiva.
Orientierung: O.

Im Zentrum des heute ausgetrockneten ÖSTLICHEN BARAY, ehemals auf einer künstlichen Insel, steht ein prächtiger Ahnen-Tempel.

BESCHREIBUNG

1. *5 Prasat* aus Ziegel- und Sandstein in Quincunx-Stellung auf einer 3 m hohen quadratischen Plattform. Der zentrale Prasat, *Cella* 4 m im Quadrat, steht auf einem 1,90 m hohen, mit

waagrechten Wülsten geschmückten Sandstein-Sockel und überragt die vier anderen Türme. Löwen an den Treppen. Die 4 Ecktürme kleiner, Cella 2,80 m im Quadrat. Die Türme haben einen Eingang im O und 3 Scheintüren. Nach Inschriften sollte der zentrale Prasat einen Lingam Rajendresvara (Rajendravarman + Isvara = Shiva) aufnehmen. Die 4 anderen Türme der Quincunx enthielten Bilder der vergöttlichten Vorfahren des Königs Rajendravarman. Weibliche Schutz-Gottheiten an den westlichen Türmen, männliche an den übrigen.

2. **Terrassen-Stufe**, 3 m hoch, 30 m im Quadrat. Sandstein-Mauer. Löwen an den Treppen. Auf der 2. Terrassen-Stufe, 2,5 m hoch: **8 kleine *Prasat*** aus Back-

stein, nach O orientiert. Sollten *Lingam* aufnehmen, die die 8 Erscheinungsformen Shivas symbolisieren (wie im BAKONG, 11.04). In den Ecken **5 *Sakristeien*** aus *Laterit*, im SO 2, im NO 1, im W je 1. Die westlichen nach O, die östlichen nach W orientiert. (3 davon sind verschwunden oder wurden nie gebaut.). In den östlich hat man einen „Stein der 9 Planeten" und einen „Stein der 7 Asketen" gefunden. **Innere Umfassungs-Mauer** aus Laterit mit **4 Gopuram**. Diese in beiden Mauern jeweils etwas eingezogen, um davor Platz zu schaffen für die Landungs-Stellen.

3. Zwischen den Mauern eine Kette von **Hallen** aus Laterit, die ursprünglich mit Ziegeln gedeckte *Satteldächer* trugen. Vorhallen mit schönen Pfeilern, Fenster

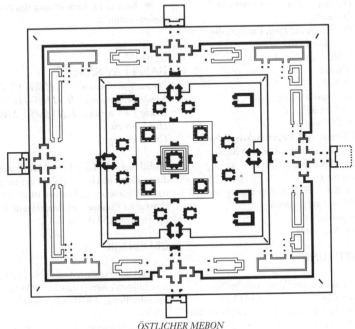

ÖSTLICHER MEBON

mit Balustern. Monolithische *Elefanten* an den Ecken der 2. Stufe. Am besten erhalten im SW.

4. Die **äußere Umfassungs-Mauer**, 110 m im Quadrat, Laterit. **4 Gopuram**, 3-torig, kreuzförmiger Grundriss.
5. **4 Landungs-Stellen**, Löwen bewachen die Treppen.
6. Die **Insel** maß 120 m im Quadrat und lag 5 m über dem trockenen Boden, 2 m über dem Wasser-Spiegel des ÖSTLICHEN BARAY. 4 Treppen, je 3 m hoch, führen zu den Landestellen.

LINTEL

Zentraler Prasat
O: Indra auf Airavana. Girlande von Reitern. Makara verschlingen Figuren. Darüber ein Fries von Andächtigen.
W: *Skanda* auf *Pfau*, Figuren, die Lotusblüten halten.
S: Shiva auf Nandi.

NO-Prasat
O: Indra
W: Garuda
N: Elefant
S: 2 Löwen

NW-Prasat, SO-Prasat Sakristei NO
Ganesha reitet auf seinem Rüssel.
N: Makara verschlingt Elefanten.
W-Seite: Elefanten sprühen geweihtes Wasser auf *Lakshmi*.

1. Gopuram W
O: *Narasimha*

BEDEUTUNG

Ebenso wie vor ihm König Indravarman I. (877– ~886) PREAH KO (11.05), König Yasovarman I. (889–~ 915) LOLEI (11.07) und König Harshavarman

I. (um 900-922) BAKSEI CHAMKRONG (01.05), baute König Rajendravarman II. zuerst einen Ahnen-Tempel zu Ehren seiner vergöttlichten Vorfahren. Geweiht Rajendresvara (= Shiva), den Eltern des Königs gewidmet. Der Name des Architekten ist überliefert: Kavindrarimathana

Der ÖSTLICHE MEBON weist alle Merkmale des Tempel-Berges auf, wäre also ein Modell des Berges Meru: konzentrische und axiale Anlage, 5 Prasat in Quincunx-Stellung (wie gut 50 Jahre vorher auf dem PHNOM BAKHENG, 01.02). Aber an Stelle einer Stufen-Pyramide hat er nur eine gestufte Terrasse.

Der ÖSTLICHE MEBON lieferte das Vorbild für den 9 Jahre später gebauten Pyramiden-Tempel PRE RUP.

▶ Kapitel 29, Entwicklung des Pyramiden-Tempels.

02.03
BANTEAY SAMRÉ
"Festung der Samré" [6] *1. Hälfte 12. Jh., König Suryavarman II. (1113–1145/50), König Yasovarman II. (1145/50–1164). Hinduistisch. Orientierung: O.*

Östlich des ÖSTLICHEN BARAY steht dieser kleine Flach-Tempel. In der eleganten Harmonie seiner Formen ist er ein klassisches Exempel der Baukunst in der Epoche von ANGKOR WAT.

ÜBERBLICK

Zwei hohe Galerien mit je 4 Toren umschließen einen Innen-Hof. Darin zentraler Prasat mit Mandapa und 2 Sakristeien.
Große Dammwege von O und W.

BESCHREIBUNG

1. Von O Reste eines Großen Dammwegs, 200 m lang, Naga-Balustraden, 2 Wasser-Becken. 2-stufige Terrasse, der überkragende Rand von kleinen Säulen getragen. Naga-Balustraden. Reich dekorierte Stützmauer.

Nach W führt eine Große Straße 350 m weit zum ÖSTLICHEN BARAY, kreuzförmige Terrasse. Löwen. Reste von *Naga-Balustraden.*

2. Alle Teile der Anlage stehen auf **Sockeln**, 1,20 m hoch und gewulstet.

Äußere Galerie, 83 m x 77 m. Außenmauer Laterit, insgesamt 6 m hoch, Im O, N und W geschlossen, im S Fenster.

Die innere Mauer, hat umgekehrt Fenster auf der N- und W-Seite, nicht auf der S-Seite. Auf der O-Seite fehlt sie Innen davor eine Reihe von quadratischen Pfeilern.

Die Galerie hatte ein Ziegel-Dach. Man kann noch sehen, wo die Holzbalken des Dachstuhls auflagen.

Im O finden wir statt eines Gopuram nur einen **Tor-Pavillon**. er stammt aus der Bayon-Zeit. Damals hat man anscheinend auch die O-Seite der Galerie bis auf die Außenmauer abgebaut.

Gopuram im N, W und S, kreuzförmig, auf jeder Seite ein Anbau, nach innen Pfeiler-Hallen.

Reliefs

N-Gopuram

S-Seite: Rama auf Garuda und Lakshmana auf Angada, dem Sohn Valins, inmitten einer Armee von Affen.

N-Seite: Rama und Ravana, auf ihren Streitwagen, im Kampf (Ramayana).

W-Gopuram

O-Seite: Vishnu kämpft gegen 2 *Asura*. Götter auf ihren Reittieren: Vishnu auf Löwe, Skanda auf Pfau, Yama auf Wasserbüffel.

W-Seite: Kampf zwischen Affen und *Rakshasasa.*

S-Gopuram

N-Seite: Affen bauen den Damm nach *Lanka* (Ramayana). Vishnu kämpft mit einem *Asura*. Kinnara. Adoranten.

S-Seite: Der Affengeneral Sushena heilt Rama und Lakshmana von den Verwundungen durch Indrajit. Er bringt Heilpflanzen vom Gipfel des Berges Kailash.

3. **Innere Mauer**, 44 m x 38 m. Mit enger und niedriger Galerie, die sich nach innen öffnet. Aber auch—eine Rarität!— mit Teilen eines Sandstein-Firstkamms aus lanzett-förmigen Spitzen.

4 Gopuram. Fiktives Ober-Geschoss. Seitliche Kammern stellen den Übergang zur Galerie her. Am O-Gopuram 2 seitliche Durchgänge.

Reliefs:

O-Gopuram

O-Seite: Krishna bekämpft die Schlange Kaliya. Quirlen des Milchmeeres.

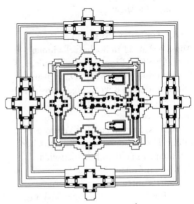

BANTEAY SAMRÉ

Im oberen Register tritt Brahma an die Stelle Vishnus, unten die Schildkröte Kurma.

S-Seite: *Vishnu Trivikrama*. Krishna hebt den Berg Govardhana hoch.

N-Gopuram

S-Seite: Musikantinnen, Harfenspielerinnen und tanzende Apsàra.

W-Gopuram, O-Seite: Begegnung von Sonne und Mond, als Götter in kreisrunden Scheiben. Fliegende Apsàra. Kniende Asketen. Andächtige.

S-Gopuram

Affen (Ramayana).

4. Innenhof.

Direkt vor dem O-Gopuram öffnet sich das Mandapa.

In den inneren Hof hat man nachträglich einen **erhöhten Gehweg** eingebaut, dadurch wirkt er sehr eng und die Sakristeien sind wie eingepfercht.

Sakristeien mit Vorhallen im W.

Relief an der nördlichen Sakristei: *Ruhender Vishnu*. Die Weltschlange Ananta ist hier ein dicker kleiner Drache.

Wasser-Becken, mit *Laterit* ausgemauert, jetzt ausgetrocknet.

Treppen-Abgänge.

5. **Zentraler Prasat** im Stil von Angkor Wat. 21 m hoch. Cella innen 3 m im Quadrat. Eingang zum Mandapa, 3 Scheintüren. 4 Vorhallen. Dach 4-geschossig. Runde Bekrönung, Lotusblüten-Blätter. Halterung für eine Spitze aus Metall oder Holz.

Reliefs: Szenen aus den Vessantara-Jataka. Die Präsentation buddhistischer Themen ist in einem hinduistischen Tempel sehr ungewöhnlich.

Reliefs unten auf den Pfeilern.

S-Tor, W-Seite: Ruhender Vishnu.

S-Seite: Asura und Büffel.

Mandapa. Flach kreuzförmiger Grundriss, Tore mit flachen Vorhallen auf der N- und S-Seite. Reliefs: Skanda auf Pfau. Schirme. Asketen mit erhobenen Armen. Adoranten.

WÜRDIGUNG

„Eines der schönsten und vollständigsten Monumente von Angkor, dessen Dekor, von hervorragender Qualität und insgesamt sehr gut erhalten, jetzt wieder in seiner ursprünglichen Integrität erscheint."[7]

Hier hat sich erstmals die Anastylosis-Methode bei der Rekonstruktion einer kompletten Tempel-Anlage glänzend bewährt (Maurice Glaize, 1936–1944).

Der Tempel liegt am O-Ufer des Östlichen Baray. Die Straße, vom Dorf Pradak nach O, ist schwer befahrbar. Deshalb kommen nur wenige Besucher hier her.

LAGE

An der Straße von Pradak, dem Dorf im Östlichen Baray nach O Richtung Beng Mealea. 500 m nach Überquerung des Ost-Damms des Baray auf der rechten Seite.

02.04
PRE RUP ❺
Originaler Name: Rajendrabhadresvara.[8]
961,
König Rajendravarman II. (944–968),
Hinduistisch: Shiva.
Orientierung: O.

Auf der N-S-Achse des ÖSTLICHEN BARAY steht der bedeutendste und prächtigste Tempel-Bau des 10. Jahrhunderts, eine steile Pyramide aus Laterit mit

Backstein-Türmen und einer Quincunx; die Portale aus Sandstein zeigen prächtige Reliefs.

AUFBAU

1. Zentraler Prasat auf 2-stufigem Sockel. Quincunx.
2. 3-stufige Pyramide, unten 50 m im Quadrat, obere Plattform 35 m im Quadrat, 12 m hoch.
3. 2-stufige Terrasse, auf jeder Stufe eine Umfassungs-Mauer.
4. Obere Plattform 87 m x 77 m.
5. Untere Plattform 127 m x 117 m.
6. Großer Dammweg von O.

BESCHREIBUNG

1. 5 Prasat aus Ziegelstein in Quincunx-Stellung, Türen nach O, je 3 Scheintüren. Dächer 4-stufig. Der **zentrale Prasat** auf eigenem, 4 m hohem, gestuftem Sockel aus Sandstein, größer und höher als die 4 Ecktürme. Cella 4,2 m. Hier war der Lingam Rajendrabhadresvara aufgestellt (Rajendravarman—*Bhadresvara*) Die 4 **Ecktürme** enthielten Statuen. NO *Shiva*, SO *Vishnu*, SW *Shiva*, NW *Uma* Sie stellten den König und seine vergöttlichten Vorfahren und Vorgänger dar.[9] Am zentralen und den östlichen Türmen männliche Wächterfiguren, an den westlichen Türmen weibliche. SW-Turm *Brahmi* mit 4 Köpfen und 4 Armen, *Varahi* mit Wildschwein-Kopf. Ursprünglich waren die Ziegelmauern mit Stuck überzogen, in Resten erhalten.

2. 3-stufige **Pyramide**, die obere Stufe aus Sandstein, die unteren aus Laterit. Treppen in den 4 Himmelsrichtungen, Löwen. Die Absätze der Stufen sind nicht begehbar. Zur obersten Stufe führen auf der O-Seite 2 weitere Treppen. Auf der untersten Stufe 12 kleine Prasat aus Sandstein, in denen Lingam standen.

3. Auf der **oberen Plattform** innerhalb der 1.Mauer, beiderseits des Ostzugangs **Sakristeien** aus Backstein. Schmale senkrechte Spalte sind die „Fenster". Sie enthielten einen „Stein mit 9 Planeten" bzw. einen „Stein mit 7 Asketen". Lange offene **Hallen** rundum. (Sie sind noch nicht zu einer Galerie zusammen geschlossen wie bei späteren Tempeln.) In der NO-Ecke ein quadratischer **Bau aus großen Laterit-Blöcken**, offen nach 4 Seiten, Dach wie ein Pfaffen-Hut. Hier könnte die beidseitig beschriebene Gründungs-Stele gestanden sein, die sich aber in einer der Hallen fand. Rechteckiger **Sandstein-Sockel**, in der O-W-Achse, der schon viele Fantasien ausgelöst hat.[10] Vermutlich stand darauf ein bronzener *Nandi*. Die innere **Umfassungs-Mauer** hat 4 **Gopuram**, auf der O- und W-Seite 3-torig, sonst 1-torig.

4. Untere Plattform: Auf der Ostseite stehen innerhalb der äußeren Mauer südlich 3 und nördlich 2 mächtige **Ziegel-Prasat**, jeweils auf einem gemeinsamen Sockel. (Der 6. fehlt.). 5 m im Quadrat. Lintel am südlichen Turm, O-Seite: *Narasimha*. 8-eckige Colonettes. Eine Kette von **Hallen** umrahmt die Stufenpyramide auf drei Seiten. Die Hallen und die 5 Prasat wurden vermutlich von König Jayavarman V. (968–1000) dazu gebaut. Äußeren Umfassungs-Mauer aus Laterit, 130 m x 120 m. 4 kreuzförmige Gopuram mit je 3 Eingängen. Vorhallen.

5. Ein **Großer Dammweg**, Laterit-Pflaster, Begrenzungssteine, führte von O zum Tempel. Heute ist er durch die Straße weitgehend zerstört.

GESCHICHTE

Als Rajendravarman II. 944 König wurde, gründete er seine Hauptstadt nicht in Koh Ker, sondern wieder in Angkor, aber deutlich außerhalb von Yasodharapura. PRE RUP, sein zentraler Tempel, steht in 500 m Entfernung axial südlich des ÖSTLICHEN BARAY.

Baumeister war wieder, wie beim ÖSTLICHEN MEBON, Kavindrarimathana

BEDEUTUNG

PRE RUP lässt sein Modell, den ÖSTLICHEN MEBON, weit hinter sich. Der zentrale Prasat steht nun deutlich erhöht auf einem eigenen Sockel. Hallen umrahmen die Tempelpyramide. In späteren Tempeln werden daraus Galerien entwickelt werden. Die Sakristeien am Ostzugang sind in die Anlage eingegliedert. Das ist ein Schritt zu der Tempel-Anlage „aus einem Guss", nach einem wohl komponierten Gesamt-Konzept.

„Mit seinen Mauern und Stufen aus rotem Laterit, der dynamischen Abstufung und den majestätischen Tempeltürmen auf der obersten Plattform ist Pre Rup das Vorbild des großen Tempelbergs, nach dem sich TA KEO und ANGKOR WAT richten."[11]

▶ Kapitel 29, Entwicklung des Pyramiden-Tempels.

02.05
LEAK NEANG
Auch: Neang Kmau 960,
Rajendravarman II. (944–968),
Hinduistisch.
Orientierung: O.

Unmittelbar nordöstlich von PRE RUP steht ein kleiner Tempel, der gleichzeitig mit diesem erbaut worden ist.

Prasat aus Ziegel- und Sandstein, quadratischer Grundriss, Cella 2,30 m im Quadrat, ein Eingang im O. Hinter den Lintel sind Holzbalken in die Wand eingemauert.

Umgeben von einem Wassergraben und einer Umfassungs-Mauer von 80 m x 50 m.

Lintel am Osteingang: Indra. Darunter Fries von Adoranten.

BEDEUTUNG

Nach örtlicher Tradition war der Tempel für die Frau oder die Mutter des Königs Rajendravarman II. (944–968) oder des Königs Jayavarman V. (968–1001) bestimmt oder ihr gewidmet. Für diese Annahmen fehlt aber jeder Beweis. Vermutlich ein Teil der Außen-Anlagen des gleichzeitig entstandenen Staats-Tempels PRE RUP.[12]

02.06
BAT CHUM
952, Zeit König Rajendravarmans II.
(944–968),
Buddhistisch (Veijrabani/ Vajrapani,
Brajnaparumita/Prajnaparamita).
Orientierung: O.

Abseits der Straße von ANGKOR WAT zum ÖSTLICHEN BARAY, reizvoll gelegen eine kleine Tempel-Anlage aus Ziegel:

- 3 Prasat aus Ziegelstein. Tore und Sockel aus Sandstein. Lintel: Löwen und Elefanten-Köpfe. 8-eckige Colonettes. Je 3 Scheintüren.
- auf einem gemeinsamen Fundament aus Laterit. Treppe mit Löwenfiguren.
- Wassergraben.
- Großer Dammweg von O.
- Umfassungs-Mauer und Gopuram verschwunden.

Inschriften bitten die Besitzer von Elefanten, diese nicht die Erdwälle zertrampeln zu lassen.

Vielleicht der erste buddhistische Tempel in Angkor. Kavindrarimathana, der buddhistische Baumeister der hinduistischen Tempel Östlicher Mebon und Pre Rup, hat Prasat Bat Chum auf eigene Kosten gebaut. Ehemals Zentrum eines *Wat*.

Zugang: An dem Weg, der zwischen PRASAT KRAVAN und SRAH SRANG nach O geht, 1. Abzweigung links, dann wieder links.

02.07
PRASAT KRAVAN
921, Zeit König Harshavarmans I. (~915–923), Hinduistisch. Orientierung: O.

An der gleichen Straße wie oben, kurz vor dem SRAH SRANG (02.09) ein Tempel mit einmaligen Backstein-Reliefs.

Fünf Ziegel-Prasat, axial ausgerichtet auf gemeinsamer Ziegel-Terrasse.

Größe und Höhe der Türme nach außen abgestuft.

Toreinrahmungen aus grauem Sandstein. **Lintel** und 8-eckige Colonettes. Je 3 Scheintüren aus Backstein.

Am zentralen Turm 2 Wächterfiguren, Backstein-Reliefs.

Hier 4-stufige Dach-Pyramide. Auf den südlichen 2 Dach-Stufen. Die übrigen ohne Dach.

Östlich davor große gestufte Terrasse aus Ziegelstein.

Wassergraben.

Inschrift: 921 wurde eine Vishnu-Figur aufgestellt. Bauherren waren wohl eine Gruppe von Würdenträgern.

Eindrucksvolle **Backstein-Reliefs**: Im mittleren Turm Vishnu—stehend,—*Drei Schritte,*—auf *Garuda*. Die beiden seitlichen Bilder stehen in Rahmen; schlanke Pilaster und ein gewundener Bogen bilden einen Schrein ab. Nicht der Gott selbst ist hier dargestellt, sondern sein Bild in einem Tempel. Im nördlichen Turm *Lakshmi*.

Die einzigen bekannten Beispiele dieser Art in der Kunst der Khmer.

Lage: Zwischen Pre Rup und Prasat Kravan.

Vishnus Drei Schritte

02.08

BANTEAY KDEI

„Kdei" wohl abgeleitet von Kuti.
▷ *KUTISVARA (02.10)*[13]
Ende 12. bis Anfang 13. Jh.,
König Jayavarman VII. (1181–1220),
König Indravarman II. (~1220–1243),
Buddhistisch
Orientierung: O.

Gegenüber von SRAH SRANG steht ein
Gesichter-Turm, der O-Eingang zu einem
großen Flach-Tempel.

BESCHREIBUNG

- Zentraler Prasat. Cella 2,75 m im
  Quadrat.
- (1.) Galerie, 36 m x 31 m. Durch
  Galerien und Hallen mit dem
  zentralen Prasat verbunden. 4
  innere Höfe. Im O 2 Sakristeien.
  Im W zwei frei stehende Pfeiler,
  deren Bedeutung unbekannt ist.
- 4 Gopuram, 4 Ecktürme.
- (2.) Galerie, 63 m x 50 m. Im O mit
  der

- Galerie zusammen gebaut, sonst
  eine Serie von schmalen Höfen.
- 2 Gopuram, 2 einfache Torbauten.
- Wassergraben, U-förmig, im N, W
  und S. Große Säulenhalle (*„Halle
  der Tänzerinnen"*) im O.
- Quadratisches Wasser-Becken
  nördlich der Großen Terrasse.
- Reste eines 2-geschossigen Baus,
  dessen Obergeschoß auf Pfeilern
  stand, zwischen „Halle der
  Tänzerinnen" und 3. Gopuram O
  auf der N-Seite. Vermutlich ein
  Reis-Speicher.
- Innere (3.) Umfassungs-Mauer,
  320 m x 300 m.
- Große kreuzförmige Gopuram O
  und W. Im O-Gopuram schöner
  sitzender Buddha. Der W-
  Gopuram ist teilweise eingestürzt.
  Hier ein Fries von meditierenden
  Buddhas, die bei der *Hinduisierung*
  verunstaltet worden sind.
- Große Terrasse mit Naga-Balus-
  traden und Löwen im O. Kleinere
  Terrasse im W.
- Wassergraben.

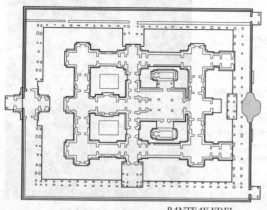
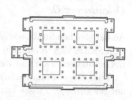

BANTEAY KDEI

- Großer Dammweg O-W.
- Im O vor der Terrasse beiderseits Reste von Heiligtümern, offen nach O und W. Im N am Boden Relief des *Großen Auszuges.*
- Äußere Umfassungs-Mauer, 700 m x 500 m, mit 4 Gopuram. Gesichter-Türme. Sehenswert der abseits gelegene S-Gopuram mit **Gesichter-Turm.**

Zahlreiche **Reliefs**: Devata, Wächter, Apsàra, Lintel, Frontons mit szenischen Darstellungen.

Die Anlage ist aus Sandstein geringer Qualität wenig sorgfältig errichtet und stark verfallen. Konservierungs-Arbeiten durch ein Japanisches Projekt.

Der Tempel und seine Prozessions-Wege sind eingerahmt von hohen Bäumen. Er ist verhältnismäßig übersichtlich und bequem zu besichtigen.

☛ Empfohlen wird folgender Weg: Srah Srang, Terrasse—BANTEAY KDEI von O nach W—TA PROHM von O nach W. Nachmittags in umgekehrter Richtung.

Oder Sie beginnen je nach Tageszeit am O- oder W-Eingang, gehen bis zum entgegen gesetzten Gesichter-Turm und von dort längs der südlichen Außen-Mau-

er, am südlichen Gesichter-Turm vorbei, zurück zum Ausgangspunkt.

02.09
SRAH SRANG
Baray: Mitte 10. Jh.,
König Rajendravarman II. (944–968).

~725 m x ~400 m. Srah Srang heißt „Königliches Bad". Laut einer Inschrift wurde der Baray aber von dem königlichen Baumeister Kavindrarimathana „zum Wohle aller" errichtet, der auch den ÖSTLICHEN MEBON und PRE RUP gebaut hat.

Sandstein-Einfassung aus der Zeit König Jayavarman VII.

BANTEAY KDEI, südlicher äußerer Gopuram

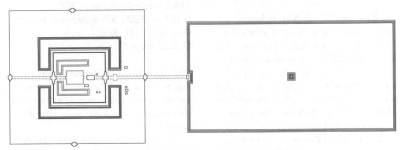

BANTEAY KDEI und SRAH SRANG

Landestelle: Anfang 13. Jh.,
König Jayavarman VII. (1181–~1220).
2-stufige Terrasse aus Sandstein über
älterem Ziegel-Bauwerk. Prächtige Naga-
Balustraden, Löwen-Figuren, Treppe zum
Wasser.

Mebon?—Im Baray, nicht genau in
der Mitte, hat man Sandstein-Trümmer
entdeckt, vermutlich Überreste von einem
kleinen Tempel.

Lage: Die Landestelle liegt vor dem
O-Eingang von Banteay Kdei, Tempelan-
lage und Landstelle liegen auf der O-W-
Achse des Baray.

Wenn man von W auf den Baray
zugeht, verdeckt der Damm die Sicht auf
die Wasserfläche, weil der *Baray* über dem
Geländeniveau angelegt ist.

Ein angenehmer und luftiger Ort,
schöner Blick über den Baray auf PRE
RUP. Sonnenaufgang.

02.10
KUTISVARA
Kuti ist der überlieferte Ortsname.[14]
Anfang oder Mitte 9. Jh.,
König Jayavarman III. (835–877),
Mitte 10. Jh.,
König Rajendravarman II. (944–968),
Hinduistisch.
Orientierung: O.

Nördlich von Banteay Kdei stehen in
einem schwer zugänglichen Dickicht die
Ruinen der ältesten Tempel-Anlage in Angkor. Vermutlich das Zenrum einer Stadt.

3 Prasat N-S ausgerichtet, jeder auf
eigener Plattform mit je einer Treppe. Gut
4 m breit. Auf einem flachen, künstlichen
Hügel, war vermutlich von einem Wassergraben umgeben.

Der **mittlere Prasat** ist vor oder um
850 erbaut worden und Shiva geweiht.

Backsteinbau in konventioneller Bauweise.
Quadratischer Grundriss. Lintel Typ III,
8-eckige Colonettes mit Dreiecks-Orna-
menten. *Snanadroni*. Stark verfallen. Der
älteste Tempel in Angkor.

Nördlicher und **südlicher Prasat** sind
um 950 erbaut, Vishnu und Brahma
geweiht. Backstein, mit rechteckigem
Grundriss. Eingang im O, keine Scheintüren. Lintel Typ III. Vom N-Turm sind
noch Mauerreste vorhanden. Der S-Turm
ist nur noch ein überwachsener Hügel.

In den Trümmern des S-Turms fand
sich eine Statue des Brahma, vierköpfig
und vierarmig.

Am Boden ein Lintel: Quirlen des
Milchmeers, verwittert.

LAGE

Gegenüber dem N-Gopuram der
äußeren Umfassungs-Mauer von BAN-
TEAY KDEI geht ein Fußpfad zu einem
Anwesen. Von dort führt man Sie in wenigen Minuten zu den Ruinen. Der Tempel
ist nur zu Fuß erreichbar und örtlich fast
unbekannt. Ameisen!

02.11
TA PROHM
„Alter Brahma".
1186, König Jayavarman VII.
(1181– ~1220), König Indravarman II.
(~1220–1243), Buddhistisch.
Orientierung: O.

Nach einer Inschrift hieß der Tempel
Rajavihara, „königlicher Tempel", und
war der Mutter des Königs gewidmet. Die
Hauptgottheit, *Prajnaparamita*, trug ihre
Gesichtszüge.

König Jayavarman VII. realisierte das
klassische königliche Bau-Programm:

- JAYATATAKA (09.01), (Baray) ~1200.
- Ahnen-Tempel: TA PROHM, 1186, im SO, für seine Mutter. PREAH KHAN (09.03), 1191, im NO, für seinen Vater.
- Staats-Tempel: BAYON (07.01), Anfang 13. Jh., im Zentrum.[15]

Laut Inschrift war TA PROHM ein Tempel-Kloster, dem 3.140 Dörfer und 79.365 Leute gehörten. Zentrum einer Kloster-Stadt, 1.000 m x 650 m, hier wohnten 12.640 Menschen.

AUFBAU

„TA PROHM und ... BANTEAY KDEI waren unter den größten Monumenten der Angkor-Gruppe, aber es ist unmöglich, mehr als eine allgemeine Beschreibung zu geben, weil ihre Pläne kompliziert waren, ... Ta Prohm besteht aus einem zentralen Heiligtum und 5 Einfriedungen ... Das zentrale Heiligtum und die 4 inneren Einfriedungen stehen auf flachem Boden ... kreuzförmiger Gopuram, quadratischer Prasat, den auf

4 Seiten Vorhallen vorgelagert sind. Aber der Plan wurde nachträglich kompliziert—eine Menge von Pavillons und selbstständigen Prasat innerhalb der ersten 3 Einfriedungen, eine Reihe von kleinen quadratischen Tempeln,—vielleicht 60—zwischen den Wasser-Gräben der 3. und 4. Einfriedung...."[16]

BESCHREIBUNG

Sie besichtigen TA PROHM am besten morgens von O nach W, nachmittags von W nach O. Die folgende Beschreibung geht von O nach W.

1. Eingestürzter *O-Gopuram* der äußeren, 5. Umfassungs-Mauer.

2. Nach ~500 m, vor der Terrasse auf der N-Seite ein *Haus des Feuers*. S-Fronton: *Lokeshvara*.

3. *Wasser-Graben*, überbrückt durch eine kreuzförmige *Terrasse*.

4. *O-Gopuram* der 4. Mauer. Kreuzförmiger Grundriss, innen 2 sich kreuzende Reihen von Pfeilern, die ~6 m Gewölbe-Breite tragen. Außen und innen **Reliefs mit Buddha-Legenden**. *Dharani*.

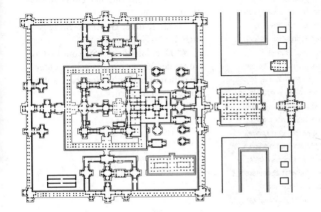

TA PROHM

5. Innerhalb rechts zunächst die Ruine eines Gebäudes, das von Pfeiler-Reihen getragen wurde. Vielleicht ein Reis-Speicher[17], ähnlich in Preah Khan, auf beiden Seiten Reste einer Reihe von kleinen Tempeln oder Mönchs-Zellen ("Kuti"), von denen 60 innen entlang der 4. Mauer standen.

6. Der Zugang von O durchquert nun einen **Komplex von Galerien**, die „Halle der Tänzerinnen". Lintel mit Friesen von tanzenden Apsàra. Interessant sind die Blind-Tore auf der N- und S-Seite.

7. *O-Gopuram* der 3. Galerie.

8. Innerhalb der 3. Einfriedung eine axiale Galerie mit kreuzförmigen Erweiterungen. Beiderseits kleinere Prasat und Sakristeien. Im N und im S des Hofes je ein **Satelliten-Tempel**: Prasat, Mandapa, Galerie, Gopuram. Im SO eine große Sakristei oder Halle. ☞ Der axiale Zugang ist durch Trümmer gesperrt. Gehen Sie rechts, nördlich, daran vorbei.

BÄUME IN ANGKOR

Kapok–Baum (Ceiha pendandra), französisch: *fromager*. Große, dicke fahlbraune Wurzeln mit knolliger, seiden-glatter Oberfläche.

Würgefeige (Ficus religiosa), kleiner, mit zahlreichen dünnen, biegsamen, grauen Wurzeln. Sie wächst anderswo als „Boddhi-Baum", der Baum, unter dem der Buddha zur tiefsten Einsicht erwachte („erleuchtet" wurde).

Die Baumsamen werden durch Kot verbreitet, den Vögel auf den Steinen absetzen. Wurzeln wachsen zuerst in Erde und dringen dann in das Mauerwerk ein. Sie schwitzen eine natürliche Säure aus, die den Stein weich macht. So durchziehen die Wurzeln die Risse und erweitern diese. Sie sprengen die Mauern und halten sie auch zusammen. Aber nur, so lange sie leben. Viele Bäume in Ta Prohm sind jetzt abgestorben und das Mauerwerk, das durch sie noch zusammengehalten wird, kann bald einstürzen.

---

9. Bevor Sie die 2. Galerie durchqueren, können Sie nach rechts zum nördlichen Satelliten-Tempel gehen. Auf dem gleichen Weg wieder zurück.

10. Die **innere Galerie** ist auf der O-Seite mit der 2. Galerie zusammen gebaut. Sie hat 4 Gopuram. 4 Ecktürme bilden mit dem zentralen Turm eine **Quincunx**.

11. Den **zentralen Prasat** durchqueren Sie von N nach S. Er ist relativ klein, hat kreuzförmigen Grundriß, 4 Tore, 4 Vorhallen. Vorgebaut im O ein *Mandapa*: kreuzförmiger Grundriß, innen 2 doppelte Säulenreihen O-W, gekreuzt von 2 einfachen Säulen-Reihen, in Trümmern.

12. Sie verlassen den inneren Hof durch den **W-Gopuram** der 1. Galerie.

13. Wenn Sie das **Relief**, das die Legende vom *großen Auszug* des künftigen Buddha darstellt, sehen wollen, gehen Sie jetzt nach links, südlich außen um die 1. Galerie herum bis zur SO-Ecke. Auf dem gleichen Weg wieder zurück.

14. Durch den **W-Gopuram**, der gut 10 m vor der 2. Galerie steht.

15. Durch den **W-Gopuram** der 3. Galerie.

16. Nach ~500 m der W-Gopuram der 5. Umfassungs-Mauer, ein *Gesichter-Turm*.

17. Ein schöner *Gesichter-Turm* ist auch der N-Gopuram.

☞ Dort hin können Sie vom W-Gorpuram der Mauer entlang gehen. Oder Sie gehen über den N-Gopuram zu Ihrem Ausgangspunkt zurück.

ERHALTUNGS-ZUSTAND

Die Anlage ist stark zerfallen. In den 1920-ern beschloss *ÉFEO* sie in ihrem „natürlichen" Zustand zu belassen und säuberte sie nur vom Gebüsch. Nichts wurde restauriert. Besucher sollen den gleichen Eindruck empfangen, den die „Entdecker" des Tempels im späten 19. Jh. hatten.

02.12
TA KEO ❻
„Alter Keo", auch: Prasat Keo, „Kristall-Prasat". Ursprünglicher Name: Hemasringagiri/ Hemagiri, „Berg mit goldenen Gipfeln", „Berg Meru". 1007, König Jayavarman V. (968–1001) und König Suryavarman I. (um 1002–1050). Hinduistisch: Shiva. Orientierung: O.

Ein monumentaler Tempel-Berg aus Sandstein, ein Abbild des 5-gipfligen Berges Meru. Nicht Zentrum einer neuen Hauptstadt, sondern neues Zentrum nahe dem Königspalast (der jetzt in Angkor Thom liegt).

AUFBAU

1. 5 Prasat in Quincunx-Stellung.
2. 3-stufige Pyramide, 60 m im Quadrat an der Basis, 14 m hoch, obere Plattform 47 m im Quadrat.
3. Obere Terrassenstufe mit Galerie, 80 m x 75 m, 5,5 m erhöht.
4. Untere Terrasse mit Umfassungs-Mauer, 120 m x 100 m.
5. Wassergraben, 250 m x 200 m.
6. O-Zugang.

BESCHREIBUNG

1. 5 Prasat nach 4 Seiten offen, 4 Vorhallen, kreuzförmiger Grundriß, nach O orientiert. 4-geschossige Dach-Pyramiden. Zentraler Prasat mit doppelten Vorhallen. 2-stufiger, etwa 4 m hoher Sockel mit 4 Treppen. Cella 4 m im Quadrat. *Zentraler Schacht.* Die **4 äußeren Türme** auf 80 cm hohen Sockeln. Die runden Löcher im Boden der obersten Plattform stammen von einem Baugerüst, errichtet für Restaurierungs-Arbeiten 1920–22.

2. Die Ecken der Stufenpyramide sind leicht abgestuft, die Mitten der Seiten stehen vor. 4 durchgehende **Treppen**. Die Stufen oben 30 cm, unten 40 cm hoch. Treppen-Mauern in 6 Stufen. Am Fuß der O-Treppe eine **Nandi**-Figur.

3. Um die obere Terrassenstufe schlingen sich 2 Schlangen, die (verschwundenen) Köpfe nach O, die Schwänze nach W. **2 Sakristeien** auf der O-Seite, Scheinfenster im zurück gesetzten Obergeschoss. In der NO- und SO-Ecke je eine kurze Halle, ähnlich denen auf der unteren Terrasse. **Galerie**, 1,40 m breit, hier erstmals fortlaufend. Die Galerie hat Fenster nach innen, aber keine Türen, also rein dekorative Funktion. Bedachung wahrscheinlich aus Backsteinen oder Dachziegeln, verschwunden. Die Eck-Pavillons mit Corbel-Gewölbe aus Sandstein. **4 Gopuram**, 3-torig. Treppenstufen 40 cm hoch.

4. Von der **unteren Terrassenstufe** aus ist der Blick auf die Prasat durch die Galerie verbaut. Auf der O-Seite der 2 lange **Hallen**, 22,5 m x 2,75 m, mit Toren und Vorhallen an den Schmalseiten zum O-Zugang, Baluster-Fenstern auf beiden Längsseiten und je einer kleinen Kammer am Ende. **Umfassungs-Mauer** mit 4 **Gopuram**, 3-torig.

5. Der Wassergraben ist heute ausgetrocknet, er war mit Sandstein- und Laterit-Stufen eingefaßt.

6. Der **Große Dammweg** verbindet den Tempel mit dem 500m entfernten Östlichen Baray, dort eine kleine 2-stufige **Landestelle**.

Inschriften an beiden O-Gopuram, Stele ehemals in der südlichen Sakristei.

Der Bau war insgesamt gut 50 m hoch.

Die riesigen Sandsteinblöcke sind äußerst sorgfältig bearbeitet und vermauert, die Fugen sind fast unsichtbar. Der Stein stammt aus dem Steinbruch O Tina Dap, bei Beng Mealea, etwa 30 km ostwärts.

Nur im Bereich des O-Eingangs gibt es Relief-Dekoration. Der ganze übrige Tempel steht mit kahlen Wänden. Das war keineswegs beabsichtigt. Die Ausschmückung mit Relief-Dekor wurde abgebrochen, nachdem ein Blitz in den Bau eingeschlagen hatte—ein böses Omen.[18]

Großzügige Dimensionen; einfacher, klarer Bauplan, glatte Flächen wie Kristalle: ein majestätisch-monumentaler Tempelberg.

Neu
- Ta Keo ist mit Abstand der größte und imposanteste der bis dahin in Angkor gebauten Tempel. Er wird zum Modell für Angkor Wat.

- Er ist (fast) vollständig aus Sandstein gebaut. (nur die unterste Terrassen-Stufe noch aus Laterit).
- Die Prasat der Quincunx haben kreuzförmigen Grundriss und sind nach allen vier Seiten offen (bisher waren sie nur nach O offen und hatten 3 Scheintüren).
- Die Ecken der Stufen-Pyramide sind abgestuft.
- Es gibt eine umlaufende Galerie.
- Anders als noch in Pre Rup wirkt der Bau klar, durchgeplant.
▶ Kapitel 29, Entwicklung des Pyramiden-Tempels.

02.13
TA NEI
„Alter Nei"
Ende 12. Jh., 1. Hälfte 13. Jh.,
König Jayavarman VII. (1181–1220),
König Indravarman II. (~1220–1243).
Buddhistisch.
Orientierung: O.

Abseits hinter dem Takeo ein kleiner Flach-Tempel mit kompliziertem Grundriss. Verhältnismäßig gut erhalten.

Der Tempel wurde mehrmals erweitert, sein Plan dadurch unübersichtlich.

Ursprünglich: eine **zentraler Prasat** und eine **Galerie** mit **4 Tor-Türmen** und **4 Eckpavillons**. Später hat man den inneren Hof um 11 m nach O erweitert und 3 neue **Pavillons** dazu gebaut. Die 2 ehemaligen Eckpavillons sind jetzt in die Galerie, 50 m x 30 m, eingegliedert, der ehemalige O-Gopuram steht isoliert vor dem neuen O-Gopuram.

Schließlich hat man eine (2.) Laterit-**Umfassungs-Mauer**, 57 m x 50 m, mit 4 **Tor-Pavillons** gebaut.

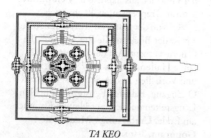

TA KEO

Eine (3.) Umfassungs-Mauer für die Tempelstadt, 190 m O-W, mit **Gopuram** aus Sandstein im O und W, wurde nicht vollendet.

BESCHREIBUNG

von W nach O.
- **Östlicher Gopuram** der 3. Umfassungs-Mauer. Auf der O-Seite merkwürdiges Fronton-Relief: Ein Lokeshvara steht auf einer Lotusblüte, inmitten fliegender Apsàra und anderer Figuren; darunter ein Fries: Kniende bitten flehend um etwas. Bedeutung?
- Ein kurzer **Dammweg** führt zur 2. Umfassungs-Mauer.
- Eine **Pfeiler-Vorhalle** aus Sandstein imitiert hier einen Gopuram. Ebenso auf der N- und S-Seite der 2. Umfassungs-Mauer.
- **Galerie** aus Laterit und Sandstein. **4 Gopuram Reliefs**: S-Gopuram, N-Seite: In einem von Apsàra umgebenen Palast segnet eine kniende Figur 2 Kinder, darunter ein Fries von Andächtigen. N-Gopuram, S-Seite: Ein prächtiger Reiter schleudert seine Waffe. Darunter 2 Friese mit Figuren. Im östlichen Teil der N- und S-Seite 2 **Blindtore**. 4 **Ecktürme**

Innen
- **Zentraler Prasat**, Cella 2,75 m im Quadrat, 4 Vorhallen, 4 Geschosse. Relief auf der N-Seite: Eine Figur mit segnender Geste steht in einem Boot, von fliegenden Figuren umgeben, die Schirme tragen.
- Durch einen **Zwischenbau** mit dem nördlichen Gopuram verbunden.

- **Sakristei** auf der S-Seite.
- Alter **Gopuram**, steht jetzt isoliert auf der O-Seite.
- Die Gopuram, aus Sandstein, kreuzförmig, 2 fiktive Geschosse, von Lotus gekrönt.
- Im mittleren Teil der O-Seite fällt die 2. Umfassungs-Mauer mit der Galerie zusammen. Hier insgesamt **7 Tore**, die beiden äußeren, in der Umfassungs-Mauer, sollen eine Galerie vortäuschen.

LAGE UND ZUGANG

200 m westlich vom W-Damm des Östlichen Baray, 800 m nördlich von Ta Keo. Vor der O-Seite dieses Tempels führt, von der Straße aus ein schlechter Weg geradeaus (rechts halten) zum westlichen Gopuram der 3. Umfassungs-Mauer. Der Weg war 2003 für Fahrzeuge gesperrt.

Im Tempel läuft ein japanisches Projekt zur Erforschung des Mikroklimas.

02.14
HOSPITAL-TEMPEL BEI TA KEO
Um 1200,
König Jayavarman VII. (1181– ~1220).
Buddhistisch.

Ein Hospital-Tempel vom gleichen Typ wie TA PROM KAL (04.02) oder PRASAT TONLÉ SNGOUT (10.01): Idyllisch im Buschwald gelegen. Reliefs.

Lage und Zugang: wenige hundert Meter nordwestlich vom TA KEO. Wo die Straße vom Siegestor zum TA KEO nach Süden umknickt, führt nach Norden ein kleiner Weg zum Tempel.

03.

AM WESTLICHEN BARAY

Im Bereich der SW-Ecke das WESTLI-
CHEN BARAY stand im 7. und 8. Jh.,
also lange vor der Gründung Angkors (gegen 900) die Stadt **Amarendrapura**, heute
BANTEAY CHEOU. 2,5 km im Quadrat.
Hauptstadt im 7. Jh. und wieder Hauptstadt König Jayavarmans II. (790–835),
bevor er um 800 Mahendrapura auf dem
Phnom Kulen gründete.

In BANTEAY CHEOU drei Tempel:
PREI KMENG im NW, AK YUM im
NO, KHNAT im SO.

Seit dem 11.Jh. überdeckt der Baray
und sein Damm einen großen Teil der
Stadt mit dem Tempel AK YUM.

03.01
PREI KHMENG
um 700, Hinduistisch: Shiva.
Orientierung: O.

An der Südwestecke des WESTLICHEN
BARAY, auf einem künstlichen Hügel,
umgeben von einem nun trockenen Wassergraben und überwachsen die spärlichen
Reste eines stattlichen Backstein-Prasat.

Der älteste Tempel, noch aus der
ersten Stadt-Anlage.

Rechteckige Cella, 4,5 m Ost-West,
mit Vorraum.

Portal aus Sandstein. Runde Colonettes. Reste eines Lingam-Sockels und
eines Somasutra.

INSCHRIFT

Bei Ausgrabungen im Bereich des
Tempels hat man Bestattungen entdeckt,
die noch älter sind als die Stadt. Hier war
also bereits in der Prä-Historie, in einer
„prä-prä-angkorianischen" Periode, ein
geweihter Ort. Man darf annehmen, dass
dieser Ort eine besondere Energie hat,
weshalb hier immer wieder Heiligtümer
errichtet worden sind.

03.02
PHNOM RUNG
8. Jh.? Orientierung: O.

Nordöstlich der NW-Ecke des Baray eine
große zweistufige Erd-Terrasse, umgeben
von einem ausgetrockneten Wassergraben.

Reste der Basis einer Cella aus Sandstein-Platten. Teile eines Lingam-Sockels
mit *Snanadroni*. Trümmer von runden
Colonettes und von einem Lintel mit
Blatt-Dekor.

03.03
KUK PO
8. Jh. und 9. Jh.
Hinduistisch: Vishnu.

Etwa 1 km nördlich von PHNOM RUNG
gibt es eine Gruppe mit den Resten von

Ziegel-Prasat, von einem heute ausgetrockneten Wassergraben umgeben.

Drei Prasat stehen, nicht ausgerichtet, im Süden der Anlage und sind nach Norden orientiert. Der vierte Prasat (C) steht im Osten und ist nach Westen orientiert. Dieser ist der älteste, 8. Jh. Rechteckiger Ziegel-Bau mit einem Eingang. Heute abgetragen und überwachsen.

Die südlichen Prasat sind später, 9. Jh.

Nur vom westlichen (A) sind noch Teile der Ziegel-Mauern bis zum Beginn des Dach-Aufbaus erhalten. Quadratische Cella, Portal aus Sandstein mit runden Colonettes, drei flach vorgebaute Scheintüren aus Backstein.

Der mittlere Prasat (B) hatte einen lang gestreckten Vorplatz oder eine Vorhalle aus Backsteinen.

Von allen diesen sieht man nur noch überwachsene Reste der Fundamente.

Fragment eines Lintel mit einem Monster-Kopf, stark abgewaschen.

Die Tempel oder ihre Vorläufer gehen vielleicht bis ins 6. Jh. zurück.

03.04
AK YUM
8. Jh., Veränderungen bis 11. Jh., Hinduistisch: Gambhiresvara/ Shiva, Buddhistisch: Lokeshvara, Maitreya Orientierung: O.

Am W-Ende des S-Dammes des Westlichen Baray liegen die unscheinbaren Überreste des ältesten Staats-Tempels im Gebiet von Angkor. Er stand im NO der Stadt Banteay Cheou.

AUFBAU

Der erste Pyramiden-Tempel. 3 Stufen, je 4 axiale Treppen.

1. **Stufe**, 100 m im Quadrat, Erd-Terrasse, von Backstein-Mauer eingefaßt, 2,60 m hoch. Axial gepflasterte Zugangs-Wege.

2. **Stufe**, 42 m im Quadrat, massiv aus Backstein, 2,40 m hoch.

- 4 **Eck-Prasat** aus Backstein, 4,50 m im Quadrat. Tore und je 3 Scheintüren aus Sandstein, z.T. monolithisch. Die westlichen Türme öffnen sich nach O, wie östlichen zur W-O-Achse. Sockel mit Profilen, 90 cm hoch. Wände durch Pilaster gegliedert, in Nischen weibliche Figuren in Hoch-Relief.

LINTEL

„Türsturz". Sandstein-Block als oberer Teil des Tür-Rahmens. Das Tor des Tempels wird mit frischem Grün geschmückt, wohl schon bei den aus Holz gebauten Tempeln hat man diesen Schmuck im Relief dauerhaft gemacht.

Beim Sandstein-Lintel finden wir zunächst dieses Grün als Blattwerk in Form einer Girlande, symmetrisch, mit Medaillons geschmückt, **Typ I** und **II**.

Desgleichen, rein floral, ohne Medaillons: **Typ V.**

Im 9. Jh. setzt sich **Typ III** durch, mit einer zentralen Figur. Sie hält meist den *Danda* in der Hand und wird oft begleitet von symmetrisch angeordneten Neben-Figuren, an den Enden der Girlande und darüber. Aus der Girlande können Naga werden, deren Kappen den Lintel beiderseits einrahmen. Unter der zentralen Figur oft Kala-Kopf oder Makara.

Typ IV: Abbildung einer mythologischen Szene.

- Im N, W und S paarweise
symmetrisch zu den Achsen
und zu diesen geöffnet
Backstein-Gebäude mit
quadratischem Grundriss.
3. Stufe, 17 m im Quadrat, 1,80 m
hoch.

Prasat aus Backstein, gut 9 m im
Quadrat, auf Sockel. Tor im O, die
Eingänge im N, W und S wurden nach-
träglich durch gebrochen.

In der Cella ein Lingam-Sockel aus
Sandstein (zerbrochen), mit Ausleitung
nach N.

Darunter die Öffnung zu **zentralem
Schacht**, rund, Durchmesser 1,20 m; er
führt zu einer aus Backstein gemauerten
Kammer, 2,60 m im Quadrat, 2,70 m
hoch, in gut 12 m Tiefe. Hier wurden
bei der Ausgrabung 1935 Reste eines
Tempel-Schatzes entdeckt. (▷ Ta Som,
Zeit-Zeuge).

Der Turm wurde nachträglich umge-
baut und durch ein Gerüst aus Holz-
Balken verstärkt.

GESCHICHTE

Inschriften von 617 und 704 deuten
entweder auf Vorgänger-Bauten hin oder
wurden hier her verbracht. Die genaue
Zeit der Erbauung und der Bauherr sind
(ebenso wie der Name der Hauptstadt)
Gegenstand von Spekulationen.

Hinweise auf die Verehrung von Gam-
biresvara, Maitreya und Avalokiteshvara.

A. 11. Jh. wurde der Westliche Baray
gebaut. Der Tempel war damals noch
aktiv, Inschrift von 1004. Anscheinend
reichte der Fuß des Baray-Dammes hart
bis an den N-Rand der Tempel-Anlage.
Es kam zu Absenkungen des Untergrunds oder der aufgeschütteten 1. Stufe
der Tempel-Pyramide. Die Achse des

zentralen Schachts wurde verbogen.
Vom Damm kamen Erd-Massen ins
Rutschen und begruben auf der N- und
W-Seite Teile der Tempel-Anlage unter
sich. Eine Stütz-Mauer aus Laterit im N
und W sollte das Zentrum des Tempels
schützen.

1932 wurde der Tempel entdeckt,
1935 ausgegraben und seither barbarisch
delapidiert.

BEDEUTUNG

AK YUM ist als erster Pyramiden-
Tempel von großem historischen Inter-
esse, was heute noch zu sehen ist, lohnt
kaum den Besuch.

LAGE

Am Westlichen Baray, am Südhang des
Dammes schön unter großen Bäumen.
Von der Boots-Anlegestelle am S-Damm
knapp 1 km nach W.

03.05
WESTLICHER BARAY
*1. Hälfte oder Mitte 11. Jh.,
König Suryavarman I. (1002–1049),
König Udayadityavarman II. (1050–
1066).*

Das größte in Angkor gebaute Wasser-
Reservoir, bis heute in Funktion, hat das
ganze Jahr Wasser. 8.000 m x 2.200 m.
Wassertiefe 4–5 m, Fassungsvermögen
80.000.000 Kubikmeter.

Bewässert durch den Stung Siem Reap
über ein Kanal-System, das auch Teile
des Wassergrabens von Angkor Thom
benutzt.

Der O-Damm verläuft genau auf der
Linie des Dammes von Yasodharapura

(⇨ S. Karte, ⇨ S.). Unter seiner SW-Ecke wurde ein Teil der Stadt Amarendrapura mit AK YUM begraben.

In seinem Zentrum liegt auf einer künstlichen Insel der WESTLICHE MEBON.

Auf dem S-Damm ist heute ein vor allem bei den Einheimischen beliebtes Ausflugsziel mit Rastplätzen, Picknick, Schwimm-Möglichkeit, Ausflugs-Booten

Zufahrt: RN 6, ~2 km westlich des Flughafens nach N abbiegen.

03.06
WESTLICHER MEBON
Mitte 11. Jh.,
König Udayadityavarman II. (1050–1066),
Hinduistisch (Vishnu).
Orientierung: O.

Mebon, kreisrunde künstliche Insel im Zentrum des WESTLICHEN BARAY:

Umfassungs-Mauer aus Sandstein, auf jeder Seite dieser Mauer 3 **Tor-Pavillons**, ebenfalls aus Sandstein, außen 2,40 m, innen 1,28 m hoch. Die Mauer-Krone täuscht das Gewölbe einer Galerie vor. Nur der mittlere und der nördliche Pavillon auf der O-Seite stehen noch. Fenster mit Stein-Balustern.

RELIEFS IM BAPHUON-STIL

Das Innere wird von einem großen **Wasser-Becken** eingenommen. Von der Mitte der O-Seite führt ein breiter **Damm** aus Sandstein und Laterit zum Zentrum. Dort ein **Sandstein-Sockel**, 10 m im Quadrat. In seiner Mitte ein **Brunnen-Schacht**, oben quadratisch, dann 8-eckig, unten kreisrund mit 1 m Durchmesser. 2,70 m tief. Er bildet also die Hohlform eines Lingam und symbolisiert so die fruchtbare Kraft des Wassers.[19]

Im Westlichen Mebon wurde 1936 das Fragment einer großartigen **Bronzestatue des ruhenden Vishnu** gefunden. Jetzt im National Museum Phnom Penh.

Zugang: Den WESTLICHEN MEBON können Sie von der Anlegestelle am Südufer des WESTLICHEN BARAY aus per Boot erreichen (Pro Boot, bis ~12 Personen, 6 $). Lohnend ist der Besuch vor allem bei niedrigem Wasserstand, etwa von April bis September, dann kann man auch trockenen Fußes vom N-Damm des Baray zum Mebon gehen.

04.
ANGKOR WAT ❼

04.01
ANGKOR WAT

„Hauptstadt, die jetzt ein buddhistisches Kloster ist". Im 16. Jh. hieß der Tempel Brah Bisnulok, „Welt Vishnus"[20] Anfang 12. Jh., König Suryavarman II. (1113–1145/ 50). Weihe der zentralen Vishnu-Statue Juli 1131.[21] Spätere Ergänzungen. Hinduistisch: Vishnu. Orientierung: W.

AUFBAU

5 mächtige Türme stehen auf der 3.Stufe einer Pyramide, 4 weitere Ecktürme auf der 2. Stufe.

Jede Stufe der Pyramide hat die doppelte Höhe und knapp die halbe Fläche der darunter liegenden und wird von einer Galerie eingefaßt.

Der Tempel ist das erhöhte Zentrum einer Hauptstadt, die von Mauer, Gopuram und Wassergraben umrahmt wird.

- **5 große Prasat** in Quincunx-Stellung eingeschlossen von einer **Galerie** (1. Galerie) verbunden durch Kreuz-Galerien auf einer 13 m hohen Pyramiden-Stufe.
- **Mittlere Galerie** (2. Galerie) mit **4 Ecktürmen** auf 7 m hoher Pyramiden-Stufe. 2 Sakristeien.
- **Äußere Galerie** (3. Galerie) mit Relief-Galerie, Kreuz-Galerie, Wasser-Becken, 2 Sakristeien.
- Der Tempel steht auf einer rechteckigen **Erd-Terrasse.**

Zum Haupteingang:
- **Kreuzförmige Terrasse.**
- Große **Dammstraße** mit Naga-Balustraden, Wasser-Becken, 2 Sakristeien.
- **Äußere Umfassungs-Mauer** (4. Einfriedung), **Großer Torbau** im W 3 Gopuram in N, O und S.
- **Wassergraben Damm im W** aus Sandsteinblöcken gemauert mit Naga-Balustraden.
- **Kreuzförmige Terrasse** jenseits des Wassergrabens.

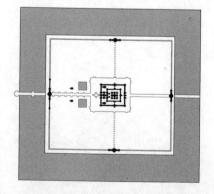

ANGKOR WAT, Gesamt-Anlage

SYMBOLIK

König Suryavarman II. verstand sich als Welt-Beherrscher. In die Mitte seiner Welt stellte er den Tempel Angkor Wat. Nach der hinduistischen Mythologie steht in der Mitte der Welt der Berg Meru, auf dem die Götter wohnen. Also soll der Tempel und die ihn umgebende Stadt ein getreues Abbild des Meru und der Welt sein:

- Der Meru hat 5 Gipfel, die Quincunx.
- Die 3 Stufen der Pyramide entsprechen der Erde, dem Wasser und dem Wind, in dem der himmlische Palast der Götter schwebt.
- Von den hohen Turmdächern stürzt das Wasser herab, sammelt sich in den Wasser-Becken, Symbol für die Gewässer der Erde.
- Um ihn herum stehen die Gebirge und Bergländer, der 3-fache Ring der Galerien und die Umfassungs-Mauer.

- Die Welt ist quadratisch, die Tempel-Anlage (fast) auch.
- Um die Welt liegt der Ozean, hier der Wassergraben.
- Der prächtige W-Zugang ist Symbol für den Lebens-Weg des Menschen.

BESCHREIBUNG

Die äußere **Umfassungs-Mauer** mißt 1.025 m mal 800 m und ist von einem 30 m breiten Uferstreifen und einem 190 m breiten, mit Sandstein-Platten ausgekleidetem **Wassergraben** umgeben.

ZUGANG VON WESTEN

Auf der W-Seite, am Anfang des Dammweges, eine kreuzförmige **Terrasse** mit Löwen und Naga-Balustraden.

Ein mit Sandstein-Platten verkleideter **Großer Damm**, 250 m lang, 12 m breit, überquert den Wassergraben, Naga-Balustraden, Steinsäulen unter dem überkra-

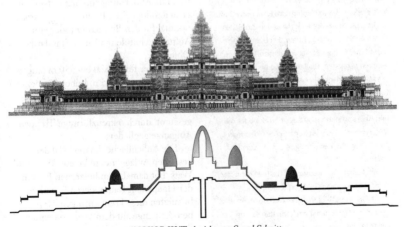

ANGKOR WAT, Ansicht von S und Schnitt

genden Rand der Eckplatten, Imitation
eines hölzernen Steges. In der Mitte eine
kreuzförmige Erweiterung.

TORBAU

Der Dammweg führt über eine monumentale **Treppe** mit prächtigem Naga
und **Vorhalle** auf den mittleren Eingang
eines monumentalen Torbaus zu, 235 m
breit. 3 **Gopuram** auf kreuzförmigem
Grundriss, mit Türmen, und **2 Tor-Pavillons**, durch **Galerien** verbunden.

Eine Kopie des hier noch unsichtbaren
Tempels, sie nimmt dessen Breite vorweg,
verrät aber nicht „die himmelwärts
strebende Bewegung dieses Bauwerkes".[22]

Während die Zugänge durch die
Gopuram über Stufen gehen, bieten die
Pavillons an den Enden Durchfahrten
zu ebener Erde für Fahrzeuge und
Elefanten.

Die **Galerie** ist mit Sandstein überwölbt, innen eine Mauer, nach außen
eine Pfeiler-Reihe. Davor stand ein
pfeilergestütztes Halbgewölbe, das heute
weitgehend abgetragen ist.

Vishnu, 8-armige Statue, vielleicht aus
der Cella des zentralen Prasat.

Überall gibt es schöne Relief-Arbeiten,
an der zentralen Treppe im W, an den
Elefanten-Toren. Berühmt sind die Devata
auf der östlichen Außenwand zum Tempel
hin. Dort auch Friese von Tieren u.a.

Die übrigen **Gopuram** im N, O und
W sind kleiner, aber von großer Eleganz
und Harmonie.

GROSSER DAMMWEG

Bauzeit: Anfang 13. Jh.
Wenn man die Eingangshalle durchschritten hat, ist der Blick auf den Tempel
frei. Die Entfernung von hier entspricht
etwa der doppelten Breite des Bauwerks,
optimal für den Betrachter (oder eine
Aufnahme mit dem 50-mm-Standard-
Objektiv).

Von hier führt axial ein 350 m langer,
9,5 m breiter und 1,5 m hoher Großer
Dammweg zum Tempel. Mit Sandstein-
platten verkleidet, von Naga-Balustraden
gesäumt, durch 6 kreuzförmige Treppen-
Aufgänge gegliedert.

Die Außenfläche, knapp 9/10 der
gesamten Anlage, heute Wiese, Wald und
Wats, bot damals den hölzernen Bauten
der Hauptstadt Raum, deren Bewohner
benutzten diese kreuzförmigen Treppen-Aufgänge auf dem Weg von einem
Stadtviertel zum anderen.

Auf halber Strecke liegen symmetrisch **2 Sakristeien**, 40 m lang. Architektonische Kabinett-Stücke: kreuzförmiger Grundriß und Kreuz-Gewölbe; 3-schiffig, Das Corbel-Gewölbe überspannt hier 6 m, im Mittelschiff, 3,5 m! 4 Tore und 4 Vorhallen.

Vor der **Erd-Terrasse**, 1,5 m hoch, wiederum symmetrisch, **2 Wasser-Becken**, 65 m x 50 m, mit Sandstein-Blöcken eingefasst.

Jeweils dahinter liegen moderne Kloster-Gebäude.

2-stufige, **kreuzförmige Terrasse**, die „Ehren-Terrasse". Überkragender Rand auf Steinsäulen. Naga-Balustraden. Löwen.

ÄUßERE GALERIE

Der Tempel-Bau wird umschlossen von der 3. Galerie, auf der unteren Stufe der Pyramide. 2,45 m breit, 1.400 m lang.

Die Galerie steht auf einem reich gegliederten und mit Ornamenten dekorierten **Sockel**, 4 m hoch.

An der Innenwand der Galerie und in den westlichen Eck-Pavillons die berühmten **Flach-Reliefs** (s.u.)

Innen eine geschlossene Wand, außen eine Pfeiler-Reihe. Eine weitere Pfeiler-Reihe trägt das vorgelagerte Halb-Gewölbe.

Im W und O je 3 Eingänge mit Treppen, im N und S je 1. Kreuzförmige **Eckpavillons** und **Torpavillons**.

West-Zugang von der obersten Galerie

RELIEFS

Bilder, aus der Oberfläche des Sandsteins gemeißelt. In Angkor meistens Flach-Reliefs, nur wenige Zentimeter tief. Wenn Tempel wirklich vollendet wurden, so waren alle Oberflächen bildhauerisch bearbeitet, mit einem Profil aus Wülsten und Kehlen oder mit fein ziselierten Ornamenten und Figuren. Als hätte es sonst einen „horror vacui" gegeben, eine Angst vor der Leere.

Den Sandstein-Reliefs voraus gingen Backstein-Reliefs. Diese wurden mit feinem Stuck überzogen, der heute bis auf geringe Reste verschwunden ist. ▷ PRASAT KRAVAN (02.07). Die Reliefs in Angkor stellen Körper und räumlich gestaffelte Szenen (mit Vordergrund und Hintergrund streng flächenhaft dar, direkt frontal oder im Profil, ohne perspektivische Verkürzung. ▶ Apsàra und Devata.

Register, „Bildzeilen", sind über einander gestapelt, von unten nach oben zu lesen. Unten ist der Vordergrund. Sie haben eine Grundlinie, wo diese fehlt, spricht man von Pseudo-Registern.

Die Oberfläche des fertigen Reliefs wurde poliert und – meistens? – farbig gefaßt oder vergoldet. Spuren dieser Bemalung sind noch zu sehen. Besucher haben ihre Spuren und Konservierungsversuche hinterlassen. Die Gesichter verehrter Figuren wurden früher mit Goldblättchen beklebt, Böse wurden mit Betelsaft bespuckt. Verschieden farbige Flechten zeichnen ihre Muster auf die Bilder.

Nach Coedes und Roveda haben Reliefs

1. „beschwörende" Funktion: Sie verwandeln den Tempel in göttliche Sphäre und machen den Ort heilig. Vor den Reliefs rezitieren die Gläubigen rituell Mantras und heilige Texte. Sie holen so den Mythos in die Gegenwart.

2. repräsentative Funktion: Sie stellen die Präsenz des Königs in seinem Tempel, das heißt hier: in der göttlichen Sphäre dar.

KREUZ-GALERIE

Sie verbindet die 3 W-Eingänge der 3. und der 2. Stufe durch 3 parallel laufende, von Pfeilern getragene Galerien. Die äußeren haben ein Halb-Gewölbe auf der Innen-Seite. Nach außen sind sie durch Mauern geschlossen. Die mittlere Galerie, 3-schiffig, wird von einer ebenfalls 3-schiffigen Galerie gekreuzt, die die 3 Galerien in der Mitte verbindet. So ergeben sich 4 Innen-Höfe, darin **Wasser-Becken**, die heute ausgetrocknet sind. Das Corbel-Gewölbe der 3-schiffigen Galerien überspannt 7,7 m, das Mittelschiff 3,13 m, und wirkt dabei noch leicht und elegant.

Die Kreuz-Galerie hatte eine Holz-Decke (Reste), deren geschnitztes Dekor dem der Pfeiler entsprach.

Frontons: Quirlen des Milchmeeres, Ruhender Vishnu.

Im S der Kreuz-Galerie die **Phra Bpoa-un**, „Halle der tausend Buddhas", von denen nur wenige Stücke geblieben sind.

Im N die **„Echo-Halle"**, mit einem besonderen akustischen Effekt. Hier auch eine Stele.

Zur Höhe der 2. Stufe steigen die Galerien **stufenweise** an. Die gewölbten Dächer sind entsprechend gestapelt. Ein Höhepunkt der klassischen Khmer-Architektur.

GROSSER INNENHOF

Die Rückwand der äußeren Galerie, nur durch Scheinfenster mit Balustern gegliedert, und die fensterlose Außenwand der 2. Galerie, wirken nüchtern und streng. Auf der W-Seite 2 **Sakristeien**.

MITTLERE STUFE

Im W 3 Treppen-Aufgänge, in den anderen Himmelsrichtungen je 1.
Galerie, 2,45 m breit, nach innen von Baluster-Fenstern durchbrochen. Devata.
Eck-Türme, der Dachaufbau heute verstümmelt. Am NO-Turm besonders gut erhaltene Frontons: Schlachten-Szenen.
2 Sakristeien im W.
Vom Hof aus schöne Sicht auf die Türme der Quincunx.

OBERSTE STUFE

Der reich gewulstete **Sockel** ragt hoch und schroff auf. Von jeder Seite führen 3 steile **Treppen**—70°—nach oben. Auf der S-Seite betonierte Stufen und ein Handlauf.
Umlaufende **Galerie**, 2 m breit, offen nach beiden Seiten, außen Mauer mit Baluster-Fenstern, innen doppelte Pfeiler-Reihe.
Mittel-Pavillons mit gestuften Dächern.
4 **Eck-Prasat** über den kreuzförmigen Eck-Punkten der Galerie, nach 4 Seiten offen.
Kreuz-Galerie: Die Mitten der Seiten sind durch 3-schiffige Galerien verbunden, 2,4 m breit.
Je 2 Vorhallen verbinden diese Galerien mit dem **zentralen Prasat**.
Die **Cella**, ursprünglich nach 4 Seiten offen und von einer Vishnu-Statue beherrscht, wurde, als ANGKOR WAT zum Buddha-Heiligtum geworden war, auf 3 Seiten vermauert, die S-Seite blieb offen. In den Nischen Buddha-Figuren.
„Schon bei der Reliefgalerie und beim ‚Kreuzgang' finden sich beträchtliche technische Neuerungen, doch all das wird in den Schatten gestellt durch die geniale Kombination von Turmquincunxstellung und kreuzförmig angelegter Galerie. Diese architektonische Lösung ist im Prinzip von verblüffender Einfachheit, in der praktischen Verwirklichung jedoch von einer Kompliziertheit, die sich jeder Analyse entzieht. Sieht man dieses Schema im Grundriß, so drängt es sich geradezu auf, aber wenn man den Baukomplex als räumliche Wirklichkeit vor sich sieht, ist man immer wieder aufs Neue überrascht."[23]
Blick auf den W-Zugang.
Der zentrale Schacht wurde 1934 ausgegraben und dabei ein Schatz entdeckt.[24] Diesen hatte man hier wohl vor den plündernden Siamesen in Sicherheit gebracht.

DIE PRASAT VON ANGKOR WAT

Quadratischer Grundriß, 4 Türen.
4-stufige Dach-Pyramide (so weit völlig in der Tradition der bisherigen Khmer-Architektur).
Neu ist: Die Antefixe sind so gestellt, dass die Abstufungen des Daches kaschiert werden. Was vorher eine Stufen-Pyramide war, wirkt jetzt knospenförmig geschlossen und läuft in eine Spitze mit kreisrundem Querschnitt aus.

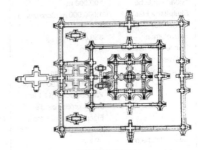

ANGKOR WAT

RELIEFS, DEVATA UND APSÀRA

Angkor Wat besitzt einen einmaligen und unermesslichen Reichtum an Reliefs: Ornamente, geometrische Muster, Figuren, mythische Szenen, historische Darstellungen, sogar Porträts. Auf Wänden, Pfeilern, Lintel und Giebel-Feldern. Die Sicherheit dieses Götter-Palastes besorgt weibliches Personal: bezaubernde Devata; Apsàra tanzen zum himmlischen Vergnügen der hier weilenden Götter Insgesamt hat man 2.000 Devata und Apsàra gezählt, alle verschieden. Fast die gesamte Maueroberfläche ist mit Reliefs „überzogen". Auch an fast unsichtbaren Stellen finden sich Reliefs, „eher eine Huldigung für den Gott als eine Attraktion für den Andächtigen" (Parmentier).

MAßE

	O-W x N-S	Höhe
gesamte Höhe		68 m
zentraler Turm		42 m
Cella (innen)	4,70 m x 4,60 m	
3. Ebene- (mit 5 Haupttürmen)	60 m im Quadrat	13 m
2. Ebene- (mit 4 Außentürmen)	115m x 100 m	7 m
1. Ebene (mit Galerie- der Flach-Reliefs)	215 m x 187 m	4 m
2. Umfassungs- Mauer mit Erdterrasse	340 m x 270 m	2 m
3. Umfassungs-Maue	1.000 m x 815 m	
bebaute Fläche	100.000 m	
Skulptierte Fläche,- Reliefs	1.000.000 m (Schätzung)	
Bauvolumen	350.000 m	
Fläche innerhalb des- Wassergrabens	0,9 km	
Wassergraben	1.500 x 1300 m, 5,5 km lang, 190 m breit, Wasserfläche gut 1 km, etwas größer als die Fläche innerhalb des Grabens	
Gesamtfläche mit- Wassergraben	~2 km	

BAU-GESCHICHTE

Funktion: Der Bauherr König Suryavarman II. war ein Anhänger Vishnus. Sein Tempel war also
- Staats-Tempel, National-Heiligtum.
- Persönlicher Tempel des Devaraja, Palast des Gottes (König Suryavarman II. wohnte, jedenfalls zu seinen Lebzeiten, nicht hier, sondern in einem hölzernen Gebäude im Außenbereich der Tempel-Anlage).
- Grabtempel: Nach seinem Tod ist Suryavarman mit Vishnu vereint. Posthum bekommt er den Namen Paramavishnuloka, „Der in Vishnus Paradies Weilende". Seine Asche wurde in seinem Tempel bestattet.

VIRTUELLE ZUGÄNGLICHKEIT

Es gibt eine Treppe, eine Öffnung oder eine Schein-Türe. Man kommt nicht hinauf, nicht durch, nicht hinein. Multzer spricht hier von „virtueller Zugänglichkeit".[25] Sie sei genau so wichtig wie die wirkliche. Aber sie muß sichtbar sein. Das Heiligtum steht auf einem hohen Sockel und überragt so die Mauer oder Galerie; es ist fast nicht mehr zu erreichen, aber es ist gut sichtbar.

In den Flachtempeln geht der Blick entlang der Achse ungehindert durch die gesamte Anlage. Aber hinter dem Gopuram muss man hinunter klettern und vor dem Mandapa wieder hinauf.

Die Galerie von Angkor Wat bietet 270 m Durchsicht; wer hier geht, muß über 8 Schwellen klettern. Bei einem so perfekten Bau wie Angkor Wat können wir eine Fehl-Planung ausschließen; Sichtbarkeit ist wichtiger als Begehbarkeit.

Die Treppen sind steil, ihre Stufen hoch und schmal. Fast nicht zu ersteigen, aber gut sichtbar. Es ist zu vermuten, dass sie oft auch nur symbolisch bestiegen worden sind.

West-Orientierung: Suryavarman baute seine Hauptstadt in das SO-Viertel der alten Hauptstadt *Yasodharapura* hinein. Wenn er für seinen Tempel die übliche O-Orientierung beibehalten hätte, wäre der Eingang zum Fluss gegangen, also aus der Stadt hinaus. Das war nach den Tempel-Bauvorschriften des Hinduismus nicht möglich. Dagegen gibt es keine Regel, die es verbietet, einen Vishnu-Tempel nach W zu orientieren.

Bauplan: Der Bau ist perfekt, ohne jeden Fehler gebaut. Es muss also einen perfekten Bauplan gegeben haben. Dieser Plan war fertig, ehe der Bau begann. Konstruktions-Schema.

„Alle wichtigen Elemente des Heiligtums—Gopuram, Türme, Tempeltürme, Plattformen—liegen an Punkten, in denen sich geometrische Linien schneiden."[26]

Jede Stufe hat etwa die halbe Fläche und die doppelte Höhe der darunter liegenden. Dabei dominieren horizontale Linien und Bauelemente; die Vertikale ist nur angedeutet. Allein durch die Verteilung der Massen entsteht eine „himmelstürmende Aufwärts-Bewegung".[27]

Dabei ist das Zentrum leicht nach O verschoben; auf der W-Seite ist so mehr Raum, die Steilheit der Stufen und Türme drückt nicht.

Eleanor Moron (jetzt: Mannikka) hat nachgewiesen, daß markante Distanzen auf der W-O-Achse des Tempels den 4 Perioden der indischen Welt-Zeitalter-Lehre entsprechen. Das Maß ist der Hat, ~0,4 m. So entspricht das Krita Yuga der Distanz vom Beginn des westlichen Damm-Weges bis zur Mitte des zentralen Prasat.

Zeitalter hat	Dauer in Jahren	1.000 Jahre=1 hat	m
Krita Yuga	1.728.000	1.728	691,2
Treta Yuga	1.296.000	1.296	518,4
Dvapara Yuga	864.000	864	345,6
Kali Yuga	432.000	432	172,8

Der Besucher betritt den Tempel im W, aus der Richtung des Todes, geht rückwärts durch die Zeit zum Mittelpunkt, zum Ursprung der Welt.[28]

Bauzeit: Daß ein so gewaltiges und komplexes Bauwerk in wenig mehr als 30 Jahren errichtet wurde, ist nur möglich, wenn—von der Mitte nach außen—nach allen 4 Himmelsrichtungen gleichzeitig, also mit 4 selbstständigen Teams, gebaut wurde. Beim Bau der Pyramide ließ man einen *zentralen Schacht* frei. Darin stellte man einen Teak-Baumstamm auf, an dem mit Seilen die Steinblöcke hochgezogen wurden. Der Wassergraben wurde zum Schluß ausgehoben.

Erstaunlich ist, dass König Jayavarman II. ein solch immenses Heer von Baumeistern, Künstlern, Handwerkern und Handlangern zusammmen bringen und organisieren konnte. Sie bauten alles das in etwa 30 Jahren!

Buddhistisches Heiligtum: Vielleicht schon unter König Jayavarman VII. (1181– ~ 1220), einem Buddhisten, vielleicht auch erst, als im 14. Jh. Angkor als Hauptstadt aufgegeben war. wurde Angkor Wat ein „Wat", ein Buddha-Tempel. Heute liegen auf seinem Gelände 2 buddhistische Klöster. Die Mönche und die Laiengläubigen haben den Tempel immer genutzt, deshalb ist er gut erhalten. Er brauchte nie „entdeckt" zu werden. Allerdings war er bis zu Henri Mouhots Reiseberichten aus den 1860-ern in Europa völlig unbekannt.

Zwischenspiel: Im 16. Jh. wurde Angkor Wat für ein paar Jahre noch einmal Zentrum der Königs-Residenz. Die Flach-Reliefs der 3. Galerie wurden fertig gestellt.

Konservierung: 1907 begann die ÉFEO ihre Arbeit in Angkor, eines der ersten Projekte war Angkor Wat.

Zur Zeit (2003) arbeiten ein japanisches Team und das German Apsàra Conservation Project in Angkor Wat.

▶ Kapitel 29, Entwicklung des Pyramiden-Tempels.

DIE RELIEFS-GALERIE VON ANGKOR WAT

Die Flach-Reliefs der 1. Galerie sind, mit rund 800 m Länge[29] und rund 2 m Höhe, der größte Relief-Zyklus der Welt.[30]

Die Bilder laufen von links nach rechts, unserer Lese-Gewohnheit entsprechend. Nichts deutet darauf hin, daß die Reliefs in einer bestimmten Abfolge zu betrachten sind, eines nach dem anderen oder nach sonst einem System. Nur mühsam lassen sich die Kammern und Tore „durchschreiten".[31] Unvorstellbar auch, daß hier ein

---

„MAUSOLEUM"

Im Brockhaus wird *Mausoleum*, zwischen *Mausohr* und *Mauspad*, als „monumentaler Grabbau" definiert. König Mausolos von Karien, gestorben 353 v.Chr., ließ einen riesigen Bau errichten, in dem seine sterblichen Überreste beigesetzt werden sollten. Einen anderen Zweck hatte das „Mausoleum" nicht. Daß Kaiser und Könige in ihren Kirchen oder Tempeln beigesetzt werden, führt nirgends dazu, diese Heiligtümer Mausoleen zu nennen. Nur ANGKOR WAT tut man das an.

---

königlicher Leichnam herum getragen worden ist.

LAGEPLAN

Eck-Pavillon NW: Vishnu-Legenden	Kampf von Göttern gegen Dämonen	Sieg Krishnas über Bana	▲ N
Schlacht von Lanka			Sieg Vishnus über die Asura
Schlacht von Kuru-kshetra			Quirlen des Milch-meeres
Eck-Pavillon: SW Vishnu-und Shiva-Legenden	Die Armee Surya-varmans II	Die Himmel und die Höllen	

DIE SCHLACHT VON KURUKSHETRA
W-Seite, S-Flügel
50 m.

Eine Schlacht aus dem *Mahabharata*. Endkampf zwischen den Pandava, von rechts, und den Kaurava, von links.

4 Register:
- ganz unten: Verwundete und Tote.
- Mitte: Marschierende und kämpfende Soldaten.
- darüber: Kommandeure.
- ganz oben: Einzel-Szenen.

Die Krieger, gekleidet und ausgerüstet wie die Khmer der Entstehungszeit des Reliefs. *Sampot*. Brustpanzer oder aus Bambus-Streifen gewebter Schild. Kurzer Spieß. Ein Gong gibt den Marsch-Rhythmus.

Die Kommandeure auf Wagen oder Elefanten. Kegelförmiger *Mukata*. Etwas geziert, ziehen sie die Sehne mit der linken Hand hinter den Kopf um ihren Gegner sehen zu können. Elegante Pferde, leicht stilisiert.

Im oberen Register:

- Bishma, Anführer der Kaurava. In seinem Körper stecken zahllose Pfeilen Arjunas, die ihn in der Luft schweben lassen. Bei dem Sterbenden sitzen unten seine Brüder, die Kaurava, neben ihm die Pandava, seine Vettern, die ihn besiegt haben und betrauern.
- An seinem Brahmanen-Haarknoten erkennen wir Drona. Er war Erzieher und Waffenlehrer der Pandava und Kaurava, lenkt jetzt an Stelle Bishmas die verlorene Schlacht.
- Mit Arjuna, der Anführer der Pandava, ist Krishna als sein Wagenlenker, 4 Arme.

Die Szene ist symmetrisch aufgebaut. Links und rechts außen ist es ruhig. Die Infanterie marschiert von beiden Seiten der Mitte zu. Zur Mitte hin nimmt das Getümmel zu und erreicht im Zentrum seinen Höhepunkt.

SÜDWESTLICHER ECK-PAVILLON

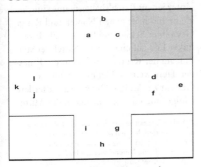

Eck-Pavillon SW, im N beginnend,
im Uhrzeiger-Sinn.

a Krishna hebt den Berg Govardhana hoch
Krishna und sein Bruder Balarama heben den Berg hoch, dessen Felsen durch Rauten dargestellt sind. Darunter finden Hirten und ihre Schafe Schutz vor dem Unwetter, das Indra in seinem Zorn geschickt hat. Stark abgewaschen.

b Rama jagt Maricha
Der Rakshasasa Maricha hat sich in eine goldene Gazelle verwandelt. Rama jagt sie, so kann Ravana Sita entführen (Ramayana).

c Quirlen des Milchmeeres
Oben Sonne und Mond. Stark abgewaschen.

d Ein Fest am Wasser
Ruder-Boote, Schach-Spieler, spielende Kinder, Hahnen-Kampf. Man kann Ähnlichkeiten mit dem Loy Krathong (Lichter-Fest in Thailand) erkennen.

h Rama tötet Valin
Rama greift in den Kampf der Affen-Brüder Sugriva und Valin ein und schießt auf diesen einen tödlichen Pfeil ab. Valin wird von seiner Gemahlin Tara betrauert. Interessant ihre Frisur. Darunter trauernde Affen.

i Shiva tötet Kama
Shiva meditiert und Uma will ihn davon abbringen und verführen. Sie bittet Kama um Hilfe. Der schießt einen Zucker-rohr-Pfeil auf Shiva ab. Shiva ist erzürnt über die Störung seiner Meditation. Er wirft auf Kama seinen Donnerkeil. Der stirbt in dem Armen seiner Gemahlin Rati.

j Ravana rüttelt am Berg Kailash
Eine Schlüssel-Szene des Ramayana-Epos. Der Asura *Ravana* will zu Shiva, der auf dem Berg Kailash wohnt. Ein Affe verwehrt ihm den Zutritt. Ravana schmäht den Affen und dieser prophezeit ihm, dass Affen ihn vernichten werden. Ravana in seinem Zorn schüttelt den Berg. Um diese Untat zu sühnen, liegt er dann 1.000 Jahre bäuchlings am Fuß des Kailash und singt Loblieder auf Shiva. Der ist davon so angetan, daß er den Dämonenfürsten unter seinen besonderen Schutz nimmt. Darstellung des Berges.

k Leben Krishnas
Krishna als Kind schleppt den schweren Stein-Mörser weg, an den ihn seine Pflege-Mutter gefeßelt hat, und reißt dabei 2 Bäume aus.

l Shiva und Eremiten
Es gibt verschiedene Vermutungen zur Deutung dieser Szene.

SCHIRME UND ANDERE EHRENZEICHEN
Könige und Würdenträger sind auf Reliefs von Dienern umgeben, die große Schirme hoch halten. Daneben sehen wir, ebenfalls auf hohen Stangen, Fächer, Fliegenwedel, Embleme aus Pfauenfedern und anderes.

In der Armee Suryavarmans II. hat jeder Kommandeur Schirme usw., immer in unterschiedlicher Auswahl.

Es handelt sich offensichtlich um Ehrenzeichen, vom König verliehen, mit goldenen oder silbernen Griffen. Sie bezeichnen nicht eine klare Rangfolge: einer hat mehr Schirme, ein anderer einen mit goldenem Griff.

DIE ARMEE KÖNIG SURYAVARMANS II.
S-Seite, W-Flügel
93,60 m.

Das Bild wird beherrscht von marschierenden oder paradierenden Kriegern.

Links auf einem Hügel gibt der König Audienz. Er sitzt in königlicher Pose auf einem reich geschmückten Thron. 14 Schirme zeigen seinen Rang.

Das Gesicht des Königs wurde früher von Besuchern mit Goldblättchen beklebt, ebenso wie sie Dämonen mit Betel-Spucke traktierten.

Eine Inschrift: „Paramavishnuloka läßt seine Truppen vom Berg Shivapada herab steigen."[2]

Um den König ein Brahmane mit hohem Haarknoten; ein Minister, etwas größer dargestellt als die übrigen, hält ehrerbietig die rechte Hand aufs Herz.

Unter dem Hügel, in einem Wald mit Hirschen und Vögeln, ein Zug von Hofdamen; Hängematten, Sänften.

Nach rechts den Hügel hinunter eine lange Infanterie-Kolonne, befehligt von Kommandeuren auf Elefanten, begleitet von den Trägern ihrer Ehrenzeichen. Unter jedem Befehlshaber nennt eine kleine Inschrift seinen Namen und Rang. Gewölbter Schild und Lanze. Edle Pose, linker Fuß auf einem Steh-Sattel, rechter Fuß auf der Kruppe des Elefanten. Eines der Tiere wendet dem Betrachter das Gesicht zu. Andere Offiziere auf Pferden. Einige, auch der König, der in der Mitte

---

2. Andere Übersetzungen sind möglich. Jedenfalls ist hier ein historisches und kein mythologisches Ereignis dargestellt. Da der König mit seinem posthumen Namen—„der im Himmelreich des höchsten Vishnu weilt"—benannt wird, ist diese Inschrift, nicht notwendigerweise das Relief selbst—nach seinem Tode entstanden.

seiner Armee ein zweites Mal dargestellt
ist, tragen den *Phkaek*.

Die Infanterie-Kolonne zeigt die Ein-
förmigkeit einer disziplinierten Truppe.
Die letzten Marschierer machen lange
Schritte um auf zu schließen. Bekleidet
sind alle, auch der König, mit dem Sampot. Helme mit Tierschädeln und runde
Schilde.

Unterbrochen wird die strenge Reihe
durch Brahmanen, die Glocken klingen
lassen, den Rajahota (Hof-Kaplan) in einer
Hängematte, grotesk tanzende Clowns
und Männer, die mit Fahnen jonglieren.
Musikanten mit Trompeten, Trommeln,
Muschel-Hörnern und Gongs marschieren den Abteilungen voran.

Die Arche mit dem Heiligen Feuer im
Zentrum des Bildes zeigt den religiösen
Charakter der Kriege des Königs und
seiner Armee.

An der Spitze marschieren, laut der Inschrift, „Syam kuk" („Dunkel-Häutige"),
verwegen kostümierte und tätowierte
ausländische Söldner. Nicht „Siamesen",
wie gerne und falsch übersetzt wird, die
haben eher eine hellere Haut.

Das Relief weist in seinem westlichen
Teil und in der Mitte schwere Schäden
auf.

DAS WELT-GERICHT, DIE HIMMEL UND DIE HÖLLEN
S-Seite, O-Flügel
66,05 m.

Die Menschen leben gut—oben—oder
böse—unten—oder im mittleren Bereich.
Die Guten gehen direkt in einen der
Himmel. Vornehme werden in Sänften
getragen, gewöhnliche Leute gehen zu
Fuß, Männer, Frauen und Kinder.

Die mittleren und die Bösen müssen
sich dem Gericht unterwerfen.

Herr des Gerichts ist der Gott Yama,
Gott des Todes und des Gerichts, in königlicher Haltung auf einem Wasserbüffel.
18 Arme halten langstielige Keulen.
Schirme.

Amtierender Richter ist Vrah Dharma,
das heilige Gesetzt, ein Aspekt Yamas,
ebenfalls in königlicher Haltung. Sein
Schreiber Citragupta hat in der linken
Hand ein Zaubergerät, das alle Taten
gespeichert hat. Nach seiner Aussage
spricht Dharma das Urteil.

Die Himmel, das sind *fliegende Paläste*,
die auf Friesen von Garuda und Atlanten
schweben. Die Seligen (Männer!) ruhen
dort in Mitten von dienstbaren Frauen
und führen ein Leben wie die Reichen.
Darüber fliegen Apsàra.

Die historische Parade nebenan zeigt
19 hohe Würdenträger, ebenso 19 hohe
Würdenträger sind hier auf dem oberen
Weg in die Himmel. Lohn für treue Erfül-
lung der Pflichten gegenüber dem König.

Viel mehr ist in den Höllen zu sehen:

Knechte schleifen die Delinquenten zu
der Bestrafung, die ihrer Untat entspricht:
Wer sich überfressen hat, wird mit

König Jayavarman VII. mi Phkaek

einer großen Schrotsäge entzwei gesägt. Gesetzes-Brechern werden mit Keulen-Schlägen die Knochen gebrochen. Kleine Inschriften erläutern die Strafen.

Diese drastischen Darstellungen sollen die frommen Untertanen davor abschrecken, Unrechtes zu tun.

Das Relief ist in seinem östlichen Teil schwer beschädigt.

DAS QUIRLEN DES MILCHMEERES
O-Seite, S-Flügel
48,45 m.

Dargestellt wird eine Legende von der Erschaffung der Welt. ▶ Vishnu-Legenden.

Drei Register:

Mittleres Register: dicht gedrängt, die langen Reihen der 92 *Ausura* und 89 *Deva*.

Je 3 Figuren ragen heraus, die Zuordnung zu bestimmten Namen ist umstritten. Die 1. große Figur bei den Deva trägt den Kopfschmuck eines *Rakshasa*. Die letzte ist ein Affe, wohl aus dem Ramayana.

Oberes Register: Tanzende Apsàra, aus dem Milchmeer geboren.

Unten: Die Lebewesen des Meeres, aus Natur und Mythos, in der Mitte zunehmend durch die Rotation des Berges Mandara zerstückelt.

Ganz unten ein zweiter Naga.

Das Zentrum ist deutlich höher als das übrige Relief.

Hier kreist der Berg **Mandara**. Vishnu ist 2 Mal vertreten:

Unten trägt er als Schildkröte **Kurma** (Foto) den quirlenden Berg auf seinem Rücken.

In der Mitte dirigiert Vishnu die Götter und Dämonen, die abwechselnd den Naga Vasuki ziehen. Neben seinem Diskus kann man die Köpfe des Airavana und der Pferdes Ucchaissrava erkennen, die, wie die Apsàra, aus dem Milchmeer erschaffen wurden.

Die obere kleine Figur lässt sich nicht eindeutig bestimmen.

Auf dem unvollendeten Bild fehlt noch die Amphore mit dem Amrita, dem Nektar der Unsterblichkeit.

Am linken und rechten Bildrand stehen untätig die Reserven. Wagen, Reittiere und ihre Halter, die frühen Vorfahren der *Motodop.*

Das Relief bildet den jährlichen Lauf der Sonne ab.

Das Kopf-Ende der Schlange (im S) markiert die Winter-Sonnwende (21./22. Dezember), das Schwanz-Ende (im N) die Sommer-Sonnwende (21./22. Juni). Der Berg Mandara entspricht den Äquinoktien (um den 21. März und um den 23. September). Die Zahl der Figuren dazwischen entspricht den Tagen, die großen Figuren den Monaten. Also wird die Bewegung der Schlange mit der Bewegung der Sonne gleich gesetzt oder ist mit ihr in Harmonie.[3]

Kurma

---

3. Mannika

DER SIEGREICHE KAMPF VISHNUS GEGEN DIE ASURA
O-Seite, N-Flügel
50 m.

In der Mitte Vishnu auf Garuda, kämpfend gegen die Asura. Drachen, Riesen-Vögel, Pferde und Elefanten bringen die Asura in die Schlacht.

Dieses und das folgende Relief wurden erst im 16. Jh. nach alten Vorlagen gemeißelt.

DER SIEG KRISHNAS ÜBER DEN ASURA BANA
N-Seite, O-Flügel
66,30 m.

Krishna kämpft um die Befreiung seines Enkels Aniruddha aus den Händen des Dämonen Bana.

Von links, O, nach rechts, W, in 7 Episoden, mit jeweils einem Kolossalbild von Vishnu/Krishna und/oder Garuda.

Henri Mouhot hat 1860 das Relief als erster beschrieben: „Auf der Ostseite sind eine Anzahl Männer, in zwei gleiche Gruppen geteilt, dargestellt. Sie ziehen in entgegen gesetzter Richtung an der Schlange oder dem Drachen mit sieben Köpfen, während in der Mitte ein Engel steht und zusieht. Im Himmel darüber kann man viele Engel herum fliegen sehen, während Fische, Wassertiere und See-Ungeheuer im Meer schwimmen, das man unten sieht. Der Engel sitzt auf dem berühmten Berg in Tibet, Pra Soumer. An einigen Stellen unterstützen Engel mit mehreren Köpfen diejenigen, die an der Schlange ziehen. Der König der Affen, Sdach Soa, ist hier auch zu sehen."[32]

„Vielleicht die größte Menge abgetrennter Köpfe, die je in einem Relief zu sehen waren oder sind."

Begleitet von Pradyumna und Balarama. Bewaffnet mit dem Diskus Sudarshana.

2. Bild von links: Garuda und (rechts) Agni bekämpfen ein Feuer.

Besonders schön, im besten Stil von Angkor Wat, die 3. Darstellung Krishnas auf Garuda.

Vorletztes Bild: der Asura Bana, sein Streitwagen wird von riesigen, aufrecht gehenden Löwen gezogen.

Krishna schlägt ihm, bis auf 2, die Arme ab. Bevor er seinen Kopf abtrennt, interveniert Shiva.

Letzte Szene, rechts: Krishna huldigt Shiva und verschont dessen Schützling Bana. Dazwischen Ganesha und 2 andere Figuren. Die Darstellung Shivas und einige andere Details zeigen chinesische Stil-Einflüsse.

Dieses Relief wurde erst im 16. Jh. ausgeführt.

KAMPF ZWISCHEN DEVA UND ASURA
N-Seite, W-Flügel
100 m.

Die Götter, von O, also rechts, siegen letztlich über die Dämonen, von W rechts. Aber diese sind ebenbürtige Gegner und die Kämpfe entsprechend heftig.

21 kämpfende Paare, einige Figuren lassen sich an Hand ihrer Attribute und *Vahana* identifizieren.

8. **Kubera** auf den Schultern eines Yaksha mit gegrätschten Beinen, oder **Nirti**, Gott des Unglücks.

9. **Agni**, Gott des Feuers, auf von 2 Nashörnern gezogenem Wagen. Der Wagen des mit ihm kämpfenden Dämonen wird entsprechend von einem Naga gezogen, dem Symbol des Wassers.

10. **Skanda** auf Pfau, 6 Köpfe (5 sichtbar), 12 Arme. Der Vogel kämpft mit

seinen Krallen gegen 2 pferde-ähnliche
Fabelwesen, die je einen Streitwagen ziehen. Sie bäumen sich auf—eine eindrucksvolle Dreiecks-Komposition.

11. **Indra** auf Airavana, der mit seinen
4 Stoßzähnen einen Gegner aufgespießt
hat. Sein Anblick lässt 2 Löwen sich
aufbäumen, der von ihnen gezogene
Streitwagen stürzt um.

12. **Vishnu**, sein Reittier der Garuda,
streckt mit den Krallen 2 Pferde nieder.
Asura **Kalanemi** („der Reifen des Zeiten-
rades"). 9 Köpfe, davon 7 sichtbar. Beide
kämpfen mit Bogen und Pfeilen. Die
übrigen 30 Hände des Asura sind mit Lang-
waffen, Keulen und Schwertern überladen.

13. **Yama**, mit Kopfputz wie ein
Dämon, Kampfwagen von Wasserbüffeln
gezogen.

14. **Shiva**, Kampfwagen von 2 *Nandi*
gezogen.

15. **Brahma**, auf Hamsa, kämpft
mit der legendären Waffe *Brahmastra*.
Ungewöhnliche Darstellung Brahmas in
kriegerischer Rolle und einfacher
menschlicher Gestalt.

16. **Surya**, Kampfwagen, von 4 Pferden
gezogen, in Form seines Attributs, der
Sonnenscheibe, den *Aruna*, die Morgen-
röte, halb Mensch, halb Vogel, lenkt.

17. **Varuna**, Gott des Wassers, auf
einem gesattelten Naga.

Den Hintergrund bildet ein heftiges
Kampf-Getümmel, alle Figuren sind in
höchster Bewegung. Oben eine Wolke
von Pfeilen.

Zahlreiche Flächen in diesem Relief
sind nur in Umrissen bearbeitet, offenbar
ist es unvollendet geblieben.

NORDWESTLICHER ECK-PAVILLON

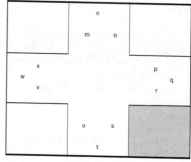

Eck-Pavillon NW

m Sitas Feuerprobe
Das Relief ist durch Wasser schwer
beschädigt, es zeigt, wie Sita durch eine
Feuerprobe beweist, dass sie unschuldig
die Gefangenschaft durch Rama überstan-
den hat. Beschädigt.

n Rama und Lakshmana töten Viradha
Der Riese Viradha versucht Sita zu
entführen und wird mit einem Pfeil-Hagel
getötet.

o Palast-Szene
Nicht gedeutete, prächtig dargestellte
Szene. Krishna?

**p Götter bitten Vishnu zur Erde
hinab zu steigen**
Vishnu ruht, im Ozean schwimmend,
auf der Welt-Schlange Ananta. Lakshmi,
seine Gemahlin, hält seine Füße. Götter
nahen in einer Wagen-Prozession und
bitten ihn, sich als Krishna zu inkarnieren,
(von links):

- Ketu, der Komet, auf einem Löwen
- Agni auf einem Nashorn
- Yama auf einem Wasserbüffel

- Indra auf Airavana
- Kubera auf einem Pferd
- Skanda auf einem Pfau
- Varuna auf einem Hamsa
- Nirti auf einem Yaksha

Mond und Sonne, oben und unten, fahren ebenfalls auf Streitwagen.

q Rama und Lakshmana verbünden sich mit Sugriva

(Ramayana) Stark abgewaschen.

r Krishna bringt den Berg Mahaparvata zurück

Der Asura Naraka hat den Berg Mahaparvata, einen Gipfel des Berges Meru, geraubt. Und er hat die Gemahlinnen der Götter entführt.

Krishna auf Garuda, der seine Gemahlin Satyabhama auf der rechten Hand trägt, führt einen langen Zug von Leuten an, die die Überreste des getöteten Asura schleppen. Hinter Krishna der Berg Mahaparvata mit Bäumen.

s Wettkampf im Bogen-Schießen

Entweder Rama, der um Sita zu gewinnen, einen Wettkampf in Bogen-Schießen gewinnen muß (Ramayana). Oder Arjuna, der seine Geschicklichkeit im Bogen-Schießen beweist, in dem er einen Vogel trifft, der auf ein rotierendes Rad gebunden ist (Mahabharata). Oder eine Vermischung beider Episoden.

t Leben Krishnas

Krishna tötet Pralamba(?), Krishna löscht ein Feuer.

u Vishnu und Apsàra

Vishnu, 4-armig, empfängt Opfergaben von fliegenden Apsàra.

v Hanuman gibt Sita Ramas Ring

Der Affen-General dringt in den Garten ein, wo Sita gefangen gehalten wird, und übergibt ihr den Ring Ramas. Neben Sita die ihr ergebene *Rakshini* Trijata. Darunter reihenweise Rakshasasa. Durch Wasser beschädigt, Teile herausgebrochen.

w Rama, Lakshmana und Vibhishana

Das Bündnis Ramas mit dem verstoßenen Bruder Ravanas.

x Ramas Rückkehr nach Ayodhya

Rama zieht auf *Puspaka*, seinem prächtigen Wagen, der von *Hamsa* gezogen wird, feierlich in seine Hauptstadt ein.

DIE SCHLACHT VON LANKA
W-Seite, N-Fügel
50 m

Höhepunkt des Ramayana-Epos. Ramas Affen-Armee siegt über Ravanas Dämonen-Heer. Die gesamte, unübersehbar große Bild-Fläche ist lückenlos gefüllt mit einem Gemenge von Kämpfern und Kämpfen, in ungeheurer Dynamik und zugleich in eleganter Harmonie.

Die Bilder zeigen **Affen-Krieger**, mit Steinen bewaffnet, in allem Stadien von sich steigernder Kampfes-Wut bis zur todes-ähnlichen Erschöpfung, Gefallene, Verwundete, denen die Lebens- und Kämpfer-Energie zurück gegeben wird, die die Pfeile aus ihrem Körper ziehen, neue Kräfte sammeln. Die Affen haben muskulöse Menschen-Rümpfe—immer von vorne abgebildet—und Affen-Köpfe—immer im Profil. Sie scheinen zu schweben und kämpfen in akrobatischen Posen.

Die **Dämonen**, riesengroß, mit Säbeln, Spießen, Keulen, sind an Bewaffnung und physischer Kraft überlegen, aber die Affen zeigen mehr Kampf-Eifer und Flexibilität.

Im Zentrum des Reliefs steht **Rama**, von Pfeilen überschüttet, auf den Schultern Hanumans. Neben ihm **Lakshmana** und—mit Federschmuck am Helm— **Vibhishana**.

Etwas weiter rechts, vollständig frontal dargestellt, **Ravana**—10 Köpfe, davon im Relief 7 sichtbar, und 20 Arme. Er steht fest auf einem prächtigen Streitwagen, den 2 Fabelwesen, Pferde mit bizarren Monster-Köpfen ziehen.

Von links oben **Hanuman** in einem gewaltigen Luftsprung. Er hat nur einen Kopf, zwei Fäuste, keinerlei Waffe. Aber Ravana muss einige Treffer einstecken.

Zwischen ihnen eine andere Kampf-Szene: 2 Affen attackieren einen riesigen Rakshasasa. Der eine Affe hebt ihn auf

seine Schultern, der andere greift ihn von unten an.[33]

04.02
TA PROHM KAL
1186, König Jayavarman VII. (1181––1220). Buddhistisch.
Orientierung: O.

Eine von den 102 Hospital-Tempeln, die Jayavarman VII. bauen ließ. Verfallener Sandstein-Prasat, quadratischer Grundriss. 1 Eingang, 3 Scheintüren. Reste eines kleinen Sandstein-Torbaus.

Reliefs: Devata und Figuren in Medaillons.

Lage: gegenüber dem Wasser-Graben von ANGKOR WAT, 450 m nördlich des W-Eingangs.

Hanumans Luftsprung

TIPPS FÜR DEN BESUCH VON ANGKOR WAT

Besuchen Sie den Tempel am Nachmittag.

Lassen Sie sich Zeit für einen Spaziergang über den langen Pracht-Damm, gemächlich auf den Riesen-Tempel zu.

Lassen Sie sich Zeit. Sie müssen nicht alles sehen.

Wenn es Ihnen zu voll wird, schauen Sie auf die O-Seite.

Sie können einen **Spaziergang** machen innen am Wasser-Graben entlang, um die äußere Umfassungs-Mauer, an 3 schönen Gopuram vorbei. 4 km, wenn Sie nicht abkürzen.

EINE GRABUNG IN ANGKOR WAT

Vor dem südlichen Kloster zwei sauber rechteckig ausgeschachtete Gruben unter Schutzdächern. Bevor hier eine Toiletten-Anlage gebaut wird, soll Eric Llopis, Archäologe bei ÉFEO, hier den Untergrund erforschen. Er arbeitet mit der vertikalen Methode. Sie zeigt die Stratigraphie, die Schichtung des Untergrunds. Noch gräbt er über dem Grundwasser-Niveau, das hier durch den Wassergraben von Angkor Wat bestimmt wird.

Der Boden ist hier nach dem Bau von Angkor Wat aufgeschüttet worden. Die Umgebung des Tempel-Gebäudes lag also ursprünglich deutlich tiefer. Jedenfalls da, wo jetzt gegraben wird. Nur die horizontale Methode, die Abtragung von Schichten in ihrer gesamten Ausdehnung, würde ein vollständiges Bild geben. So könnte man die Erde wie ein Buch von rückwärts aufblättern. Aber das wäre zu aufwendig. So kann man nur die Stratigraphie verschiedener punktueller Grabungen vergleichen.

Man sieht verschiedene Horizonte, in einem erkennt man eine Art Estrich. Der Boden war befestigt und gestampft, vielleicht im Inneren eines Gebäudes oder unter einem offenen Dach. Im Schnitt erkennt man auch Gruben, die später, also mit jüngerem Material, verfüllt worden sind, und zylindrische Löcher, vielleicht von Pfosten.

Im tropischen Boden gibt es keine Spur von Holz oder anderen organischen Substanzen. Es gibt nur Artefakte aus Stein, die erkennbar bearbeitet worden sind, und Keramik. Über die Keramik der Khmer ist wenig bekannt. Immerhin kann man mit der C14-Methode das Alter von Ton-Scherben bestimmen.

Alle Funde werden zuerst lokalisiert, ihr Fundort wird horizontal und vertikal genau notiert. An welcher Stelle? Aus welcher Schicht? In welcher Höhe der Schicht? Dann werden sie gereinigt und archiviert.

Viele Sandstein-Trümmer stammen vom Tempel-Gebäude, manche zeigen Fragmente von Reliefs. Sie können also erst nach dem Bau von Angkor Wat hierher gekommen sein.

Solche Grabungen werden auch notwendig, wenn der Untergrund des Tempel-Gebäudes erforscht wird. Im Augenblick—Juni 2003—wird seine Sanierung von den Fundamenten her vorbereitet.

Die Arbeiter, junge Khmer, sind mit Spaß und Eifer bei der Sache. Es fehlt ihnen allerdings jedes historische Verständnis. Gründliche Schulung ist notwendig, Eric Llopis hat da einiges vor. Er will solche Kurse organisieren.

05.

ANGKOR THOM

05.01
ANGKOR THOM—DIE NEUE HAUPTSTADT

„Große Hauptstadt", ursprünglicher Name vermutlich „Kambupuri".
Um 1200 oder Anfang 13. Jh.,
König Jayavarman VII. (1181– ~1220)

Hauptstadt König Jayavarman VII., der mehr gebaut haben soll als alle seine Vorgänger zusammen. Die Anlage nimmt den nördlichen Teil der alten Hauptstadt Yasodharapura ein. Sie war kleiner, aber sicher prächtiger. Sie war größer als alle Städte des europäischen Mittelalters.

DIE STADT-ANLAGE

Quadrat von ~3 km Seitenlänge. Wassergraben, Mauer, Gopuram.

Durch 4 Straßen entlang der N-S- und O-W-Achsen ist sie in Viertel gegliedert. Jedes Viertel bestand aus 6 x 6 = 36 quadratischen Feldern von ~250 m Seitenlänge, insgesamt gab es 144 Felder.

Die gesamte Stadt war von Kanälen durchzogen, die der Wasser-Versorgung, der Abwasser-Abführung und als Verkehrswege dienten. Wassergräben beiderseits der 5 Hauptstraßen.[34]

Auf dem Schnittpunkt der Haupt-Achsen baute Jayavarman VII. seinen Staats-Tempel, den BAYON.

- In die neue Hauptstadt sind Gebäude der alten Hauptstadt eingegliedert: Königs-Palast, BAPHUON, KLEANG.
- Die neuen Bauwerke—BAYON, Terrassen, PRASAT SUOR PRAT—geben dem Königs-Platz vor dem Palast einen Rahmen.
- Auf der Achse Haupt-Tor des Königs-Palastes—TA KEO-ÖSTLICHER BARAY—ÖSTLICHER MEBON-baute er die Sieges-Allee als 5. Haupt- und Ausfall-Straße der Stadt.

Außer den Tempeln und Terrassen waren alle Gebäude aus leichtem Material und sind heute spurlos verschwunden.

Angkor Thom ist ein Miniatur-Modell der Welt, quadratisch, vom Ozean (Wassergraben) umrahmt, mit dem heiligen Berg Meru, der Wohnung der Götter (BAYON) im Mittelpunkt.

Sie ist, in Harmonie mit der Welt und den Göttern, nach den Haupt-Himmelsrichtungen ausgerichtet.

Sie ist Zentrum der Welt, an deren Enden die 4 Hauptstraßen führen.

STADTMAUER UND WASSERGRABEN

Wassergraben von 100 m Breite, ~9 km lang.

Durch 5 **Große Dämme** aus Sandstein unterteilt. Diese Dämme bilden Stufen. im Wassergraben, so daß ein Höhenunterschied von insgesamt ~8 m ausgeglichen wird. SW-Ecke liegt am tiefsten.

Mauer aus Laterit-Blöcken, 7–8 m hoch. Glatte, schmucklose Oberkante.

An der Innen-Seite Erdaufschüttung mit ~25 m breiter Krone, auf der ein Weg verläuft.

Auf den 4 Ecken stehen die **PRASAT CHRUNG**.

05.02
DIE FÜNF TORE

Sie sind alle nach dem gleichen Muster gebaut, wie beschrieben, in sehr unterschiedlichem Erhaltungszustand, das N- und das S-Tor 1944–46 restauriert, durch das **Süd-Tor** betreten die Besucher Angkor Thom. Die meisten machen vor dem Großen Damm mit Riesen-Balustraden ihren ersten Foto-Stopp.

Durch das **West-Tor** führt heute nur ein Fahrweg in die Dörfer, Besucher kommen wenig hier her. Es ist in schlechtem Zustand, aber am Tor sind die schönsten Köpfe, die Riesen-Balustrade ist nicht restauriert, zerstört und überwachsen.

Durch das **Nord-Tor** geht der große Rundweg. Hier wurden Großer Damm und Riesen-Balustraden restauriert. Das attraktivste Tor in Angkor Thom. In den Großen Damm hat man eine Corbel-Brücke eingebaut. Hier fließt jetzt Wasser vom Siem-Reap-Fluss im O zum Westlichen Baray.

Der Kleine Rundweg[35] führt über die Sieges-Allee durch das **Siegestor**. Großer Damm und Riesen-Balustraden restauriert.

☛ Von hier kurzer Fußweg, 1.000 m, oben entlang der Mauer zum Nordöstlichen PRASAT CHRUNG.

Ost-Tor, auch: Toten-Tor. nicht restauriert. Besonders schön die W-Seite. Riesen-Balustrade zerstört und überwachsen, nach O, außen, verliert sich ein Fußpfad im Dickicht des Fluss-Ufers. Vor dem Tor auf beiden Seiten Trümmer von Laterit-Gebäuden. Ein sehr stiller Ort.

TORTÜRME

Wo die 5 Hauptstraßen—die 4 Axial-Straßen und die Sieges-Allee—auf die Mauer und den Wassergraben stoßen, stehen große Gopuram, Tortürme. ~22 m hoch, Toröffnung 7 m x 3,5 m. Kreuzförmiger Grundriß, seitliche Vorhallen, „Wachstuben". *Corbel*-Gewölbe, durch eingebaute Holzbalken stabilisiert. Aussparungen für Torbalken.

3 Dach-Türme neben einander, unten zusammen gebaut, der mittlere mit 2

Nord-Tor ANGKOR THOM, von innen

Gesichtern nach innen und außen, die anderen mit je einem Gesicht zur Seite.

In den 4 Ecken jeweils *Indra* mit 2 Gemahlinnen auf *Airavana* mit 3 Köpfen und 4 Stoßzähnen. Die 3 Rüssel stehen wie kräftige Säulen auf dem Boden, reißen Lotusblüten aus. *Indra*, als Herr des Blitzes, hält den Donnerkeil in der unteren linken Hand. Darüber Fries von *Devata*.

Diese Türme sind Skulpturen höchster Qualität, mit den schönsten Werken der alten Griechen vergleichbar. Aber die Khmer waren mehr Bildhauer als Baumeister, sie haben nicht versetzt gemauert, sondern die Steine Fuge auf Fuge gestellt. Und sie verwendeten keinen Mörtel und mauerten trocken. In der Bayon-Periode

arbeiteten sie in großer Eile und mit wenig Sorgfalt. So tun sich heute senkrechte Spalten auf. Steinblöcke sind aus der Mauer gefallen.

GROSSE DÄMME MIT RIESEN-BALUSTRADEN

5 Große Dämme, mit Sandstein-Platten verkleidet, ~15 m breit, überqueren den Wassergraben.

Sie sind von Balustraden gesäumt: Je 54 Riesen tragen einen Naga. Die hoch aufgerichteten Kappen des Naga mit 7 Köpfen zeigen nach außen, die erhobenen Schwanzenden zur Stadtmauer. Stadtauswärts gesehen, stehen links 54 Dämonen, rechts 54 Götter oder Gottheiten.

GESICHTER-TÜRME

Die eigenartigste Bauform der Khmer-Architektur: Türme, von denen riesige Gesichter—eigentlich sind es Halb-Reliefs von Köpfen en face—in die 4 Himmelsrichtungen schauen.

Der Blick ist abgehoben wie in Meditation, ein feines, mildes Lächeln liegt auf den Zügen, „das Lächeln von Angkor" oder „le sourire khmer".

Wen bilden diese Gesichter ab, den König Jayavarman VII. oder einen Bodhisattva? Jayavarman VII. war die Inkarnation des Bodhisattva Lokeshvara. Die Gesichter zeigen den Bodhisattva mit den Zügen Jayavarmans VII.

Genaue Beobachter wollen an einzelnen Bildern unterschiedliche Gesichtszüge entdeckt haben. Vielleicht porträtieren also nicht alle Kopf-Reliefs die gleiche Figur.

Boissélier[36] meint, die Tor-Türme zeigten die 4 *Maharajikka*, Groß- oder Schutzkönige der 4 Himmelsrichtungen.

Der Ursprung dieser Gesichter-Türme könnte in Indien liegen. Es gibt den Bericht von Yi-Tsing, einem Chinesen des 7. Jh. Er berichtet

von Backstein-Türmen in Nalanda (Bengalen), die gekrönt sind von „Köpfen, so groß wie ein Mensch". Voll-plastischen Köpfen des Brahma mit 4 Gesichtern.

Brahma trägt einen Kopf mit 4 Gesichtern, die Gesichter-Türme zeigen die Reliefs von 4 Köpfen mit je einem Gesicht.

Bauweise: Eine Variante des gewöhnlichen Prasat mit 4-stufiger Dach-Pyramide, die in Höhe des 1. und 2. Dach-Geschosses Kopf-Reliefs tragen.

Dabei werden die Mauer, in die das Relief gemeißelt wird, einfach vor dem Kern-Bau aufgeschichtet, nach innen nur angelehnt, nicht verankert. Die Sandstein-Blöcke sind untereinander wenig oder gar nicht versetzt, so daß sich lange senkrechte Fugen durch die Mauern und durch die Reliefs ziehen. Die Reliefs stehen um die Türme herum wie Paravents. Entsprechend leicht stürzen sie ein. Bei der Restaurierung werden die Steine mit unsichtbaren Stahl-Bolzen nach innen verankert.

05.03
PRASAT CHRUNG
A. 13. Jh.,
König Jayavarman VII. (1181-1219),
Buddhistisch.

„ECKTURM".

In den 4 Ecken der Stadtmauer steht auf der Erdaufschüttung je ein Tempel aus Sandstein.

Prasat auf kreuzförmigem Grundriß, 4 Vorhallen, (ursprünglich) 3 Scheintüren. Scheinfenster mit Sandstein-Balustern.

Cella kreuzförmig, ~ 2 m im Quadrat + 4 Nischen je 1 m tief.

Doppelte *Frontons*, Reliefs meist stehender Bodhisattva.

Devata.

Kreuzförmige flache Sandstein-Terrasse vor dem Eingang.

Auf 2 Seiten Umfassungs-Mauer aus Laterit, ~ 35 m x 30 m, die 2 anderen Seiten werden durch die Stadtmauer geschlossen.

Einfacher Torbau.

König Jayavarman VIII. (~1243–1295) ließ diese Tempel hinduisieren, die Bodhisattvas enthaupten, *Lingam* aufstellen, Buddha-Statuen zu Lingam ummeißeln.

Stelen-Inschriften beziehen sich auf den Bau und die Weihe der Mauer und der Tore, jetzt in CA.

Schöne Spaziergänge oder Mountainbike-Touren von den Stadttoren aus über die Wälle, besonders empfohlen werden die beiden PRASAT CHRUNG auf der O-Seite.

PRASAT CHRUNG SW
Orientierung: O.

Nur Wände des Turms.

Auf der N- und S-Seite Fensteröffnungen, die nachträglich zugemauert worden

> ### SYMBOLIK DER RIESEN-BALUSTRADEN
>
> Bernard-Philippe Groslier[37]: „So ziehen die himmlischen Götter des Südtors an einem Ende der Naga, die sich symbolisch um den Bayon-Berg windet, während das andere Ende von den Unterweltsgöttern des Nordtors gehalten wird. Indem die Götter der beiden Welten abwechselnd ziehen, lassen sie aus dem von dem Berg gepeitschten Ozean, der durch die Wasser-Becken materiell dargestellt ist, die Ambrosia emporsteigen." (▶ Quirlen des Milchmeeres.)
>
> Madelaine Giteau[38]: „Wir können uns dieser Meinung nicht anschließen. Beim Kirnen des Milchmeeres ist nur von *einer* Schlange die Rede. Außerdem wenden die Giganten dem Stadttor, das nach dieser Theorie den Stiel des Butterquirls darstellen müsste, den Rücken zu, und sie *ziehen* nicht an der Schlange. Ganz im Gegenteil: Wie schon Tcheou Ta-Kuan bemerkte, ,halten sie die Schlange mit der Hand fest und scheinen sie an der Flucht hindern zu wollen.'"
>
> Die Naga, Götter des Wassers aus der alten Religion, sind also Schutzwächter der Stadt.
>
> Die Naga-Balustrade ist auch Sinnbild des **Regenbogens**, Symbol der Verbindung zwischen Menschen und Göttern.

sind. Die gesamte Fläche hat einheitliches Relief-Dekor, also geschah die Änderung noch während des Baus. An den anderen PRASAT CHRUNG sind von vornherein Scheinfenster vorgesehen. Also ist dieser wohl der erste Bau und erst beim Bauen hat man den endgültigen Bauplan für die 4 PRASAT CHRUNG festgelegt.

PRASAT CHRUNG NW
Orientierung: O.

Nur Wände des Turms.

3 Scheintüren, schön dekoriert mit Nachahmung von Holzarbeit.

Relief auf O-Fronton: stehender

Bodhisattva, enthauptet, beiderseits je 2 kniende Beter.

PRASAT CHRUNG NO
Orientierung: W und O.

Umfassungs-Mauer, ~ 35 m x ~ 30 m.

Kleiner Torbau auf der W-Seite, beidseitig *Fronton*, davor Torso eines sitzenden Löwen.

Eingänge nach W, zur Stadt, und nach O, zum Stelen-Gehäuse.

Am Turm in ca. 7 m Höhe Reste einer Lotus-Rossette erkennbar.

Unmittelbar östlich des Prasat **Stelen-Gehäuse.**

Zugang: Vom Siegestor aus oben auf der Rampe der Stadtmauer, Fuß- oder Rad-weg, 1.000 m. Der Weg zwischen PRASAT CHRUNG NO und dem Nord-Tor ist teilweise zerstört und sehr schwierig.

PRASAT CHRUNG SO
Orientierung: W und O.

Einfaches Sandstein-Tor in der Umfas-sungs-Mauer

Auf der Kreuzterrasse—lose—Lingam-Sockel aus graugrünem Sandstein, stammt

wohl von der Hinduisierung in der 2. H. des 13. Jh.

Turm steht ca. 9 m hoch. Scheintüren N und S, schön dekoriert, unvollendet.

Eingänge nach W, zur Stadt, und nach O, zum Stelen-Gehäuse.

Im zentralen Heiligtum quadratischer Sandstein-Sockel für eine Statue.

Reste einer Sakristei (?) aus Laterit.

05.04
BENG THOM UND RUN TADEV
„Großer Teich" und „Wasserlöcher"

In der SW-Ecke der Stadt, der am tiefsten gelegenen Stelle, wurden die Abwässer in einem rechteckigen Becken gesam-melt und durch 5 mannshohe Stollen, die roh mit Laterit-Blöcken ausgekleidet sind, unter der Erdaufschüttung und der Mauer hindurch nach S in den Was-sergraben geleitet. Jetzt fließt hier ein quellklarer Bach. Die gesamte Anlage ist wohl erhalten, liegt nahe beim Südwestli-chen PRASAT CHRUNG und ist wie dieser vom S-Tor aus bequem zu Fuß zu erreichen, ~1.500 m.

Riesen-Balustrade, N-Tor ANGKOR THOM

06.
AM GROSSEN PLATZ VON ANGKOR THOM

06.01
GROSSER PLATZ

Nördlich an den BAYON anschließend.
Hier trifft die Sieges-Allee auf die N-S-
Achse. Beherrscht von der Terrasse der
Elefanten im W. Im O gerahmt von den
PRASAT SUOR PRAT.

06.02
TERRASSE DER ELEFANTEN
Ende 12. Jh.,
König Jayavarman VII. (1181– ~1220)

Auf der W-Seite des Großen Platzes liegt
das Gelände des Königs-Palastes. Seiner
Mauer ist eine ~300 m lange, prächtige
Terrasse aus Sandstein vorgelagert.

5 vorspringende symmetrische Trep-
pen-Anlagen gliedern die Front.

Alle Mauervorsprünge sind nachträglich nach vorne verlängert worden.
Man hat eine neue Mauer davor gebaut
und die dahinter stehende Mauer mit
ihren Reliefs zugeschüttet. Diese sind
deshalb wohl erhalten. Bei der Restaurierung hat man die alten Relief-Mauern frei
gelegt. Sie stehen heute in Gruben.[39]

In der Mitte die 3-stufige Treppe zum
Haupt-Tor des Königs-Palastes.

Massive Grundmauer der königlichen
Audienzhalle, die Chou Ta-Kuan 1296 wie

folgt beschrieb: "... hier sind die Fenster-
rahmen aus Gold, links und rechts davon
stehen Pfeiler, die mit vierzig bis fünfzig
Spiegeln behangen sind, darunter stehen
Elefanten ..."

Sie diente für öffentliche Auftritte des
Königs. Von hier aus konnten er und hohe
Würdenträger Vorführungen auf dem
Platz davor ansehen.

RELIEFS

Airavana, seine 3 säulen-förmigen Rüssel reißen Lotus-Blumen aus. Ähnlich an
den Stadt-Toren.

Elefanten bei der Jagd, in der Schlacht,
Abwehr von Tigern. Kampf gegen einander.

Friese: Hamsa, Garuda und Atlanten mit Löwen-Köpfen. Sie tragen den
Königs-Palast, der, aus Holz gebaut,
wenige Meter westlich lag und so zum
fliegenden Palast wurde.

Löwen und Garuda, Naga-Balustraden, Herde heiliger Gänse.

Relief des Pferdes Balaha, köni-
gliches Pferd: mehr-stufige *Schirme*.
Dämonen, vor denen Menschen voller
Furcht und Schrecken fliehen, Apsàra.
Vermutlich eine Darstellung des
Bodhisattva Avalokiteshvara/ Lokeshvara
in seiner Erscheinungsform als göttliches
Pferd *Balaha*.

06.03
TERRASSE DES LEPRA-KÖNIGS
Ende 12. Jh.,
König Jayavarman VII. (1181– ~1220)

Eine kleine, hohe Terrasse, unmittelbar nördlich an die Elefanten-Terrasse anschließend und etwa gleichzeitig errichtet. Nach der dort gefundenen **Statue** benannt. Der angebliche „Lepra-König" ist eine sitzende Figur, nackt, das ist ungewöhnlich in der Khmer-Kunst, vielleicht Einfluß von Java. Kopie. Original im Nationalmuseum Phnom Penh.[40]

LEGENDEN VON DEM LEPRA-KÖNIG

Ein König kämpfte mit einer Schlange und brachte ihr mit dem Schwert eine Wunde bei. Ihr giftiges Blut spritzte auf seine Haut und so wurde er mit Lepra infiziert.

Über seine Heilung gibt es drei Varianten:

- Nach dem Relief in der inneren Galerie des BAYON suchte der Lepra-König eine heilkräftige Quelle auf.
- Ein Manuskript in Madras erzählt von einem Khmer-König, der nach Indien pilgerte und dort geheilt wurde.
- Nach einer ceylonesischen Überlieferung hielt sich im 12. Jh. eine Gruppe von Khmer-Kriegern in der Hauptstadt von Ceylon auf. Eine Bronze-Statuette des Lokeshvara im Museum von Colombo soll von einem Khmer-König stammen, der sie aus Dank für seine wunderbare Heilung von Lepra vor einem Wandbild des Lokeshvara aufgestellt hatte.[41]

Nach örtlicher Überlieferung in Angkor war Jayavarman VII. (1181– ~1220) dieser „Lepra-König". Einen historischen Beleg dafür, daß es wirklich einen Lepra-König gegeben hat, gibt es bis heute nicht

---

Eine Inschrift aus dem 14. oder 15. Jh. nennt die Figur *Dharmaraja*, Assistent des Yama, des Gottes des Todes und des Gerichts. Dann wäre also diese Terrasse der Ort der königlichen Leichen-Verbrennungen; er liegt im Norden der Hauptstadt, wie es der Tradition entspricht.[42]

Anscheinend wurde eine neue Terrassen-Front vor die alte gebaut, die Wand der alten Terrasse ist heute in einen schmalen Gang zu sehen.

Köpfe, Naga, Naga-Prinzessinnen, andere mythologische Figuren, Fische, Elefanten. Blick von oben auf einen Bach mit Fischen (am nördlichen Rand).

Vor allem die Reliefs der inneren Galerie, in dem engen Gang, in bemerkenswert gutem Zustand und von hoher Qualität.

06.04
KÖNIGS-PALAST
12. bis 13. und 16. Jh.
König Jayavarman VIII. (~1243–1295)

PLAN

Ein weitläufiges Rechteck, knapp 600 m x 250 m, von einer doppelten Mauer eingefasst, zwischen den Mauern ein 25 m breiter Wasser-Graben.

Die Fläche war in 5 Höfe eingeteilt. Bis auf die Gopuram und den **PHIMEAN AKAS** (06.05) waren alle Gebäude, auch die Paläste, aus Holz errichtet und sind spurlos verschwunden. Erhalten sind die Wasser-Becken und 2 Terrassen.

Innere **Umfassungs-Mauer** aus Laterit, 585 m x 246 m, 5 m hoch. Sehr sorgfältig gebaut.

Großer **Gopuram** (9) aus Sandstein auf der O-Seite, in der Achse der Sieges-Allee. 3 Tore. Seitenflügel waren mit

Ziegeln gedeckt. Sehr schöne Proportionen, qualitätvolles Dekor. Colonettes, Lintel, über dem O-Eingang Kala.

Inschriften von 1001 (König Suryavarman I. (1002–1049) auf den Tür-Wandungen enthalten den Text eines Treu-Eids, den Würdenträger dem König zu leisten hatten.

Je 2 kleinere Gopuram aus Sandstein an der N- und S-Seite.

Gut restauriert ist der westliche **Gopuram** (8) auf der N-Seite.

Außen ein Wassergraben.

Der Boden innerhalb der Mauer ist um 0,80 bis 1,20 m erhöht. Deshalb doppelte Mauern vor den Eingängen. Die Anlage konnte nur zu Fuß betreten werden.

Großes Wasser-Becken (1), 125 m x 45 m, etwa 5,5 m tief.

Laterit-Boden und Sandstein-Stufen. Darüber an der W- und S-Seite eine **Terrasse** mit Naga-Balustrade. Reliefs: Naga in Schlangen- und Menschen-Gestalt, männliche und weibliche Garuda, geflügelte Wesen.

Reliefs: Krokodile und Fische, Fabelwesen mit Pferde- und Ochsenköpfen, 2 Reihen von Prinzen und Naga-Prinzessinnen, geflügelte Wesen, männliche und weibliche Wächterfiguren.

Östliches Wasser-Becken, (4) Laterit, 50 m x 25 m, etwa 4,5 m tief. Liegt in dem Hof, der vermutlich den Frauen vorbehalten war. Wahrscheinlich ein Teil der ältesten Palastanlage.

Westlich davon eine kleiner **Terrasse** (5) aus Sandstein. Friese von Elefanten, Pferden, *Hamsa*.

Kleines Wasser-Becken (6), 40 m x 20 m, 4,5 m tief.

Terrasse (3) , Sandstein, kreuzförmig, von Säulen gestützter Rand. Wahrscheinlich 16. Jh. Stark überwachsen

Im SO Fundamente einer Gruppe von **Heiligtümern**, nach W orientiert. Rechteckig. Sie stehen tiefer, sind also älter als die Aufschüttung der Palastanlage.

06.05
PHIMEANAKAS
Spätes 10., frühes 11. Jh.,
König Jayavarman V. (968– ~1000),
König Udayadityavarman I. (1001–1002),
König Suryavarman I. (1002–1049),
Hinduistisch.
Orientierung: O.

Eine kleine, ungemein steile Tempel-Pyramide im Königs-Palast:

- Oben ein **Sockel** aus Laterit und Sandstein, 2,5 m hoch. Darauf stand mit kreuz-fömigem Grundriß der zentrale Prasat aus Sandstein. Völlig verschwunden.
- Eine schmale **Galerie** umschließt die oberste Plattform, ganz aus Sandstein, Eck-Pavillons. Elegant gewölbtes Dach. Fenster und Scheinfenster mit Balustern.
- 4 **Gopuram**, anscheinend ehemals kleine Türme.
- Rechteckige **Pyramide** aus Laterit, an der Basis 35 m x 28 m, oben 30 m x 23 m. Höhe 12 m. Auf jeder Stufe eine schmale umlaufende Plattform, an jeder Ecke stand diagonal ein Elefant. 4 sehr steile Treppen flankiert von Löwen.
- ☛ Benutzen Sie die W-Treppe.

Der PHIMEANAKAS steht nicht genau in der Mitte des Königs-Palastes, ist also in der Anlage älter. Die Umgebung wurde später aufgeschüttet, erst dadurch ist nachträglich der Wassergraben entstanden.

Sein Name bedeutet „himmlischer Palast", das war er sicher nicht. Er war auch nie zentraler Staatstempel. Dafür ist er einfach zu klein. Inschriften und *Chou Ta-Kuan* berichten von einem „goldenen Turm". Nach einer **Legende**, die dieser uns überliefert, traf der König jede Nacht in diesem Turm den Geist des Schlangen-Königs, der Herr alles Landes des Reiches von Angkor. Dieser Geist hatte die Gestalt einer schönen Frau, mit der sich der König vereinigte. Dann, in der 2. Nachtwache, konnte er zu seinen Frauen oder Konkubinen gehen. Wenn die Schlange eines Nachts nicht erscheinen würde, müsste der König sterben. Käme er nicht zu ihr, drohte Unheil.

06.06
BAPHUON
Mitte 11. Jh.,
König Udayadityavarman II. (1050–1066),
Hinduistisch (Shiva).
Orientierung: O.

Ein riesiger Tempel-Berg mit ungewöhnlichem rechteckigen Grundriß, unmittelbar südlich des Königs-Palastes gelegen. Heute eine Baustelle und nur zu einem kleinen Teil zu besichtigen.

AUFBAU

- Ein Prasat auf 2-stufigem Sockel.
- 4-stufige Pyramide, oben 42 m x 36 m, mit der Terraße 24 m hoch. Galerie mit 4 Gopuram und Ecktürmen auf der 2. und 4. Stufe.
- Erhöhte Terrasse, 120 m x 100 m. 4 Sakristeien.
- Galerie mit 4 Gopuram und Ecktürmen, Steinerner Steg auf der O-Seite, unterbrochen durch Gopuram.
- Umfassungs-Mauer. Großer Torbau auf der O-Seite.

BESCHREIBUNG

Das Baumaterial ist durchwegs Sandstein, einige Mauern aus Laterit.

1. **Umfassungs-Mauer**—die 4.—aus Laterit, 425 m x 125 m. Ein ungewöhnlich schmales Rechteck. Ein monumentaler **Torbau** auf der Ostseite, 3 Gopuram, kreuzförmiger Grundriß, mit je einem Eingang, durch Galerien verbunden. In jedem Gopuram stand ein Lingam.

2. Vom mittleren Eingang führt ein 200 m langer **Steg** nach innen. Große Sandstein-Platten auf 3 Reihen von Sandstein-Säulen. Die Säulen haben als Kapitell und Basis Ringkränze. Hier wurden die hölzernen Stege der kambodschanischen Pfahldörfer in Stein nachgebaut.[43] Nach 2 Dritteln ein kreuzförmiger **Pavillon**, wohl der Gopuram einer nicht gebauten oder verschwunden Umfassungs-Mauer. Flach-Reliefs.

Wasser-Becken südlich davon, 28 m x 37 m.

3. Eine **Terrasse**,[44] 120 m x 100 m. **Galerie** mit 4 Gopuram auf kreuzförmigem Grundriß und 4 Ecktürmen. Der **O-Gopuram** hat 3 Eingänge, 3 Treppen, die mittlere abgestuft vorgebaut. Hier ist im N-Flügel eine bautechnische Merkwürdigkeit zu sehen: Ein Lintel ist ausgehöhlt und innen mit einem Holzbalken verstärkt. Die übrigen **Gopuram** mit einem Eingang und einer vorgebauten Treppe. Je 2 große **Sakristeien** symmetrisch zum O- und W-Zugang, auf der O-Seite größer als auf der W-Seite. Steinerne **Stege**.

4. 4-stufige **Pyramide**.
Galerien auf der 2. und 4. Stufe.
Jeweils 4 **Gopuram** mit einem Eingang
und 4 **Ecktürme**.

Die Stufen sind annähernd gleich
hoch, so dass die Galerien nicht die Sicht
auf den Prasat versperren.

Zwischen den Gopuram **Treppen** über
2 Stufen. Sie sind abgestuft vorgebaut, so
daß die Seiten der Pyramide an der Basis
nach außen geschwungen, wie abgerundet,
sind. Zu den Ecktürmen führen je zwei
Treppen, die unten fast auf die Innenseite
der Galerie stoßen, also nur mit Mühe
zugänglich sind.

5. Der **Prasat** steht auf einem 2-
stufigen, flach kreuzförmigen **Sockel**.
Kreuzförmiger Grundriss, 4 Türen. Seine
Spitze erhob sich 50 m über die Umgebung.

DIE GALERIEN

Alle Galerien sind mit Corbel-Gewöl-
ben überdeckt.

Auf der Terrasse: Glatte Außenwand,
innen Baluster-Fenster.

Auf der 2. Stufe der Pyramide: Baluster-Fenster innen und außen.

Auf der obersten Stufe der Pyramide:
Mittelmauer, durch Baluster-Fenster
unterbrochen, Pfeiler-Reihen innen und
außen. Diese Bauform ist einmalig.

DIE RELIEFS

Kleine Szenen aus Ramayana,
Mahabharata und anderen Mythen. Seit
dem Bakong (881) die ersten szenischen
Darstellungen. In rechteckigen Rahmen,
reihenweise übereinander, von unten
nach oben zu lesen (wie die *Register* eines
großen Flach-Reliefs.) Naiv und reizvoll,
genau beobachtet und voller Fantasie-ein
Höhepunkt der Relief-Kunst. Zur Zeit ist
nur ein kleiner Teil davon zu sehen: am
Pavillon auf dem Steg.

GESCHICHTE

Um 1050 stand das Khmer-Reich
auf dem Höhepunkt seiner Macht.
König Udayadityavarmans II. baute den
BAPHUON unmittelbar südlich des

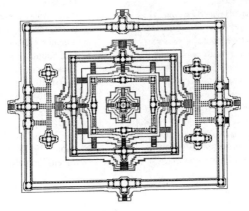

Baphuon

ANASTYLOSIS

„Die Wiederherstellung oder Wiederaufrichtung eines Monuments aus seinen eigenen Materialien und gemäß seiner eigenen Bauweise".

Neue Materialien werden nur verwendet, um notwendige fehlende Steine zu ersetzen. Die Teile des „Puzzles" können Hunderte oder Tausende Kilogramm schwer sein und wie bei dem Spiel darf kein Teil verändert werden.

Die Ruinen werden von Erde und jeder Vegetation gereinigt.

Bei stehendem Mauerwerk werden alle Steine nummeriert und dann abgetragen.

Die Verbindungsflächen werden gereinigt und die Lage der Steine zu einander wird korrigiert.

Die Mauern werden wieder aufgebaut. Zur Stabilisierung werden – unsichtbar – Beton und Edelstahl-Bolzen verwendet.

Bei am Boden liegenden Steinen schätzt man zunächst deren Fallhöhe ab. Dann werden sie sortiert. Die Maurer der Angkor-Periode haben trocken gemauert. Bevor sie die Steine auf einander legten, haben sie die Kontaktflächen aneinander gerieben, bis sie fugenlos zusammen paßten. So hat jede Verbindung ihr unverwechselbares Profil. – Dieses scannt man heutzutage und der Computer findet den passenden Partner-Stein.

Jeder Arbeitsschritt wird fotografisch dokumentiert.

In Angkor hat Henri Marchal, Konservator von 1924 bis 1932, die Methode nach Studien in Java (Borobudur) eingeführt. Er hat so BANTEAY SREI wieder aufgebaut. Seine Nachfolger rekonstruierten so den Gopuram von PREAH PALILAY, NEAK PEAN, BANTEAY SAMRÉ, den BAKONG, das N-Tor und das S-Tor von ANGKOR THOM mit den Riesen-Balustraden, PREAH KHAN und den zentralen Bau des BAYON. Die Wiederherstellung des BAPHUON ist noch im Gange.[45]

Königs-Palastes im Mittelpunkt seiner neuen Hauptstadt, die ungefähr die gleiche Fläche hatte wie später Angkor Thom.

Im 15. Jh. wurde der Tempel demoliert. An der W-Seite der Pyramide baute man aus vorhandenen Steinen ein riesiges Flach-Relief, einen liegenden Buddha darstellend.

Vermutlich war der Erdhügel nicht genug verfestigt und der Tempelberg ist eingestürzt. Seit fast 100 Jahren unternehmen Archäologen der ÉFEO Restaurierungsversuche. Jetzt wird der ganze Bau abgetragen, das Fundament saniert und der Tempel Stein für Stein mit der Anastylosis-Methode neu aufgebaut. Das aufwendigste Projekt in Angkor. Zur Zeit kommen Besucher nur bis zu dem Pavillon östlich vor der Pyramide.

BEDEUTUNG

Der BAPHUON ist in seiner Anlage und in vielen Form-Elementen wie ein Modell von ANGKOR WAT.

Entwicklung von PRE RUP über TAKEO bis BAPHUON:

- Die Grundprinzipien gelten unverändert weiter. Es hat sich ein fester Kanon von Formen und Themen gebildet.
- Der Bauplan wird auf das Wesentliche reduziert, klarer und übersichtlicher.
- Der Aufbau wird harmonischer.
- Die Bauelemente werden perfektioniert.
- Die Tempel werden größer.
▶ Kapitel 29, Entwicklung des Pyramiden-Tempels.

06.07
KLEANG
Anfang 11. Jh.,
König Jayaviravarman (1002–1010),
König Suryavarman I. (1002–1049)

Kleang heißt „Lagerhaus" oder „Lager-
häuser", was sicher nicht die Funktion der
beiden gleich aussehenden Gebäude war.

Der Nördliche Kleang ist der ältere,
unter Jayaviravarman erbaut, auf den
sich einige Inschriften beziehen, die dort
gefunden wurden. In die große Halle
wurde später ein turm-artiges Gebäude
gestellt. Auf der O-Seite ein von Galerien
umschlossener Hof.

Der Südliche Kleang wurde unter
Suryavarman I. jenseits der Sieges-Allee
symmetrisch zu dieser dazu gebaut. Er ist
etwas kleiner, weniger sorgfältig gebaut
und unvollendet.

Interessante Lintel.

Lage: Beiderseits der Sieges-Allee, gegenüber der Terrasse der Elefanten, hinter
den Prasat Suor Prat.

06.08
KLEINER TEMPEL
Mitte 10. Jh.?
Orientierung: W.

Unmittelbar östlich des nördlichen Kleang
und auf dessen Achse finden sich die Reste
einer kleinen Tempel-Anlage. Umfassungs-Mauer aus Laterit, 30 m im Quadrat, kleiner Gopuram auf der W-Seite.
Prasat 2,10 m im Quadrat. 2 Sakristeien.
In der südlichen hat man 11 Lingam von
je 0,47 m Höhe gefunden, in 3 Reihen
angeordnet. Der Stil der Reliefs verweist
auf die Zeit von BANTEAY SREI, also
die Mitte des 10. Jh.

06.09
PRASAT SUOR PRAT
Ende 12. Jh. oder bis Mitte 13. Jh.,
Hinduistisch: Shiva.
Orientierung: W.

Gegenüber den Terrassen, symmetrisch
zur Siegesallee eine Reihe von 12 gleichen
Türmen aus Laterit und Sandstein,
quadratisch, Eingänge mit Vorhallen. 10
sind auf einer Achse N-S ausgerichtet, 2
symmetrisch etwas nach hinten versetzt.

Das einzige Tor ist nach W geöffnet,
also zum Königs-Palast. An den 3 anderen
Wänden Fenster, das ist völlig ungewöhnlich für einen Prasat.

Die Entstehung und die Funktion
dieser Türme sind unklar. Wissenschaftler
datieren sie Ende des 12. bis Mitte 13.
Jh. Wahrscheinlich enthielten sie je ein
Shiva-Lingam. Örtliche Quellen geben
einige unsinnige Erklärungen ab über die
mögliche Funktion der Bauten, auch der
moderne Name („Türme der Seiltänzer") ist irreführend. Zur Zeit Konser-
vierungsarbeiten durch ein japanisches
Projekt-Team.

PRASAT SUOR PRAT

07.

BAYON ❽

07.01
BAYON
„Alter Yantra".[46]
Anfang 13. Jh.,
König Jayavarman VII. (1181–~1220),
Buddhistisch. Spätere Erweiterungen,
Umbauten und Zerstörungen.
Orientierung: O.

Mitten in ANGKOR THOM, „der
großen heiligen Stadt", mit ihren Gesichter-Türmen und Riesen-Balustraden,
der BAYON, ein steinerner Park aus
Relief- Galerien, Türmen und vielen
großen Porträt-Reliefs eines Königs, der
eine buddhistische Gottheit war. Niemand
weiß, wie viele Türme und wie viele
Gesichter es sind.
Der Staats-Tempel König Jayavarmans
VII.; zentraler Tempel seiner Hauptstadt;
Flach-Tempel, der höher ist als manche
Pyramiden-Tempel; buddhistisches und
hinduistisches Pantheon aller Götter
Kambujas; nach Angkor Wat der zweit-
größte Tempel in Angkor. Berühmt für
seine einmaligen Flach-Reliefs.
„Der Bayon ist weniger das Werk eines
Architekten als viel mehr die Gestalt-Wer-
dung der Seelen-Ahnungen eines großen
Mystikers, des buddhistischen Königs
Jayavarmans VII."[47]

AUFBAU

Nach dem ursprünglichen Plan ist der
BAYON ein Flach-Tempel des üblichen
Schemas:
- Zentraler Prasat.
- Mandapa.
- flankierende Türme.
- 3 Galerien mit Gopuram und
  Ecktürmen.
- große Terrasse vor dem Haupt-
  Eingang im O.
- Umfassungs-Mauer—dafür kann
  die Stadtmauer mit ihrem Wasser-
  graben gelten.

Dann hat man das Zentrum des
BAYON erhöht wie bei einem Pyramiden-
Tempel.
„Die unterschiedliche Höhe der
Türme, die auf verschiedenen Niveaus des
Tempels stehen, erzeugen den Eindruck
eines Waldes, dessen Bäume nach innen
größer werden."[48]

BESCHREIBUNG

- Vor dem Haupt-Eingang im O 2-
  stufige **Terrasse**, gut 70 m lang, 2
  Wasser-Becken, 25 m im Quadrat.
  Wächterfiguren, Löwen.
- Die **äußere Galerie** ist heute
  weitgehend in Trümmern. Erhalten
  ist, in verschiedener Höhe, eine

durchgehende Mauer. Außen doppelte Pfeiler-Reihe. Auf den Pfeilern herrliche **tanzende Apsàra**. Die innen geschlossene Mauer, 156 m x 141 m, insgesamt 4,5 m hoch, ist 3,5 m hoch von Flach-Reliefs bedeckt. Der Zyklus, insgesamt ~500 m lang, wird nur durch Tore und Türen unterbrochen. Das Dach der Galerie ist eingestürzt, die Reliefs werden dadurch gut sichtbar. 8 Türme durchbrechen die Mauer, 4 **Gopuram** und 4 **Ecktürme**. Sie sind quadratisch mit kreuzförmigem Grundriß, 4 Vorhallen, den Eingängen sind zusätzliche Vorhallen vorgelagert. Die Innen-Räume, ~20 m im Quadrat. Stütz-Pfeiler, die 4 in der Mitte deutlich kräftiger als die 8 peripheren. Diese Pfeiler-Hallen übertrafen in ihren Dimensionen alles bisher in Angkor gebaute, die Konstruktion war aber zu gewagt (und wohl auch die Bauausführung, wie in der Bayon-Zeit üblich, nicht sorgfältig genug) und alle 8 Türme mit ihren Pfeiler-Hallen sind eingestürzt. An den Pfeilern Reliefs: 2 oder 3 Apsàra tanzen auf Lotus-Blumen. Gopuram S, N-Tor: Großer Fries von tanzenden Apsàra.

- Zwischen der äußeren und der mittleren Galerie liegt ein 15-20 m breiter **Hof**. Die Eingänge der äußeren und inneren Gopuram sind durch Vorhallen mit einander verbunden, die die Fläche in 4 L-förmige Teile gliedern. Auf der O-Seite *Sakristeien* auf hohen Sockeln. Die nördliche wird von einem japanischen Team

restauriert. 16 kleinen Türen in der Außen-Mauer entsprachen 16 Schreine, die an die Mauer angebaut und verschiedenen lokalen und mahayana-buddhistischen Gottheiten geweiht waren. Im Zuge der Hinduisierung des Bayon Mitte des 13. Jh. wurden sie abgetragen.

- **Mittlere Galerie**, leicht nach W versetzt, 80 m x 70 m, erhöht, auf unterschiedlichem Niveau. Geschlossene Mauer, außen einfache Säulenreihe. Die Mauer wird von 18 Türmen unterbrochen, 4 **Eck-Türme**, auf jeder Seite 3 **Gopuram**. Wieder sind Eck-Türme und Gopuram annähernd gleich. Der Unterbau dieser Türme gliedert die Galerie in eine Reihe von abwechselnd schmalen und breiten Kammern. Mauern und Pfeiler sind von **Flach-Reliefs** überzogen.

- Die **innere Galerie**, höher als die 2., ist ein unübersichtlicher Bauteil. Ursprünglich war sie einfach kreuzförmig, ~45 m x 38 m. Mit diesen Dimensionen wäre es innerhalb der 2. Galerie schon recht eng geworden. Aber man hat sie nach 4 Seiten erweitert, die Kreuz-Arme der 1. Galerie stoßen innen fast an die 2. Galerie, so daß nur in den Ecken kleine Lichthöfe offen geblieben sind. 4 **Eck-Türme**. 2 Treppen: auf der O-Seite, sonst je eine. ☛ Beton-Stufen im N, S, W und an der südlichen Treppe auf der O-Seite.

- "Auf der oberen Terrasse befindet man sich plötzlich mitten im Mysterium: wo man geht, fühlt man sich beherrscht und verfolgt von diesen all-gegenwärtigen Gesichtern des Lokeshvara, andererseits erdrückt von der Masse der zentralen Gruppe."[49] Die **Obere Plattform** füllt den gesamten Innenraum der inneren Galerie. Sie ist von 20 **Gesichter-Türmen** umstanden: 4 Ecktürme der inneren Galerie, 12 Gopuram und dazu die 4 Eck-Türme der mittleren Galerie. Alle Gesichter-Türme enthalten Heiligtümer. Die Kopf-Reliefs sind zwischen 1,75 und 2,40 m hoch.

- Der **Zentraler Prasat** erhebt sich 43 m über die Erde. Rund, leicht oval, 25 m Durchmesser. Die **Cella**, 5 m Durchmesser, ist dunkel, ein Eingang im O. Schmaler umlaufender Gang. Ein Prasat mit rundem Grundriß, das ist sehr ungewöhnlich und selten, vielleicht einmalig. Zur **Buddha-Statue** im zentralen Heiligtum s.u. **VIHEAR PRAMPIL LOVENG** (07.02).
- Um den runden Turm stehen **7 Kapellen** mit Vorhallen. In den Winkeln dazwischen 6 Kammern mit keil-förmigem Grundriß und doppelter Pfeiler-Reihe. Darüber jeweils im Obergeschoß nicht zugängliche Kammern mit Baluster-Fenstern. Darüber, in den 8 Haupt- und Neben-Himmelsrichtungen Gesichter-Türme mit je einem Kopf- Relief. Der Haupt-Turm trüg darüber vermutlich 4 Kopf-Reliefs. Die Kapelle nach N war ein Shiva-Heiligtum, die nach W ein Vishnu-Heiligtum. Die Kapelle nach S war dem Andenken früherer Könige geweiht. Reliefs

mit Devata. Auf der O-Seite **doppelte Vorhalle, Mandapa**, wieder **doppelte Vorhalle**. Darüber 2 zusätzliche Türme.
- Um den zentralen Prasat stehen 3 weitere **Gesichter-Türme** im N, W und S. Beiderseits des Eingangs zum zentralen Turm *Sakristeien*. **Reliefs** Fantastisch frisierte Devata, tanzende Apsàra, Scheinfenster mit Stein-Balustern. Die Füße sind in dieser Stil-Epoche fast en face dargestellt. An der NO-Ecke der nördlichen **Sakristei** ein Fronton: Stehender Lokeshvara. Das Relief war lange verdeckt und ist in gutem Zustand. Über dem südlichen Treppen-Abgang ein **Relief**, das vielleicht die Legende von dem „Elefanten des Ruhmes" zeigt, der einen Thronfolger zu finden hatte.

DIE RELIEF-GALERIEN DES BAYON

Die Reliefs haben höchstes künstlerisches Niveau, ihre Realistik entspringt genauer Beobachtung des Alltags. Anders als in Angkor Wat ist hier keinerlei belehrende oder erzieherische Absicht erkennbar. Sogar ein Aufstand der Bürger wird geschildert. Eine Gesamt-Deutung dieser Bilder ist bisher nicht gelungen. Die Bilder erzählen dies und das, aber sie bieten keine Chronik, berichten also nicht von historischen Ereignissen. Es gibt Anspielungen: so sind alle Wasser-Szenen auf der S-Seite, südlich liegt der Tonlé Sap; die Cham kommen von O.

Die äußere Galerie stellt das reale Leben ihrer Zeit dar; die Thematik der inneren Galerie sind Mythen und Legenden.

Üblicherweise besichtigt man die Galerien im Uhrzeiger-Sinn, vom Eingang aus geht man nach rechts.[50]

ÄUSSERE GALERIE
O-Seite, S-Flügel

Die Reliefs der äußeren Galerie nehmen ihre Bilder aus der Wirklichkeit ihrer Zeit: Krieg, Kämpfe, marschierende und paradierende Truppen, gegen den Feind und—siegreich?—zurück. Schiffs-Kämpfe auf dem Tonlé Sap. Auch Cham, die Gegner im 12. Jh., sind zahlreich. Sie tragen Hüte, die aussehen wie umgestülpte Lotus-Knospen.

- Der König und sein Hof, Palast-Szenen, Prozessionen.
- Alltag mit Markt, Spiel, Fischfang, Jagd, Tempel-Bau, Gauklern, Eremiten.

O-Seite, S-Flügel
Parade, lange Züge von Kriegern vor der Kulisse eines Waldes. Die Khmer-Infanterie, kurze Haare, barhäuptig, Spieße und Schilde. Musikanten. Reiter auf ungesattelten Pferden, Elefanten. Zivilisten und Troß mit allem, was die Kämpfer so brauchen. Einer sitzt auf einem Last-Elefanten und stiehlt etwas von der Ladung. Die Ochsen-Karren sind genau so wie heute noch; beachten Sie die Kufen neben den Rädern, auf denen der Wagen-Schlamm geschleift wird, wenn der Schlamm über die Rad-Achse ginge.

Im obersten Register 3 Prinzessinnen, Sänften. Die Arche mit dem heiligen Feuer. (Interessant ist der Vergleich mit dem Relief in ANGKOR WAT, S-Seite, W-Flügel, das die Armee König Jayavarmans II. zeigt.)

Realistisch dargestellte Bäume: Tiere, die Kokos-Nüsse stehlen, spielende Affen,

Ein Wasser-Büffel ist an einen Baum gebunden.

Szenen im Haus, Chinesen, zu erkennen an ihren Ziegen-Bärten und ihrer Haar-Tracht.

SO-Pavillon
Asketen und Andächtige. Ein Tempel mit 3 Prasat, im mittleren steht ein Lingam.

An der Ecke beginnen die Boots-Szenen der S-Seite.

An den unfertigen Reliefs können Sie die Arbeits-Schritte des Skulptierens studieren: die gemauerte Sandstein-Wand wird geglättet, die Umriß-Zeichnung auf getragen, dann die Umrisse vertieft, die Details heraus gemeißelt, schließlich die Oberflächen geglättet und poliert.

S-Seite
Kämpfe auf dem Wasser, Cham, erkennbar an ihren Hüten, die aussehen wie umgestülpte Lotus-Blüten. Krokodile fressen die Verwundeten und Toten, die über Bord gegangen sind.

Der König in seinem Palast. Clowns. Alltags-Szenen am Ufer. Jagd. Spiele.

Die Cham landen. Kampf am Lande. Einige Khmer als Riesen mit geschorenen Köpfen und über der Brust gekreuzten Gürteln. Die Khmer sind überlegen.

Der König in seinem Palast.

Handwerker bei der Arbeit.

Zuschauer unterhalten sich über die Kämpfe.

Tor-Pavillon
Parade. Interessant die schweren Kreuz-Bögen auf Elefanten-Rücken montiert.

Auf einem leichten Karren ein Katapult.

Unter Schirmen heilige Elefanten, die gewaschen werden.

W-Seite

Zug von Kriegern.

Asketen mit ihren Jüngern. Ein Asket flieht vor einem Tiger auf einen Baum. Bau eines Tempels.

Szenen aus dem Leben der Asketen.

Volksauflauf, Männer beginnen zu Kämpfen. Die Szene kann als Bürgerkrieg gedeutet werden.

Darüber kniet einer vor streng blickenden Gesichtern, ein überwältigter Aufständiger?

Szene vor einem Palast.

Wilde Kampf-Szene, Männer und Frauen, fast nackte Krieger, Elefanten.

Tor-Pavillon W-Seite

Mit Stöcken bewaffnete Männer kämpfen gegen Soldaten, die kleine runde Schilde tragen.

In einem Wasser-Becken verschlingt ein Fisch einen Hirsch. Inschrift: „Der Hirsch ist seine Nahrung".

Unter einer großen Krabbe die obskure Inschrift: „Der König verfolgt die Besiegten, wenn er kämpft".

Und schließlich (nördlich der Tür): „Danach zog sich der König in den Wald zurück, wo er das heilige Indrabhisaka-Ritual vollzog", einen Kult zu Ehren *Indras*. Frauen und Kinder im Zug. Der König steht auf eine Elefanten, vor ihm die Arche mit dem heiligen Feuer.

NW-Pavillon

Nur einige Umriss-Skizzen.

N-Seite

Fest, Teil des Indrabhisaka-Rituals. Athleten, Akrobaten, Jongleure, Seiltänzer, Pferderennen.

Palast-Szene, König.

Ein Zug mit verschiedenen Tieren.

Asketen sitzen im Wald.

An einem Fluß-Ufer erhalten Frauen Geschenke.

Tor

Cham-Krieger im Vormarsch und Angriff.

Tor-Pavillon N-Seite

Fortsetzung: Die Khmer-Soldaten fliehen in den Wald.

NO-Pavillon

Parade der Khmer-Armee.

In diesem Pavillon ein schöner **Sockel**, vermutlich von einer Brahma-Statue. Stilmerkmale weisen auf das 10. Jh.

O-Seite, N-Flügel

Kampf zwischen Khmer und Cham. Die Khmer gewinnen die Oberhand. Einige schützen sich vor den Pfeilen der Cham mit fest gewebten Decken. Auch die Elefanten kämpfen, einer versucht, mit dem Rüssel den Stoßzahn eines anderen aus zu reißen. Ein Elefant mit dem Kopf en face. Schirme, Standarten und Feldzeichen im Hintergrund.

INNERE GALERIE

Die Beschreibung beschränkt sich auf diejenigen Szenen, die sich deuten lassen.

1 Verschiedene Szenen mit Shiva. Shiva in einem Tor, mit erhobenem rechten Arm.

Vermutlich Shiva *Bhikshatanamurti*, auf dem Lintel des Tores ein Krokodil.

2 Parade, Khmer und Cham, mit Lotusblüten-Mützen, gemischt.

3 Eine Prinzessin versucht ein Baby in einen Korb zu legen, macht das aber

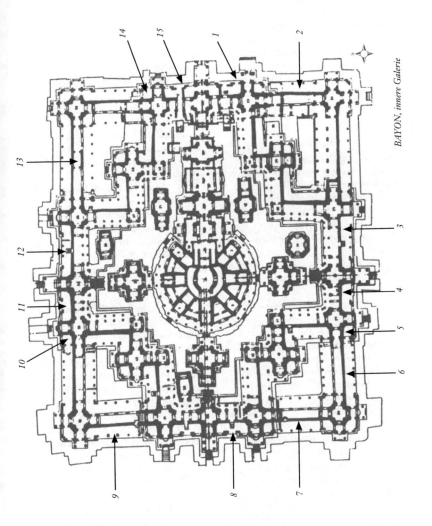

BAYON, innere Galerie

so ungeschickt, daß das Kleine beinahe in den Brunnen fällt.

Die Geschichte von Pradyumma, Sohn *Krishnas* und Inkarnation von *Kama*. Der Dämon Shambara wirft den Knaben ins Meer, ein Fisch verschlingt ihn, Fischer fangen den Fisch in ihrem Netz. Als sie ihn aufschneiden, ist Pradyumma befreit. Er heiratet eine Magd des Shambara, Inkarnation von *Rati*, und tötet Shambara.

BAYON-STIL

König Jayavarman V. (1186–~1220) war ein fanatischer Bauherr. Man sagt, er habe mehr gebaut, als alle seine Vorgänger in Angkor zusammen. Er wollte wohl dem von Hindu-Tempeln geprägten Land einen buddhistischen Stempel aufdrücken.

Die Massenproduktion ging auf Kosten der Qualität

- des handwerklichen Bauens, oft war keine Zeit für die beim Mauerbau notwendige Sorgfalt.
- des Materials, es wurde fast nur in Sandstein gebaut und die guten Lagerstätten waren bald erschöpft, so daß schlechterer, weicher, grobkörniger Sandstein verwendet werden mußte.
- der Dekoration, diese ist oft nachlässig, schematisch, fade.

In der Bayon-Zeit entfaltet sich die Architektur und Plastik der Khmer zu einer Voll-Blüte, die sich gut mit dem europäischen Barock vergleichen lässt (das gut 300 Jahre später kommt).

In der Bayon-Epoche entstehen riesige, komplexe Flach-Tempel, Gesichter-Türme, Riesen-Balustraden.

In der Menge neuer Kunst gibt es auch viel Neues, in jedem Tempel gibt es deshalb Reizvolles zu entdecken, wenn man die Geduld hat, die Spreu vom Weizen zu trennen.

---

4 Shiva-Legenden.

Shiva steht auf einem Thron und gleichzeitig auf einer offenen Lotus-Blüte. Shiva mit Dreizack, darunter tanzende Apsàra.

5 In einem Tempel steigt eine Statue des Vishnu herab zu einer Statue des Shiva mit Dreizack.

6 Shiva in seinem himmlischen Palast.

Shiva-Tempel in einem Teich mit Fischen.

Ein König hat sich vor dem Bild Vishnus nieder geworfen.

Vorbereitungen für eine königliche Wallfahrt.

7 Vishnu auf Garuda kämpft ein Heer von Asura nieder.

8 Anbetung Vishnus.

Bau eines Stein-Tempels.

Einweihung des Tempels. Vishnu über einem *Somasutra*.

Stark zerstört: Wasser-Fest.

Shiva und Vishnu tanzend.

Asketen.

9 Quirlen des Milchmeeres. Unten eine 2. Ausgabe der Schlange Vasuki. Sonne und Mond. Die Amphore, die Amrita aufnehmen soll. Links besänftigt ein auf einem Vogel sitzender Gott die Asura (die Götter haben sie um die Unsterblichkeit betrogen), ihr Anführer auf einem Streitwagen, der von wilden Löwen gezogen wird. (▷ ANGKOR WAT)

10 Tanzender Shiva, 10-armig. Unbeholfen gemeißelt. Links Vishnu, rechts Brahma mit Ganesha.

Unten, kaum zu erkennen, *Rahu*.

Über Bergen, die von Asketen bevölkert sind, noch eine Trimurti, Vishnu, Shiva, Brahma. Darunter ein angreifender Keiler (männliches Wildschwein).

11 Shiva, umgeben von Asketen und Frauen, die erste: Uma. Nandi.

Shiva mit Eidechse, Wiederholung von
($\triangleright$ $\Rightarrow$) 1.
Shiva tötet *Kama*. ($\triangleright$ ANGKOR WAT,
04.01; BANTEAY SREI, 13.01)
Nandi auf einem Hügel.
Shiva und Uma auf Nandi, unbe-
holfene Arbeit.
12 Shiva mit Uma auf Nandi.
Leichen-Verbrennung.
Shiva und Arjuna streiten sich um ein
Wildschwein, auf das beide Jäger geschos-
sen haben.
Ravana rüttelt am Berg Kailash.
($\triangleright$ ANGKOR WAT, BANTEAY SREI)
13 Ein 3-türmiger Tempel, ähnlich
ANGKOR WAT. Die Statue im zentralen
Heiligtum ist enthauptet. Entweder stellt
sie Shiva oder einem Lingam dar, dann
sind die beiden anderen Vishnu und
Lakshmi. Oder den Buddha, dann stehen
neben ihm Avalokiteshvara und Tara.
Pilger unterwegs zu diesem Heiligtum.
Shiva segnet Gläubige, vielleicht auch
einen König mit seinem Heer.
(ganz links:) Ein Fürst hat sich vor
Shiva nieder geworfen.
14 (links, nach O schauend:) Legende
von dem Prinzen, der eine Frau aus ihrem
Gefängnis in einem Felsenberg befreite.
(in einem kleinen Raum rechts,
nördlich vom rechten Treppenaufgang auf
der O-Seite)
15 Legende vom **Lepra-König** (von
links nach rechts zu lesen):
- Der König zunächst im Palast mit
  Gemahlin, Gefolge und Tänzerinnen.
- Er kämpft gegen einen riesigen
  Naga, Zuschauer.
- Das Gift der Schlange hat den
  König mit Lepra infiziert.
- Ein Mann wird zu den Asketen
  geschickt, Rat und Hilfe zu holen.
- Um den Asketen ein Gedränge von
  Kranken und Sterbenden.
- Frauen beobachten den Fortschritt
  der Krankheit, bei der die Finger
  abfallen.
- Ein Asket beim König.

BEDEUTUNG

„Der Bayon ist einen mystische Land-
karte des Königreiches und gleichzeitig
eine Genealogie des Königs. Bestimmte
Tempel beherbergen die großen Götter
der Tempel aus allen Provinzen. Andere
sind den vergöttlichten Vorfahren des
Königs geweiht. Im Herzen … in der Cella
befindet sich der göttliche Beschützer des
Königreiches, ein lächelnd meditierender
Buddha, behütet von der Schlange, deren
Köpfe ihn beschirmen."[51]

☞ BESICHTIGUNG

Ihren ersten Besuch sollten Sie am
frühen Morgen machen, dann hat die
O-Seite des Tempels das beste Licht und
die Besucher-Massen sind noch nicht
da. Für weitere Besuche eignet sich jede
Tageszeit.

Für einen kurzen Besuch betreten Sie
den Tempel über die Terrasse an der O-
Seite, sehen die Devata und Apsàra am O-
Eingang. Folgen dann der äußeren Galerie
um die SO-Ecke bis zum Gopuram in der
Mitte der S-Seite. Die Reliefs in diesem
Teil gelten als die schönsten.

Sehen Sie sich einzelne Reliefs der
inneren Galerie an. Nach oben über eine
der 5 Treppen, die Treppe auf der S-Seite
ist mit Beton gesichert.

07.02
VIHEAR PRAMPIL LOVENG

Die **zentrale Buddha-Statue des BAYON**, König Jayavarman VII. in Gestakt des Buddha, den der Naga-König beschirmt, Sandstein, 3,6 m hoch,

wurde bei der Hinduisierung in den zentralen Schacht gestürzt und 1933 ausgegraben. Sie wurde aus den Trümmern rekonstruiert und steht jetzt auf einer alten buddhistischen Terrasse an der Siegesallee, ostwärts des Südlichen KLEANG.

INTERVIEW MIT EINEM ZEITZEUGEN

Ta Som, der „Alte Som",[52] lebte von 1907 bis 2002. Kurze Zeit vor seinem Tod entstand dieses Interview in dem Dorf Srah Srang Tboun.

Es gibt hier wenige Leute seines Alters, der Zweitälteste hier im Dorf ist 75.

Etwa 1930 hat Ta Som angefangen für die Franzosen, die ÉFEO, zu arbeiten.

Wie er zu diesem Beruf gekommen ist? Monsieur Marchal[53] kam eines Tages ins Dorf und fragte ihn und andere.

Wie viel er verdient hat?

Er lacht: „Ma ka".[54] 10 Cent, ein Zehntel Riel am Tag, nach zwei Jahren stieg sein Tageslohn, am Schluß hatte er fünfzig Cent, da war er froh.

Nachdem Monsieur Trouvé[55] aufgehört hat, hatte Ta Som verschiedene Chefs, deren Namen er vergessen hat.

Ta Som hat in den meisten Tempeln in Angkor gearbeitet und in vielen außerhalb. (Er erinnert sich nicht mehr an alle Namen.) Er nennt SAMBOR PREI KUK und PREAH VIHEAR. Später noch BAKONG, LOLEI, ANGKOR WAT, PRASAT KRAVAN.

In PREAH VIHEAR hat er die Stufen der Treppe restauriert, die vom Norden hinauf zum Tempel führen.

Der Prasat des BAKONG-Tempels wurde restauriert. (1936 bis 1943). Da war nur ein Haufen Steine, jeder Stein kam wieder zurück auf seinen Platz, so wurde die alte Ordnung der Steine wieder hergestellt.

In ANGKOR WAT erhielt Ta Som den Auftrag, mit einem Kollegen zusammen den zentralen Schacht

auszugraben. Die Arbeit dauerte vier oder fünf Monate. Das war 1930 oder 1931 (laut dem Bericht von Trouvé 1934). In dem Schutt des Schachtes fand er einen Goldschatz. Ein Stück war so groß. (Er zeigt mit den Händen etwa 20 cm x 15 cm x 2–3 cm.). M. Trouvé hat 95 g Gold abgeliefert. Ta Som kann das verschwundene Stück nicht weiter beschreiben, aber er würde es wieder erkennen. (Nach Trouvés Bericht[56] waren es „zwei Gold-Blätter".)

Er hat auch den zentralen Schacht im BAYON ausgehoben, wo die Trümmer der großen Buddha-Statue[57] gefunden wurden.

In fast jedem Tempel fand man Gold. Ta Som lieferte seine Funde immer ab. Er galt als Vertrauensperson, als ehrlicher Mann. Seine Aufgabe war es, die Ausrüstung und das Material zu verwalten. Viele seiner Kollegen verloren ihre Arbeit, weil sie Funde unterschlagen hatten. (In der Literatur findet sich, außer über ANGKOR WAT, nur noch ein Bericht über einen Gold-Fund in AK YUM.).

PRASAT KRAVAN haben sie rekonstruiert, die alten Backsteine gesäubert und wieder verwendet. (Erst in den 1960-ern hat die CA neue Backsteine verwendet.)

Die Arbeitsplätze lagen im Dschungel, es gab Tiger und wilde Elefanten. Ta Som hatte keine Angst. Elektrozäune hielten die Bestien fern. Auch das Fahrzeug war durch einen Elektrozaun geschützt. Er hat drei Tiger getötet oben in den Bergen. Sie fingen sie mit einer Elektrozaun-Falle. Sein Freund tötete den Tiger mit einem Bambus-Spieß. Die Männer hatten einen speziellen Trank, der ihre Haut hart und unempfindlich machte.

Ungefähr 1940 drangen die Thai hier ein und bauten auf dem Phnom Kulen einen Grenzzaun aus Pfählen. Angkor hatten sie aber nie besetzt. Sie waren hier zwei oder drei Jahre, dann wurden sie von den Kambodschanern nach Thailand zurück gejagt.

Japanische Truppen versuchten einen Tag lang, das französisch-kambodschanische Militär gefangen zu nehmen.

1945 haben die Japaner kapituliert, dann griffen die Vietnamesen an, mindestens zwei Mal. Sie wollten Kambodscha besetzen und annektieren.

Ta Som und seine Kollegen haben die Tempel von Bäumen und Gebüsch gesäubert. Er hat auch, vor allem entlang der Straßen, viele Bäume neu gepflanzt.

Die Khmer Rouge waren gefährlicher als die Tiger. Ta Som lebte in dieser Zeit (1975-1978) versteckt im Wald.

Als dann die Vietnamesen kamen, haben sie viele Bäume gefällt und draus Unterkünfte gebaut. Ein vietnamesischer Soldat wollte in Angkor einen Baum fällen. „Wir haben diesen Baum gepflanzt, den fällt ihr nicht!" Ta Som (damals mindestens 60 Jahre alt) wehrte ihn ab. Da holte der Soldat sein Gewehr und richtete es auf ihn. Er nahm es ihm aus der Hand und schlug ihn zu Boden. Als der Soldat am Boden lag, gab er ihm sein Gewehr zurück, der Baum blieb stehen. Drei oder vier Mal hat er Vietnamesen geschlagen, auch bei Prasat Kravan. Khmer sind gute Boxer. Ta Som war mutig, er ist keinem Gegner ausgewichen.

Dolmetscher: Tek-Sakana Savut.

08.
ANDERE MONUMENTE IN ANGKOR THOM

08.01
PREAH PITHU
„Pithu" vielleicht abgleitet von dem
Bodhisattva Vidhura. Ab 12. Jh.

An der NO-Ecke des Großen Platzes
liegt eine Gruppe von Tempel-Ruinen,
Terrassen, Wasser-Becken und -Gräben.
Sie stammen in ihren Anfängen aus der
Angkor-Wat-Periode (König Surya-
varman II., 1113– ~1150), mit späteren
Ergänzungen. Die Bauten, aus Sandstein,
sind stark verfallen. Reliefs von hoher
Qualität.

Ein Wald-Park mit hohen Bäumen,
Buschwerk und Rasenflächen. Der Ort
ist zentral gelegen und dennoch einsam;
Besucher sind selten.

08.02
PREAH PITHU, TEMPEL T
Orientierung: W.

Unmittelbar nördlich der PRASAT
SUOR PRAT und auf deren N-S-Achse.
- **Prasat**, quadratischer Grundriß,
  Cella 3 m im Quadrat. 4 Türen,
  Vorhallen mit je 2 Fenstern.
  Colonettes 16-eckig. Hier stand ein
  1 m hoher Lingam. Nischen mit
  Devata, die Füße im Profil, typisch
  für den Angkor-Wat-Stil. Das
  Blütenmuster der Röcke erinnert
  aber an den Bayon-Stil. **Lintel**:
  im W Quirlen des Milchmeeres.
- 3-stufiger **Sockel**, gewulstet, 6 m
  hoch. 4 Treppen.

- **Umfassungs-Mauer**, 45 m x 40 m, Die Mauerkappe imitiert ein Galerie-Gewölbe. **W-Gopuram** mit 2 kurzen Seiten-Flügeln. Stark verfallen. **O-Gopuram**, einfacher, rechtwinkliger Grundriß. Einfache Tore in N und S.

08.03
PREAH PITHU, TEMPEL U
Orientierung: W.

Tempel U steht in einer O-W-Achse mit Preah Pithu T, unmittelbar westlich von diesem.

Ähnlich wie Tempel T, aber kleiner und einfacher.

- **Prasat** aus Sandstein, quadratischer Grundriß, Cella 2 m im Quadrat, 4 Vorhallen. Reicher Reliefschmuck, die Füße der Devata zeigen nach vorne (wie im Bayon-Stil). Dvarapalas. Am Fuß der Pilaster figürliche Darstellungen (ähnlich wie in Angkor Wat), stark verwittert.
- **Lintel**: Quirlen des Milchmeeres. Sehr schöne Arbeit. Es gibt keinen

Quirl, Vishnu sitzt rittlings auf dem Naga. Auf der Schildkröte Geschöpfe des Milchmeeres: Uccaishrava, Airavana und 2 Apsàra. Tanzender Shiva mit Brahma und Vishnu über Kala.
- 3-stufiger **Sockel** mit 4 Treppen.
- **Umfassungs-Mauer**, 35 m x 28 m, Sandstein, gewulsteter Sockel. 4 Tore.

Weitere Reliefs: Trimurti; Shiva als Asket; Brahma auf Kala; tanzender Shiva; Vishnu auf Garuda.

08.04
PREAH PITHU, TEMPEL V
Hinduistisch: Shiva.
Orientierung: O und W.

Nördlich von Tempel U.
- Prasat, 4 Türen, nach W orientiert. Cella 3,80 m im Quadrat. **Lingam**, 1,50 m hoch, stand ursprünglich wahrscheinlich in der Cella. Doppelte Vorhalle im O, je eine Vorhalle im N, S und W.

- 2-stufiger Sockel mit 4 Treppen. Künstlicher Hügel. Keine Umfassungs-Mauer.

08.05
PREAH PITHU, TEMPEL X
auch: Ta Tuot, „Alter Tuot".
Buddhistisch.
Orientierung: OSO/O.

Östlich von Tempel U, Achse 30 m nach N versetzt.
- Prasat mit 4 Türen und Vorhallen. Schein-Fenster. Cella 2,20 m im Quadrat. Über den Türen ein doppelter Fries von Buddhas mit Bhumisparsa-Mudra. Ushnisha in Form einer Flamme, verrät *siamesischen* Einfluss, also wohl 14. Jh.
- 3-stufiger Sockel., Terrasse, 40 m im Quadrat, 4 m hoch. Jeweils 4 Treppen.

TERRASSE

Östlich. von Tempel IX, nicht genau auf seiner Achse.
Sandstein-Einfassung, Reste einer Naga-Balustrade. *Sema.*
Im O Treppe, die zu einem Wasser-Becken führt. Hier 2 vollplastische **Elefanten**, halb lebensgroß.

08.06
PREAH PITHU, TEMPEL Y
13. Jh.?
Orientierung: O.

Prasat mit *Antarala* und *Mandapa*, auf künstlichem Hügel.
Prasat mit Scheintüre nach W., Cella 3,5 m x 3 m. Hier stand ein Lingam von 0,95 m.

Mandapa, 8 m x 7 m.
Reliefs: 2 Halb-Frontons: Sieg Krishnas über des Asura Bana; Drei Schritte.
Fronton: Kampf zwischen Sugriva und Valin.
Der Tempel, nach dem Stil zwischen ANGKOR WAT und BAYON einzuordnen, weist einige Ähnlichkeiten mit einem *Dharmasala* auf.

08.07
PREAH PALILAY
„Palilay" ist abgeleitet von Parilyyaka.
Heiligtum: 1. Hälfte 12. Jh.
Gopuram: um 1200. Buddhistisch.
Orientierung: O.

Hinter TEP PRANAM, 150 m westlich, ein kleiner Tempel von hohem Rang, „mit einem besonderen Charakter und gewinnendem Charme".[58]
Durchwegs aus Sandstein.
- **Kreuzförmige Terrasse**, 2-stufig, 30 m lang, unten 8,50 m, oben 6 m breit. Gut erhalten, mit besonders schönen *Naga-Balustraden*. Im O standen 2 Dvarapala-Statuen und 2 Löwen.
- **Dammweg**, 33 m lang, An den Seitenmauern Friese von *Hamsa*. Sitzender Buddha, mit Sockel 3,50 m hoch. Sein Kopf wurde 1934 ausgegraben. Bhumisparsa-Mudra, auf Lotus-Blüte, Flamme über dem Ushnisha im *siamesischen* Stil.
- **Umfassungs-Mauer** aus Laterit, 50 m x 50 m.
- Ein kreuzförmiger **Gopuram** im O mit 3 Toren.
- Steile 3-stufiger **Sockel**, 6 m hoch,. 4 Treppen in je 3 Absätzen.
- *Prasat*, 5 m im Quadrat mit 4 Eingängen und 4 Vorhallen,

quadratisch, ein Pyramiden-Stumpf wie ein Kamin. Die Außen-Verkleidung ist abgestürzt. Die Reste der Relief-Dekoration zeigen Stil und Qualität von ANGKOR WAT. Die Lintel waren mit Teakholz-Balken hinterlegt (jetzt Beton).

- in der **Cella**, Trümmer, darunter Teile zweier großer Buddha(?)-Statuen, noch von Gläubigen verehrt.

Reliefs O-Seite des Gopuram:
(Mitte:) liegender Buddha; Buddha, auf einem Sockel stehend, in geschwungener Körperhaltung.

(N-Tor:) Tiere lauschen im Wald von *Parilyyaka* der Predigt des Buddha. Elefanten, Affen.

N-Seite: Buddha mit *Dhyana-Mudra*; Unterwerfung des Elefanten *Nalagiri*.

W-Seite (Mitte): Buddha segnet Kinder, darunter ein Zug von 3 Elefanten und Menschen.

(N-Tor:) *Sujatas Geschenk* (?), der zukünftige Buddha in *königlicher Sitzhaltung*.

S-Seite: Buddha meditierend und mit *Bhumisparsa-Mudra*.

Auf dem Boden: Indra auf Airavana; Angriff Maras.

08.08
TEP PRANAM
Gründung vielleicht Ende des 9. Jh., heutige Monumente aus dem 13. bis 16. Jh.
Orientierung: O.

Eine kreuzförmige Terrasse und eine große Buddha-Statue.
- Großer Dammweg aus Laterit, 75 m x 8 m.

- Buddhistische Terrasse mit *Sema*, 50 m x 14 m.
- Kreuzförmige **Terrasse** mit *Naga-Balustraden*, Stil älter als Bayon, 2 Löwen im Bayon-Stil.
- **Buddha-Statue** aus Sandstein, 6 m hoch, 1 m hoher Sockel. *Bhumisparsa-Mudra.* Sitzt auf einer *Lotus*-Blüte. Der Körper wurde aus wieder verwendeten Sandstein-Blöcken geformt, der Kopf mit Flamme auf dem Ushnisha, verrät *siameischen* Einfluss, ist also später.
- Unmittelbar westlich, am Rand eines kleinen Wasser-Beckens, eine weitere **Buddha-Statue** aus Sandstein, 4 m hoch. *Abbhaya-Mudra.*

Lage: Nördlich der Terrasse des Lepra-Königs.

08.09
MONUMENT 486
Auch Westlicher Prasat Top.
Spätzeit, Verwendung von Bauteilen aus der 2. Hälfte des 10. Jh.
Hinduistisch, dann buddhistisch.
Orientierung: O.

3 Prasat, auf gemeinsamer Plattform, N-S ausgerichtet, Sandstein. Mittlerer Prasat: kreuzförmiger Grundriss, Cella 2,30 m x 2 m. 4 Türen. Colonettes, Lintel. Im Inneren *verehrtes* sehr schönes Buddha-Relief.

Die anderen Prasat kleiner, Tor nach O, 3 Scheintüren.

Westlich davor Laterit-Plattform mit Sandstein-Ummauerung, darauf ursprünglich ein *Vihear* aus Holz. Sema-Steine.

Reliefs: Shiva auf Nandi, Indra auf Elefant, sitzender Buddha mit Flamme auf dem *Ushnisha*.

Der mittlere Prasat ist der älteste, er wurde aus vorhandenen Bauteilen errichtet. Später hat man ihn mit Steinen von den inzwischen eingestürzten seitlichen Türmen repariert und im W die Terrasse daran gebaut.

Lage: Westlich vom Bayon. Hinweißschilder am Weg vom BAYON zum W-Tor.

08.10
MANGALARTHA
Auch: Monument 487,
Östlicher Prasat Top. Spätes 13. Jh.,
König Jayavarman VIII. (~1243–1295),
Hinduistisch (Vishnu).
Orientierung: O.

Der letzte Steinbau in Angkor. Dem vergöttlichten Brahmanenpriester Mangalartha und seiner Mutter gewidmet.

Ganz aus Sandstein gebaut.

Prasat auf kreuzförmigem Grundriss, 3 Scheintüren, Vorhalle im O mit Scheinfenstern. Dach abgetragen.

In der Cella, 2,30 m im Quadrat, standen 2 Statuen, Sockel noch vorhanden. Reliefs: *Ruhender Vishnu. Drei Schritte.* Tanzender Shiva, trägt Uma im Arm. Quirlen des Milchmeeres. v.

Stele, jetzt in der Angkor Conservation.

☛ Hinweisschild an der Siegesallee zum Siegestor, rechts.

08.11
THOMMANON
Abgeleitet von: „Dhammananda"
Ende 11. Jh. bis 1. Hälfte 12. Jh.,
Hinduistisch.
Orientierung: O.

An der Straße vom Siegestor in Angkor Thom zum TA KEO liegen sie wie Zwillinge neben einander: THOMMANON links (nördlich) und CHAU SAY TEVODA rechts (südlich). Zwei kleine Flach-Tempel aus der besten Zeit der Khmer-Architektur und -Plastik.

Die Straße wurde erst später gebaut. Die Umfassungs-Mauern sind verschwunden. So bieten beide Tempel heute den Besuchern ihre ungeschützten Flanken dar. Beide sollten am Vormittag besucht und durch ihre Haupteingänge im O betreten werden, so kommt die harmonische Komposition der Tempel am besten zur Wirkung.

Beschreibung:
- **Prasat**, quadratisch mit 4 Vorhallen, 3 Scheintüren, 4 Schein-Geschosse. Cella 3 m im Quadrat. Reliefs: sehr feine Dekoration der Scheintüren.
- **Antarala**.
- vorgelagertes **Mandapa**, innen 6 m x 3 m, nach O orientiert. Reliefs: S-Tor: Ravana rüttelt am Berg Kailash. O-Tor, innen: Vishnu auf Garuda. W-Tor, innen: Tod des Valin. Das Steindach imitiert Dachziegel. Auf gewulstetem Sockel, etwa 2,50 m, im westlichen Teil 1,80 m hoch. Der Sockel ist auf der O-Seite fast mit dem des Gopuram verbunden.
- **Sakristei**, innen 3,70 x 3 m. Kleine Vorhalle mit 2 Fenstern.
- Umfassungs-Mauer aus Laterit, 60 m x 45 m, mit
- **O-Gopuram**. 3 Tore, je 1 Kammer seitlich. Reliefs: N-Tor: Vishnu tötet zwei Feinde, einen hat er an den Haaren gepackt. S-Tor: Vishnu.
- **W-Gopuram** Reliefs: W-Seite: Vishnu, auf Garuda, kämpft gegen Asura. S-Seite: Shiva als Asket. N-Seite: Quirlen des Milchmeeres.

Unten auf den Pfeilern kleine Szenen.
- Wassergraben.

Schein-Ziegel, Abdeckungen aus Sandstein, die wie Dachziegel geformt sind.

08.12
CHAU SAY TEVODA
Mitte 12. Jh., spätes 13. Jh.,
König Suryavarman II. (1113–1145/ 50),
König Yasovarman II. (1145/ 50–1165),
Jayavarman VIII. (–1243–1295),
Hinduistisch.
Orientierung: O.

- *Prasat*, 4 Eingänge, 4 Vorhallen. Cella 2,80 m im Quadrat.
- davor *Antarala*.
- und *Mandapa*, innen 6,80 m x 3,60 m. Ausgeformter Sockel, 2 Sakristeien.
- Laterit-Umfassungs-Mauer, 50 m x 40 m.
- mit 4 Gopuram, 3-torig im O, sonst 1-torig.

Relief am **O-Gopuram**, S-Seite: Kampf zwischen Valin und Sugriva. Tod des Valin. Flache steinerne Stege zwischen den Gebäuden im Inneren.

Ein Steg, der auf 3 Reihen von 8-eckigen Säulen ruht, verbindet den Tempel über eine **kreuzförmige Terrasse** mit dem Siem-Reap-Fluß im O.

Reliefs:
- Devata.
- Scheintüren.
- Dekoration der Pilaster.
- Trümmer am Boden: Shiva und Uma auf Nandi. Geburtenstation eines Hospitales (?).

Deutliche Spuren des Verfalls, jetzt (2002) Restaurierungs-Arbeiten durch ein chinesisches Projekt-Team.

08.13
SPEAN THMA
„Steinbrücke"
Nach der Angkor-Zeit entstanden, 14. Jh. oder später.

14 Brückenbögen, teils sichtbar, teils noch in Spuren vorhanden, Corbel-Bögen aus wieder verwendeten Sandstein-Blöcken verschiedener Form und Größe gebaut, vermutlich Ersatz für eine ältere Brücke.

Das Krag-Gewölbe erfordert dicke Pfeiler und erlaubt nur schmale Öffnungen. Hier sind die Pfeiler 1,60 m breit, die Zwischenräume 1,10 m weit. Die Pfeiler blockieren also ~60% des Querschnitts, um den Wasser-Durchlauf offen zu halten mußte der Fluss künstlich verbreitert werden.

Man sieht, daß der Siem-Reap-Fluß seit dem Bau dieser Brücke sein Bett tiefer gelegt und seinen Lauf nach O verlegt hat.

09.

AM NÖRDLICHEN BARAY

09.01
NÖRDLICHER BARAY
*Ursprünglich: Jayatataka, auch: Baray
von PREAH KHAN ~1200,
König Jayavarman VII. (1181– ~1220).*

3.500 m x 900 m.

09.02
KROL ROMEAS
„Elefanten-Park"

Fundamente einer ovalen Arena aus Laterit,
55 m x 45 m.

Lage: Gegenüber dem W-Eingang von
PREAH KHAN führt ein Fußpfad in den
Wald, 75 m.

09.03
PREAH KHAN VON ANGKOR
„Heiliges Schwert".[59] *1191,
König Jayavarman VII. (1181– ~1220),
Buddhistisch-König Jayavarman
VIII. (~1243–1295), vorübergehende
Hinduisierung.
Orientierung: O.*

Axial westlich des NÖRDLICHEN
BARAY der formenreichste große
Flach-Tempel von Angkor. Dem Vater
des Königs, König Dharaindravarman I.
(1107–1112) gewidmet. Eine Statue des

Bodhisattva Lokeshvara trug seine
Gesichtszüge. Der zweite Ahnen-Tempel
nach ▷ TA PROHM (02.11).
Insgesamt wurden 430 Gottheiten
verehrt.

PROVISORISCHE HAUPTSTADT

Im NO des äußeren Tempel-Bereichs
hat man die vermutlichen Reste einer
hölzernen Palast-Anlage entdeckt.
Wahrscheinlich stand hier der Palast
König Yasovarmans II. (~1150–1165) und
König Tribhuvanadityavarmans (1165–
1177). 1177 eroberten die Cham Angkor
und vernichteten den Palast. 1181 schlug
hier König Jayavarman VII. die Cham.
Ihr König fiel in der Schlacht. Vielleicht
wurde PREAH KHAN dann König Jayavarmans VII. provisorische Residenz, bis
er Angkor Thom bezog.
Preah Khan bedeckte eine Fläche von
800 m x 700 m.

BUDDHISTEN UND HINDUISTEN

In PREAH KHAN waren Tempel,
buddhistische Klöster und eine Univer-
sität mit über 1.000 Lehrern. Zur Zeit
König Jayavarmans VIII. (~1243–1295)
wurde der Tempel gewaltsam hinduisiert:
Buddha-Statuen wurden zerstört oder
zu Lingam umgemeißelt, aus Reliefs des
meditierenden Buddha wurden durch

ein paar grobe Meißel-Schläge sitzende
bärtige *Rishi*.

PLAN

Flach-Tempel mit 2 Galerien und 2
Umfassungs-Mauern. Außen ein Wasser-
Graben. Jede Einfriedung hat 4 Gopuram.
Ein Großer Damm auf der O-Seite
verbindet den Tempel mit einer Lande-
Stelle am Nördlichen Baray.

Die Tempel-Anlage gleicht in vielem
dem etwa gleichzeitig entstandenen TA
PROHM, war aber etwas kleiner und
nach dem ursprünglichen Plan einfacher.
Spätere Bauten haben dann ein „archi-
tektonisches Chaos"[60] angerichtet. Einige
dieser hinein gepferchten Bauten lassen
sich vielleicht dadurch erklären, dass man
jetzt aus Stein baute, was vorher aus Holz
gebaut worden war. So lässt sich z.B. das
zweistöckige Gebäude (9.) erklären: es ist
der steinerne Nachbau eines hölzernen
Reis-Speichers.

Das hieße aber auch, dass wir uns in
anderen Tempel-Anlagen für die damalige
Zeit ebenfalls ein solches „architek-
tonisches Chaos" vorstellen müssen, da
aus Holz gebaut, ist es heute verschwunden und an seine Stelle sind scheinbar
freie Flächen getreten.

PREAH KHAN wurde im Gegensatz
zu TA PROHM gründlich restauriert. Zur
Zeit (2002) arbeitet hier ein Team aus den
USA.

BESCHREIBUNG

☞ Sie besichtigen PREAH KHAN am
besten morgens von O nach W, nachmittags
von W nach O. Die folgende Beschreibung
geht von O nach W. (Achtung: Fahrer und
Führer bringen ihre Besucher, auch am
Vormittag, gerne zum W-Eingang!)

ANGKOR—FAST GANZ ALLEIN

Stille Plätze finden sich vieler Orts in Angkor, zentral
gelegen oder über einem Spazierweg erreichbar.

PHNOM BAKHENG (01.02), außer ab dem
Spät-Nachmittag

LEAK NEANG (02.05)

BANTEAY SAMRE (02.03) am frühen Vormittag

BAT CHUM (02.06)

PRASAT KRAVAN (02.07)

BANTEAY KDEI (02.08), entlang der südlichen
Umfassungs-Mauer

TA PROHM (02.11), äußere Umfassungs-Mauer

TA NEI (02.13)

Hospital-Tempel und TA PROHM KAL (02.14,
04.02)

ANGKOR WAT (04.01)

- Spaziergang außen entlang der
  Umfassungsmauer, 1 Stunde, 3 Gopuram
  mit Reliefs vom Feinsten.
- Die Sakristeien am W-Zugang und im
  großen Innenhof.
- Die O-Seite.

Angkor Thom, Stadt-Tore im O, N und W (05.02)

PRASAT CHRUNG (05.03)

Beng Thom und Run Tadev (05.04)

Königs-Palast (06.04), die Wasser-Becken.

Khleang (06.07)

PREAH PITHU (08.02-08.06)

PREAH PALILAY (08.07)

Monument 486 (08.09)

MANGALARTHA (08.10)

PREAH KHAN (09.03) von O; die Besucher-
Massen gehen von W hinein und nach N wieder
heraus. Der O-Teil mit dem Dharmasala ist
interessanter und wenig besucht. Am schönsten
vormittags.

PRASAT PREI und BANTEAY PREI (09.04/05)

KROL KO (09.07)

TA SOM (09.08)

Besucher-Gruppen sind an diesen Orten in
der Regel schnell wieder verschwunden.

1. **Großer Dammweg** von O, heute durch die Straße unterbrochen. **Landestelle**, ~200 m ostwärts am NÖRDLICHEN BARAY. Gestufte Terrasse, Löwen, Naga-Balustrade.

2. O-Eingang. **O** und **W**: Großer Damm, ~200 m. **Riesen-Balustrade.**

3. **Bildsteine**: Fabelwesen mit menschlichem Rumpf, Löwenkopf und Garuda-Beinen; die kleinen Buddha-Statuen in den Nischen fielen der Hinduisierung im späteren 13. Jh. zum Opfer.

4. **Wassergraben und äußere Umfassungs-Mauer.** Spätere Hinzufügung ~900 m x 750 m. Einfriedung der um den Tempel gelegenen Stadt. **Garuda**, 72 Sandstein-Reliefs entlang der gesamten Umfassungs-Mauer im Abstand von 50 m, 5 m hoch, an den Ecken noch größer; krallen sich in Schwänze von Naga.

5. Auf halbem Weg zum Tempel rechts, nördlich „**Haus des Feuers**" oder Dharmasala, dicke Mauern, Turm auf der W-Seite, auf der S-Seite ein Fenster mit doppelter Balustrade. Scheinfenster an der Innenseite mit Schein-Balustraden. Restaurierung

6. **Kreuzförmige Terrasse** mit Löwen und Naga-Balustraden.

7. **O-Gopuram**: Großer Torbau. der 3. Einfriedung 3 Türme, durch Galerien mit Pfeilern auf der Außenseite verbunden, an den Seiten Pavillons. 5 Eingänge. ~100 m lang.

8. „**Halle der Tänzerinnen**". 4 kleine Höfe, von Galerien eingerahmt. In den Nischen oben standen Buddha-Figuren, die der Hinduisierung des Tempels zum Opfer fielen. Friese mit tanzenden Apsàra.

9. Nördlich davon ein **zweistöckiges Gebäude**, die hölzerne Treppe ist verschwunden. Massive Säulen, gutes Beispiel für die Nachahmung von Holzarchitektur

in Stein; sie gleichen bis ins Detail den Holzpfosten, auf denen das traditionelle Khmer-Haus steht. Wahrscheinlich ein Reis-Speicher.[61] Ähnlich in TA PROHM.

10.2. **und 1. Galerie** stehen nur wenige Meter von einander entfernt. Die innere Galerie hat 4 Gopuram und 4 Eck-Türme. Der **O-Gopuram** steht vor der 2. Umfassungs-Mauer. Innen (dunkel!) schöne Garuda. Die sitzenden Buddhas auf den Pfeilern wurden roh zu Asketen umgemeißelt, Bärte und veränderte Beinhaltung Im dunklen Inneren des O-Gopuram ein Fronton, König und Königin oder Gott und Göttin. In den schmalen Zwischen-Raum hat man auf der O-Seite 6 kleine Gebäude gezwängt.

11. **Zentraler Hof, O-Seite.** Ein Mandapa im O vor dem zentralen Heiligtum. Dieses ist nach N, W, und S durch Galerien mit den Gopuram der 1. Galerie verbunden. In den so entstandenen Viertel-Höfe zahlreiche spätere Einbauten.

12. **Zentraler Prasat.** Sandstein, kreuzförmiger Grundriss, nach 4 Seiten offen und durch erweiterte Vorhallen mit den Gopuram der 1. Galerie verbunden. Im Zentrum steht seit dem 16. Jh. ein **Stupa**. Von hier nach den 4 Himmelsrichtungen weiter Blick durch lange gerade Korridore. Ursprünglich war hier ein geschlossener Raum, die Wände mit polierten Bronze-Platten verkleidet, in denen sich der Schein von Flammen spiegelte. Hier im Allerheiligsten, das nur der König und sein oberster Priester betraten, stand eine Statue des Bodhisattva Lokeshvara, mit den Gesichtszügen von Jayavarmanesvara, dem Vater von König Jayavarman VII. (1181– ~1220). Westlich davon ein **Lingam** auf Sockel, vermutlich aus der Epoche der Hinduisierung des Tempels, 2. Hälfte 13. Jh.

Satelliten-Tempel Shiva (N), Vishnu (W) und den Ahnen des Königs (S) geweiht. Jeder Tempel nach O orientiert, nach O und W durch Vorhallen mit Gopuram verbunden. Umlaufende Galerie. Wasser-Becken.

13. **Nördlicher Satelliten-Tempel. Shiva-Tempel**: Reliefs, W-Seite Ruhender Vishnu, O-Seite Trimurti.
Vor dem N-Gopuram 2 mächtige Dvarapalas.
14. Vor seinem O-Eingang ein **Pavillon**, in dem die Gründungs-*Stele* des Tempels stand. Jetzt in der Angkor Conservation.
15. Nördliches Tor der 3. Einfriedung.
16. **Südlicher Satelliten-Tempel. Vishnu-Tempel**, nach W orientiert, Sakristei nach O orientiert. Basis für 3 Statuen. Nach der Inschrift am Tor waren dies Rama, Lakshmana und Sita. Ausleitung eines *Somasutra*. Fronton auf der W-Seite: Krishna hebt den Berg Govardhana hoch. Der Weg zum S-Tempel ist zur Zeit (2002) blockiert.
17. Südliches Tor der 3. Einfriedung.
18. Zentraler Hof, W-Seite.
19. Westlicher Satelliten-Tempel.
20. **W-Gopuram** der 3. Einfriedung: Fronton: Schachspiel auf einem Boot (ähnlich in Angkor Wat); Schlacht von Lanka. 2 Dvarapalas.
21. Davor **kreuzförmige Terrasse** mit Löwen und Naga-Balustraden.
22. **Westlicher Gopuram** der äußeren Umfassungs-Mauer.

09.04
PRASAT PREI
Um 1200,
König Jayavarman VII. (1181– ~1220).
Buddhistisch.
Orientierung: O.

Nördlich der Straße, die vom N-Tor von ANGKOR THOM nördlich des NÖRDLICHEN BARAY nach TA SOM geht, liegen zwei Bayon-Tempel neben einander: nördlich BANTEAY PREI, südlich PRASAT PREI,[62] ein einfacher Prasat mit Umfassungs-Mauer:
- Sandstein-Prasat, Vorhalle auf der O-Seite, 3 Scheintüren, 4 fiktive Geschosse. Cella 2,90 m im Quadrat.
- Sakristei aus Laterit und Sandstein.
- Umfassungs-Mauer aus Laterit.
- O-Gopuram aus Laterit und Sandstein.

Konventionelle Relief-Dekoration.

09.05
BANTEAY PREI
Um 1200,
König Jayavarman VII. (1181– ~1220).
Buddhistisch.
Orientierung: O.

Neben PRASAT PREI, eine Tempel-Anlage mit Galerie:
- Prasat, Sandstein, mit kreuzförmigem Grundriss, Cella kreuzförmig, 1,90 m im Quadrat, nach 4 Seiten offen.
- 4 Vorhallen, mit seitlichen Schein-Halbbögen.
- Im Innenhof im SO ein rechteckiges Wasser-Becken, mit Laterit ausgekleidet; im SW ein einzeln

stehender Pfeiler, in den Sockel
gezapft.

- (1. Einfriedung:) **Galerie**,
Sandstein, 30 m x 25 m. 4 gleiche
Gopuram mit
fiktivem Obergeschoss, 3 Tore.
- 2. Umfassungs-Mauer, Laterit,
75 m x 65 m. Gopuram, Sandstein.
- Wassergraben mit Dammwegen,
Naga-Balustraden.

09.06
NEAK PEAN
*Ursprünglicher Name: Rajyasri „Glück
des Königreiches". Ende 12. Jh.,
Jayavarman VII. (1181– –1220),
Buddhistisch (Avalokiteshvara).*

Im Zentrum des NÖRDLICHEN
BARAY eine zauberhafte Anlage, in der
Kunst der Khmer einmalig. Ihre Plastik ist
von hohem Rang.

PLAN

Künstliche Insel, quadratisch, darauf
ein quadratisches Wasser-Becken, in dessen Zentrum auf einer kreisrunden Insel
ein Prasat. Aus dem zentralen Becken
fließt axial Wasser in 4 kleinere Becken.

BESCHREIBUNG

- Kleiner **Prasat** auf kreuzförmigem
Grundriß, ein Eingang im O. An
den 3 anderen Seiten Scheintüren
mit Reliefs, große stehende Figuren
des Bodhisattva *Avalokiteshvara*. Ursprünglich waren alle 4 Tore offen.
Frontons, O: Abschneiden der
Haare, N: der Große Auszug, W:
meditierender Buddha unter dem
Boddhi-Baum, S: zerstört. In den

Ecken Airavana, ähnlich wie bei
den Stadttoren von Angkor Thom,
darauf aufgerichtete Löwen. Dach
in Form einer Lotusknospe.

- **Basis** aus 7 Laterit-Stufen. 2 *Naga*,
zwischen den fächerförmig
aufgerichteten Kappen im O der
Zugang, die Schwanzspitzen im W
verschlungen. Die obere Stufe der
Basis und der Sockel des Prasat
stellen zwei Kränze sich öffnender
Lotusblüten-Blätter dar.
- Kreisrunde (innere) **Insel**,
Durchmesser 14 m.
- **Wasser-Becken** 70 m im Quadrat;
beide von Stufen eingefaßt.
- Ursprünglich 4 axiale Dämme
verbinden die Insel mit dem Rand
des Beckens. Auf dem östliche
Damm Plastik des Pferdes *Balaha*,
unvollendet, demoliert. ☛ Diese
Dämme können in der Regenzeit
und danach unter Wasser stehen.
- 4 **Brunnenkammern**, axial, etwas
tiefer gelegen, mit Wasserspeiern in
Form von Köpfen oder Masken.
Köpfe: im O Mensch (genannt *Le
Seigneur des Hommes*, „Der Herr der
Menschen"), hier auch besonders
sorgfältig und elegant ausgeführtes
Corbel-Gewölbe; im S Löwe, im
W Pferd, im N Elefant. Am
Fronton der N-Kammer hat König
Jayavarman VIII. (~1243–1295) aus
einem Buddha einem Lingam
meißeln lassen. Außen vor den
Brunnenkammern je ein **Wasser-
Becken**, 25 m im Quadrat.
- Die ehemalige **Insel** misst 350 m
im Quadrat. Einfassung mit
Laterit-Stufen. Axiale Treppenauf-
gänge. An den 4 Ecken standen
ursprünglich kleine *Elefanten*, einer,
im NO, noch an Ort und Stelle.

SYMBOLIK

Auf dem Scheitel der Welt, im Himalaja, liegt der See Ananvatapta. Sein heilkräftiges Wasser ergießt sich durch 4 steinerne Köpfe in die 4 heiligen Ströme Ganges, Indus, Oxus und Tarim.

Die symbolische Replik des Ananvatapta im Zentrum sollte den Bestand des Khmer-Reiches bis ans Ende des Zeitalters sichern, dann erst sollte er, als letztes Gewässer, austrocknen.[63]

Der Chakravartin, der Weltenherrscher, wird mit Wasser aus dem Ananvatapta geweiht.[64]

Pilger konnten in den Brunnenkammern das heilige Wasser schöpfen und Erlösung von ihren Übeln gewinnen. Die kleinen Gebäude stehen auf einem Kranz von Lotusblüten-Blättern. Der Abdruck eines nackten Fußpaares bedeutet, dass diese Räume über der physischen Realität stehen.[65]

„In Jayashri, das wie eine sorgfältig und kunstvoll gefügte Haarflechte die Erde, seine herrlich geschmückte Königin, krönt, hat dieser König den Jayataka als prächtigen Spiegel angelegt, verschönt durch Steine, Gold und Girlanden. Dieser Weiher, dessen Wasser durch das Licht der goldenen prasada erhellt und durch das Rot der Lotusblüten gefärbt ist, funkelt und erinnert an das Meer von Blut, das der Bhargava (der König von Champa) vergossen hat. Inmitten (dieses Teiches) ragt eine Insel auf; sie gewinnt ihren Zauber durch die (umliegenden) Wasser-Becken und reinigt vom Schlamm der Sünden alle, die sie berühren, dient als Boot, um das Meer des Lebens zu überqueren."[66]

Zugang von N.

09.07
KROL KO

„Tempel des Ochsen-Pferchs" Um 1200, König Jayavarman VII. (1181– ~1220), Buddhistisch: Lokeshvara. Orientierung: O.

Prasat, nach O offen; Sakristei, innere Umfassungs-Mauer, 35 m x 25 m, mit Gopuram, Wassergraben, Dammweg auf der O-Seite.

Äußere Umfassungs-Mauer, beide aus Laterit.

Reliefs: Lokeshvara, stehend inmitten von Andächtigen; Krishna hebt den Berg Govardhana hoch.

Lage: Gegenüber dem Eingang von NEAK PEAN.

09.08
TA SOM

„Alter Som". Ursprünglicher Name wahrscheinlich Gaurasrigajaratna, „Juwel des Glück bringenden Elefanten" Ende 12., Anfang 13. Jh., König Jayavarman VII. (1181– ~1220), Buddhistisch. Orientierung: O.

Östlich des NÖRDLICHEN BARAY ein kleiner Flach-Tempel, ähnlich wie die anderen Anlagen aus der Bayon-Zeit: Zwei Gesichter-Türme. Er ist stark verfallen, aber übersichtlich. Viele reizvolle Relief-Details. Teilweise dekorativ von Würgefeigen überwachsen, wenig besucht, von großem Charme.

Plan: Prasat mit Galerie, 2 weiteren Umfassungs-Mauern und einem Wassergraben.

- Zentraler **Prasat**, Sandstein, kreuzförmiger Grundriß, nach 4 Seiten offen, 4 Vorhallen. Im N und S mit der 1. Umfassungs-Mauer zusammen gebaut.
- 2 **Sakristeien**.
- In der SW- und NW-Ecke standen Pfeiler aus Sandstein.
- **Galerie** aus Sandstein und Laterit, 30 m x 20 m, 4 Gopuram, Sandstein, und 4 Eck-Pavillons.
- 2. Umfassungs-Mauer aus Laterit.
- Gopuram aus Sandstein im O und W.
- Wassergraben. Große Dammwege im O und W, Naga-Balustraden, Garudas.
- Von O und nach W Große Straßen, überwachsen.

- 3. Umfassungs-Mauer aus Laterit, 240 m x 200 m, außerhalb des Wassergrabens, also später.
- Gopuram, **Gesichter-Türme** im O und W.

Reliefs: Kleine, etwas derb-bäuerlich wirkende Devata, N-Gopuram der Galerie, S-Seite: Stehende Figur, von 4 weiteren Figuren angebetet, alle Figuren stehen auf Lotus-Blüten, darüber fliegende Gestalten.

Lage am O-Ufer des Östlichen Baray. Der aktuelle Zugang ist im W. Besonders attraktiv sind der überwachsene O-Gopuram der 2. und der O-Gopuram, Gesichter-Turm, bei der 3. Umfassungs-Mauer.

10.
NÖRDLICH VON ANGKOR THOM

10.01
TONLÉ SNGOT
Anfang 13. Jh.,
König Jayavarman VII. (1181– –1220)
oder König Indravarman II. (–1220–
1243),
Buddhistisch.
Orientierung: O.

Prasat auf flachem Erdhügel in ländlicher Umgebung. Vermutlich einer der 102 Hospital-Tempel.

O-Zugang, Gopuram, zerfallen, Reliefs auf den Torpfosten innen

Prasat: Sandstein mit kreuzförmigem Grundriß, drei- oder vierfacher *Fronton*, sehr zerfallen. Devata. 1 Vorhalle, O-Seite mit Fenster, S-Seite Scheintüre, unvollendet

Lintel. O-Seite: Rahu oder Kala speit Blumen oder Blätter aus; W-Seite ähnlich O-Seite; N-Seite stehende männliche Figur-*Bodhisattva?*

1 Wasser-Becken im SO.

Lage: nördlich ANGKOR THOM, ostwärts des NÖRDLICHEN BARAY, zwischen Büschen, Bäumen, Feldern, Wassergräben.

☛Vorsicht: Rote Ameisen, Schutz gegen Insekten empfohlen!

10.02
CHAN TA OURM
auch: PRASAT PREI Anfang 13. Jh.,
König Jayavarman VII. (1181– –1220)
oder König Indravarman II. (–1220–
1243),
Buddhistisch.
Orientierung: O.

Wenig nördlich von ANGKOR THOM, in der Nähe des Dorfes Angkor Krau („Äußeres Angkor") eine kleine Tempel-Anlage aus der Bayon-Epoche, mit einem beinahe schiefen Turm.

Ländliche Umgebung, nur auf Pfaden erreichbar, einsamer Polizeiposten, sehr schön gelegen.

☛ Vorsicht: Rote Ameisen, Schutz gegen Insekten empfohlen!

- **Wassergraben** U-förmig, auf der N-, W- und S-Seite, führt Wasser, eingefasst mit Laterit-Stufen, 1 quadratisches Wasser-Becken NO.
- **Umfassungs-Mauer** aus Laterit **Gopuram** auf der O-Seite, Laterit und Sandstein, 1 stattlicher **Prasat** auf kreuzförmigem Grundriß, 4 Dach-Geschosse mit 4 Fronton. Vorhallen mit Scheintüren und–fenstern, mit halben Balustraden vor den Fenstern.

NW-Ecke während des Baus durch vorgestellte Mauer verstärkt, weil der Prasat zu kippen drohte. Schlecht proportionierte Dekoration, Beispiel für hastige und manchmal schlechte Bauausführung in der Bayon-Epoche.

Sakristei in der SO-Ecke, Lintel am W-Eingang.

10.03
BANTEAY THOM
„Große Festung"
Anfang 13. Jh.,
König Jayavarman VII. (1181– ~1220)
oder König Indravarman II. (~1220–
1243),
Buddhistisch.
Orientierung: O.

Etwas verborgen und spät entdeckt ein großer Bayon-Tempel mit einem ungewöhnlichen Plan. Die drei stattlichen, wohl erhaltenen und dekorierten Prasat unter grünen Bäumen bieten ein eindrucksvolles Bild.

- Stattliche äußere **Umfassungs-Mauer** aus Laterit, **Gopuram** O- und W-Seite. **Kreuzförmige Terrasse** auf der O-Seite.
- **Wassergraben** wie CHAN TA OURM.
- **2 Wasser-Becken**, NO und SO.
- **Galerie** mit 3-torigem **Gopuram** aus Sandstein, gewölbter enger Gang, Fenster nach innen.
- 3 stattliche **Prasat**, Sandstein, N-S ausgerichtet, auf kreuzförmigem Grundriß. 4 Dach-Geschosse, je 1 Eingang, 3 Schein-Türen.
- Mittlerer Prasat mit höherer Vorhalle. Fronton mit Reliefs.
- **2 Sakristeien**

Später Bayon-Stil, in der Anlage altmodisch. Seit BANTEAY SREI (13.01—

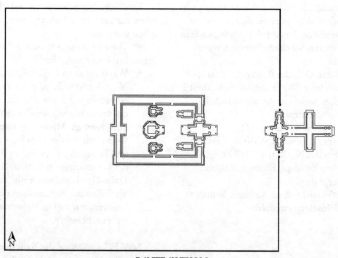

BANTEAY THOM

geweiht 967) sind in Angkor nie mehr 3 Prasat in einer Linie gebaut worden.

Lage: in schöner ländlicher Umgebung unter hohen Bäumen, nur auf Pfaden erreichbar, Polizeiposten. Erst 1997 entdeckt, im Zustand des fortgeschrittenen Zerfalls, noch wie unberührt.

☞ Vorsicht: Rote Ameisen, Schutz gegen Insekten empfohlen!

10.04
SRO LAU
„Srolau" oder „Sralao" ist der Name eines Baumes.[67] *Ende 10., König Harshavarman III. (1066–1080). Orientierung: O.*

3 Ziegel-Prasat im zentralen Tempel einer Stadt.

Von außen nach innen:
- Erdwall, 700 bis 750 m x 400 bis 450 m, Wassergraben außen.
- 2 Umfassungs-Mauern, dazwischen Wasser-Graben.
- 3 Prasat aus Ziegel mit Tor-Rahmen aus Sandstein. Sehr sorgfältiges Backstein-Mauerwerk.

- Im NO und SO Spuren von je 2 Gebäuden oder je 1 Gebäude mit 2 Kammern in O-W-Richtung hinter einander, Sakristeien?
- Im Bereich des inneren O-Gopuram und der Vorhalle Fragmente von Ornament-Reliefs. Beim O-Gopuram Fragment eines steinernen Fenster-Balusters. Bei der Vorhalle Colonette. Trümmer eines Lingam-Sockels.

Die Steinmetz-Arbeiten sind von hoher Qualität und erlauben die Datierung der Anlage ins 10. Jh.

Die ganze Anlage ist stark verfallen, stark abgetragen, in der Erde versunken, überwachsen, die Besichtigung mühsam, aber lohnend wegen der schönen Ornament-Bildhauerei.

Zugang: SW des Dorfes Svay Chek, NW von ANGKOR THOM. Der Bürgermeister wohnt im ersten stattlichen Haus auf der linken (W-) Seite. Von dort führt Sie ein junger Mann zum Tempel, ca. 1,5 km. 1 $.

Sehenswert ist außerdem **PRASAT SAMPO**. In der Umgebung von Svay Chek gibt es Überreste von etwa 10 Tempeln.

UMGEBUNG VON ANGKOR

11.
TEMPEL VON ROLOUS

11.01
DIE STADT HARIHARALAYA

In der Nähe das heutigen Dorfes Roluos, heute etwa 12 km östlich von Siem Reap an der RN 6 gelegen, baute König Indravarman I. (877–889) seine Hauptstadt **Hariharalaya** mit den Tempeln PREAH KO und BAKONG sowie den *Baray* INDRATATAKA, der heute ausgetrocknet ist und in dessen Zentrum der Tempel LOLEI steht.

Sein Nachfolger, König Yasovarman I. (889– ~900) verlegte dann die Hauptstadt nach Angkor.

Vor Indravarman I. war hier eine Hauptstadt König Jayavarmans II. (790–835), vielleicht mit dem Staats-Tempel TRAPÉANG PHONG oder PREI PRASAT; und die Hauptstadt König Jayavarmans III. (835–877) mit dem Staats-Tempel PREI MONTÍ.

11.02
TRAPÉANG PHONG
Vor Mitte 9. Jh.,
König Jayavarman III. (835–877).
Orientierung: O.

~2 km südlich des BAKONG, umgeben von einem stattlichen Wasser-Graben, eine Gruppe von 4 Prasat, unregelmäßig angeordnet. Vielleicht stammen die 3

älteren Tempel aus dem späten 8. Jh. und sind damit möglicherweise die ältesten im Gebiet von Angkor. Von 3 Türmen nur Fundamente oder Spuren. Der 4. Prasat ist wohl erhalten. Sein Relief-Dekor ist von höchster Qualität.

Ein stattlicher Backstein-Turm mit 4 Dachgeschossen, das O-Portal fehlt, sonst fast vollständig erhalten.

3 Scheintüren aus grün-grauem Sandstein, auf der S-Seite monolithisch. Sehr schöne, gut erhaltene **Lintel**. Runde und 8-eckige Colonettes.

Backstein-Reliefs mit weiblichen **Wächter-Figuren** und **Miniatur-Architektur**, Reste von Stuck.

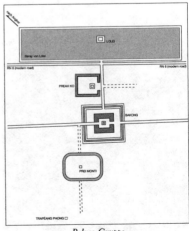

Roluos-Gruppe

Etwas abgelegen, aber einen Besuch wert. Die Lintel gehören zu den schönsten Arbeiten der Khmer-Kunst.

Lage: südlich von PREI MONTÍ. Schwer zu finden, nehmen Sie von PREI MONTÍ einen Motodop, 1 $.

11.03
PREI MONTÍ
Vermutlich Anfang 9. Jh.
König Jayavarman II. (790–835).
Hinduistisch: Shiva.
Orientierung: O.

3 Ziegel-Prasat mit Sandstein-Türen, 4 m im Quadrat, 3 Schein-Türen, N-S ausgerichtet auf gemeinsamer Terrasse, je 3 Treppen auf der O- und W-Seite. Heute 3 Turm-Ruinen. Östlich davor ein sehr kleines, oberirdisches Wasser-Becken, gemauert aus Sandstein und Backstein.

Rechteckige Erdumwallung, ~900 m x 700 m. (etwa so groß wie beim Bakong). 2 Wasser-Becken, schmal, parallel, im W.

Reizvoll gelegen.

Vermutlich der erste Schrein in Hari-haralaya (Roluos). Hier stellte König Jaya-varman II. den Lingam auf, Symbol seiner Herrschaft als König der Götter, Ort des Shiva-Lingam-Kultes und Zentrum seines Reiches.

Lage: ~1 km südlich vom Bakong, vom W-Eingang nach W, die erste Straße links, nach S, nehmen. Bei der Elementar-Schule von Kok Srok geht es wieder nach links.

11.04
BAKONG ❶
Vielleicht abgeleitet von „Brah Gan",
„der Gott, der (hier) verweilt"
Ursprünglicher Name: Indrésvara. 881,
König Indravarman I.(877–889);
1. H. 12. Jh.,
König Suryavarman II. (1113–~1150),
Hinduistisch: Shiva.
Orientierung: O.

Im Zentrum der Roluos-Gruppe steht der bedeutendste Tempel außerhalb von Angkor. Der erste große Staats-Tempel. Im Zentrum einer ausgedehnten und formenreichen Anlage erhebt sich eine eindrucksvolle Tempel-Pyramide, vielfach konzentrisch eingerahmt und in 4 Achsen geöffnet.

AUFBAU

Tempel-Pyramide:
Auf einer 5-stufigen Pyramide ein statt-licher **Prasat**.

Konzentrische Anlage:
Zentraler Prasat und Pyramide sind vielfach konzentrisch eingerahmt.
1. 12 kleine Sandstein-Prasat auf der 4. Stufe der Pyramide.

2. 8 große Ziegel-Prasat am Fuß der Pyramide.
3. 6 große quadratische Türme in den Ecken.
4. Innere Umfassungs-Mauer aus Laterit.
5. Innerer Wassergraben.
6. Äußere Umfassungs-Mauer.
7. Kranz von 22 Prasat.
8. Erdwall.
9. Äußerer Wassergraben.

Achsen

Der Tempel steht in der Mitte der Welt:

- Zentraler Prasat und Pyramide sind als Schnittpunkt der O-W- und N-S-Achsen gedacht.
- Der Zentrale Prasat hat 4 gleiche Fronten, Eingang und 3 Schein-Türen, so zeigt er in jeder Himmelsrichtung ein Tor.
- 4 Treppen führen von diesen Toren bis an den Fuß der Pyramide.
- 4 Torbauten. am Fuß der Treppen.
- Davor je ein ruhender Nandi.
- Gopuram in der 1. Umfassungs-Mauer.
- 4 Hauptstraßen, auf den Achsen. Nach O und W überqueren Dämme den inneren Wasser-Graben.
- Prozessions-Wege überqueren den äußeren Wassergraben in den Achsen.
- Der BAKONG steht auf der N-S-Achse des BARAY INDRATATAKA:

Nur der O-Zugang ist heute noch gut erkennbar. Wie weit die übrigen axialen Straßen ausgebaut waren, wissen wir nicht.

BESCHREIBUNG

Besucher betreten den BAKONG von O. Reste des **äußeren O-Gopuram** und **äußere Umfassungs-Mauer.**

Breiter **Wassergraben**, von Laterit-Stufen gesäumt. Er führt heute noch ganzjährig Wasser.

Ein breiter **Damm**, beiderseits **Naga** mit 7 fächerförmig ausgebreiteten Köpfen und runden Brust-Schilden. Sie liegen direkt auf den Boden-Platten. (Später ständert man sie auf Balustern.)

Reste des **Östlichen Gopuram**, kreuzförmig mit je einer Vorhalle auf allen 4 Seiten. **Innere Umfassungs-Mauer** aus Laterit.

Nach dem Gopuram zunächst ein ungleiches Paar von Ziegelbauten auf quadratischem Grundriß. Im nördlichen war eine *Stele*.

Der Zugang ist gesäumt von 4 **Hallen**, je 2 entlang der Mauer und entlang des Weges. Sie sind eine spätere Zutat aus dem 12. Jh.

Dahinter die Stümpfe von je einem großen Ziegel-Prasat und je 2 Sakristeien. Dazu später mehr.

Pyramide

Zwischen Sockeln für Wächter-Figuren die Reste einer **Nandi**-Statue. Auf allen 4 Seiten ruht dieser, bereit Shiva in alle Welt zu tragen.

Die Pyramide besteigen wir über die O-Treppe, an deren Anfang ein **Torbau** mit Giebeln. Alle 4 **Treppen** sind flankiert von Mauern, an den Stufen-Sockeln Reliefs von Wächterfiguren, darüber Löwen, die nach oben kleiner werden.

Die Pyramide, 67 m x 65 m, oben 20 m x 18 m, 14 m hoch.

5 **Stufen**. Diese werden nach oben proportional niedriger (*Verjüngung*). Die 4 Absätze sind jeweils 5 bis 6 m tief.
Elefanten auf den Ecken der 1. bis 3. Stufe.

Runder *zentraler Schacht*.

Auf der 4. Stufe ein Kranz von 12 kleinen Prasat aus Sandstein. Hier an der Mauer der Pyramiden-Stufe Reliefs, nur auf der S-Seite noch zu erkennen: u.a. Kämpfende Asura, erkennbar an den hervorquellenden runden „Barang"-Augen. Die ältesten szenischen Reliefs der Khmer.

An den Ecken der 1. bis 3. Stufe *Elefanten*.

Zentraler Prasat

Sandstein. Abgestuft-quadratischer Grundriss, gewulsteter Sockel mit 4 Treppen, Eingang im O, Scheintüren im S, W und N. Pilaster beiderseits der Tore. *Devata* als Wächterfiguren in flachen Nischen. Breiter Dachsims.

Frontons: O tanzender Shiva, S Quirlen des Milchmeeres, W ruhender Vishnu, N Kampf zwischen Lakshmana und Indrajit aus dem Ramayana, Indrajits Schlangen-Pfeile haben Lakshmana „gefesselt".

Das **Turmdach**, 4-stufig, wiederholt in jedem Geschoß, proportional verkleinert den Turm-Körper. *Pancharam* oder *Antefixe*. Dach-*Knauf*.

Innen öffnet sich ein kreisrunder zentraler Schacht.

Der zentrale Prasat ist erst im 12. Jh., im Stil von ANGKOR WAT, erbaut. 1936 bis 1943 nach der Anastylosis-Methode aus einem Steinhaufen rekonstruiert.

Von oben guter Überblick über die **konzentrische Tempel-Anlage**:

8 **Ziegel-Prasat** umstehen paarweise die Pyramide.

Auf Sockeln mit 4 Treppen, Löwen. Quadratisch mit abgestuften Ecken und leicht hervor tretenden Toren. Eingang nach O, 3 Scheintüren, jeweils monolithisch, aus einem einzigen Sandstein-Block gehauen. Runde Colonnette s. Lintel, gehören zu den besten in der Kunst der Khmer.[4] Am besten erhalten auf der O-Seite. Darüber Friese. Reste von Wächterfiguren, Devata und Dvarapala unter Miniatur-Architektur, aus Stuck-Relief.

Im nördlichen Prasat auf der O-Seite steht noch der Tor-Rahmen mit achteckigen Colonnettes und Lintel. Hier stand, mit Blick nach O, die Sandstein-Statue von Shiva und seinen Gemahlinnen Uma und Ganga.[5]

In den Ecken stehen auf der O-Seite je 2 **Sakristeien**, im W nur je 1. Die Gebäude im O sind nach W offen, die im W sind nach O offen, also immer zum Zentrum orientiert. Monolithische Türrahmen. Als Licht-Öffnungen nur eine Reihe von kreisrunden Löchern. Fries mit Asketen in Nischen.

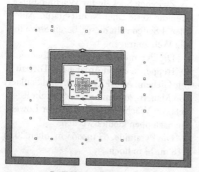

BAKONG, Gesamt-Anlage

---

4. Glaize, S. 250.

5. Glaize, S. 251.

Das Bild wird eingerahmt von den Umfassungs-Mauern mit je 4 Gopuram, zwischen den Mauern der Wassergraben.

Der **Ost-Zugang mit dem Prozessions-Weg** ist von hier eindrucksvoll zu sehen. Die Tempel-Pyramide ist um 10 m nach W versetzt. Ebenso sind die Stufen der Pyramide leicht nach W versetzt. So ist auf der O-Seite mehr Raum für den Haupt-Zugang und für den zeremoniellen Aufstieg zum zentralen Prasat.

Im zentralen Prasat verehrt der König den Lingam. Die eigentliche Kulthandlung findet, für das Volk unsichtbar, in der *Cella* statt. Die Prozession, der zeremonielle Aufzug des Königs zu dieser Kulthandlung ist der öffentlich sichtbare Teil des Kults. Der Prozessions-Weg bietet dafür den Rahmen.

Zwischen äußerer Umfassungs-Mauer und dem Erdwall, 900 m x 700 m, standen die hölzernen Bauten der **Hauptstadt**.

Von den 22 **Prasat aus Backstein** sind erhalten:

- links der Straße, die zum O-Eingang des BAKONG führt, in Höhe der Ecke des Wassergrabens 3 Prasat, N-S ausgerichtet, vom mittleren stehen noch 3 Fronten aufrecht.
- in der SO-Ecke die reizvolle Ruine eines Prasat, überwachsen, nur in der fortgeschrittenen Trockenzeit sichtbar. An der SO-Ecke der Umfassungs-Mauer nach N, nach etwa 200 m geht nach rechts, O, ein zweiter, etwas zugewachsener Allee-Weg. Er führt nach etwa 50 m direkt zu einem der Türme, die den BAKONG umrunden. Monolithische Scheintüren. Steinmetz-Arbeiten von hoher Qualität.

An der S-Seite zwei Reliefs, Wächter-Figuren.

- nördlich vom O-Eingang ein Prasat, von dem noch eine Front—schief!—steht.
- ☞ Gewöhnlich verläßt man den BAKONG durch den W-Eingang.

BEDEUTUNG

Der BAKONG ist der erste große Staats-Tempel der Khmer, aus dem sich dann die anderen, noch größeren, entwickeln.

Zu dieser Entwicklung trägt er bei:

- die große Stufenpyramide. In der Ebene erhebt sich ein künstlicher Hügel, ähnlich den natürlichen Hügeln (Phnom Krom, Phnom Bakheng), die unvermittelt aus der Ebene aufragen. Vorbild dafür war wohl der Tempel Borobudur auf Java.
- die enormen Dimensionen: der BAKONG ist das bis dahin größte Bauwerk in Kambodscha und auf dem südostasiatischen Festland überhaupt.
- die reich ausgeführten Umrahmungen. Die Stein-Plastik erreicht hier einen Höhepunkt, den sie später kaum mehr übersteigen wird.

SYMBOLIK

Im Zentrum des Tempels der Lingam Indra-Isvara, „dem Isvara“ (▶ Devaraja)[6] met von Indra-Varman“. (▶ Devaraja)[6]. Die Anlage ist ein Abbild der Welt in Harmonie, Shiva und die übrigen Götter werden eingeladen, hier zu wohnen.

▶ Kapitel 29, Entwicklung des Pyramiden-Tempels.

6. Golzio, S. 51

11.05
PREAH KO

879, König Indravarman I. (877–889),
Hinduistisch: Shiva.
Orientierung: O.

Prächtiger Ahnen-Tempel, den Eltern und
Großeltern des Königs-Paares gewid-
met. Der erste Tempel in der Hauptstadt
Hariharalaya, berühmt wegen seiner
Sandstein- und Stuck-Reliefs.

AUFBAU

PREAH KO liegt im O einer Fläche
von 500 m x 400 m, die von einem Wassergraben eingefaßt ist und wo vielleicht
der—aus Holz gebaute—Königs-Palast
stand.
2 Umfassungs-Mauern mit **Gopuram** auf der O-W-Achse.
1. 2. Umfassungs-Mauer, quadratisch, 97 m x 94 m. Im O **Gopuram**
mit kreuzförmigem, im W **Gopuram**
mit Vorhalle nach außen. Innerhalb
eine **Sakristei** aus Backstein im SO, mit
quadratischem Grundriß; 8 symmetrisch
angeordnete lange **Hallen**.
2. 1. Umfassungs-Mauer, 58 m x
56 m, umschließt die Terrasse. Kleine
Gopuram im O und im W. 3 Treppen
mit Sandstein-*Löwen* im Osten, 1 Treppe
im Westen, *Mondsteine* vor den Treppen.
3 liegende Nandi, blicken zum Tempel.
Sie geben dem Tempel seinen Namen:
„heiliger Bulle".
3. **6 Prasat** aus Backstein in 2 Reihen,
auf einer gemeinsamen gestuften Plattform.

BESCHREIBUNG

Die **Prasat** sind knapp 15 m hoch,
4-stufige Dach-Pyramiden. Kleine

Unterschiede in der Form. Mittelturm
der 1. Reihe zurück gesetzt, etwas
größer als seine Nachbarn. Türme
der 2. Reihe etwas kleiner, N-Turm
asymmetrisch näher an den mittleren
Prasat angebaut. Stuckreliefs teilweise
erhalten. An dem zentralen Turm auf
der Westseite ist eine Scheintüre aus
Backstein mit Stuck, die anderen beiden
Scheintüren sind aus Sandstein. Die
Colonettes nennt Glaize „ mit nichts zu
vergleichen, die schönsten in der Kunst
der Khmer".[72]

Nach Inschriften standen in den vor-
deren Türmen Shiva-Figuren. Sie trugen
die *posthumen Namen* von Rudravarman
(Großvater mütterlicherseits von König
Indravarman I.), König Jayavarman
II. (790–835), (zentraler Turm), dem
Gründer der Dynastie, und Prithivindra-
varman, dessen Vater.

Jedem Shiva-Bild ist ein liegender
Nandi zuzuordnen.

Die Türme der 2. Reihe enthielten
Statuen von Gauri, der Gemahlin Shivas.
Sie trugen die *posthumen Namen* (von N)
der Gattinnen Rudravarmans, Jayavarmans II. und Prithivindravarmans.

Gopuram mit runden Colonettes. Im
O-Gopuram stand die Gründungs-Stele.

Reicher **Reliefschmuck** höchster
Qualität: Ein Fries von Asketen (Sakristei),
Wächterfiguren, Devata, *Lintel*: Vishnu
auf Garuda; Friese von Reitern, die aus
Pferdeleiber wachsen aus dem Rumpf des
Naga; Reiter auf Naga; Fries von Köpfen.

„Gedrechselte" *Baluster* in den Fenstern.

BEDEUTUNG

PREAH KO war Mittelpunkt einer
Stadt, 800 m x 450 m, die von einem
Erdwall und—innerhalb des Walls—von

einem Wassergraben umgeben war. Es ist der größte und prächtigste bis dahin gebaute Ahnen-Tempel. Hier gibt es erstmals Gopuram und eine Sakristei.

Die Plastik in PREAH KO markiert einen frühen Höhepunkt in der Khmer-Kunst.

☞ Der Zugang ist jetzt durch Absperrungen eingeschränkt. GACP führt Konservierungs-Arbeiten durch.

11.06
BARAY VON LOLEI
Indratataka
König Indravarman I.
(877–889)

Der älteste große Baray. Vorbild für den ÖSTLICHEN BARAY und die anderen Baray von Angkor. ~3.500 m x ~800 m. Diente vermutlich zur Versorgung der Wasser-Gräben von PREAH KO und BAKONG und HARIHARALAYA. ▷ „Baray" in Teil II.

11.07
LOLEI
893. Yasovarman I. (889–910),
Hinduistisch (Shiva).
Orientierung: O.

Ein Ahnen-Tempel, einst auf einer künstlichen Insel in der Mitte des Indratataka, des Baray von Lolei, gelegen.

4 Prasat aus Ziegelstein auf einer flachen, 2-stufigen Terrasse. 2 weitere Türme waren vorgesehen, wurden aber wohl nicht gebaut.

Die Türme ähneln in vielem denen von Preah Ko, sind aber in einem schlechteren Zustand. In den Nischen Sandstein-Reliefs, an den Türrahmen Inschriften in

Sanskrit. Ein eindrucksvoller Kala-Kopf. Stuck-Reliefs.

Nach Inschriften sind die vorderen Türme Shiva geweiht und dem Vater sowie der Großvater mütterlicherseits des Königs gewidmet. Die hinteren Türme, *Gauri* geweiht, sind der Mutter und der Großmutter mütterlicherseits gewidmet.

Der Tempel ist flach gebaut, einst war die Terrasse mit ihren großzügigen Maßen die Krone des Baray, beherrscht, aber nicht erdrückt von 4 oder 6 Prasat, Heute ist diese Terrasse von hohen Bäumen überwachsen und fast versteckt. In unmittelbarer Nachbarschaft ein modernes Wat mit Schule. Von der ursprünglichen Tempelanlage ist kaum mehr eine Vorstellung zu gewinnen.

Lage: Roluos-Gruppe, nördlich der RN 6.

BOROBUDUR

Pyramidenförmige Tempel-Anlage in Zentral-Java. 8-stufiger Bau, unten quadratisch, oben rund. Der zentrale Stupa ist umgeben von 3 Kränzen kleinerer Stupas und 5 übereinander gestaffelten Galerien mit Reliefs. Größte und bedeutendste Tempel-Anlage des Mahayana-Buddhismus. Erbaut um 800 durch die ▶ *Sailendra*.

Modell des Borobudur[7]

7. aus dem Landschafts-Park Miniwelt Lichtenstein in Sachsen

12.

BEREICH DES TONLÉ SAP

12.01
PHNOM KROM
~900, Yasovarman I. (889– ~915),
Hinduistisch (Vishnu, Shiva, Brahma).
Orientierung: O und W.

Stattliche Tempel-Anlage auf dem gleichnamigen Hügel, nahe der Bootsanlegestelle am Tonlé Sap.

- **3 Prasat**, N-S ausgerichtet. Der
  mittlere, 4 m x 4 m, etwas größer
  als die 2 anderen, 3,40 m x 3,40 m.
  3 Dachgeschosse, leicht zurücktre-
  tend. Devata in Nischen. An den
  Dachgeschossen kleine Statuen von
  sitzenden Figuren. Antefixe in
  Form von Miniatur-Türmen.
  Ungewöhnlich ist die Orientierung
  nach O und W, entsprechend haben
  die Türme je 2 Tore und 2
  Scheintüren. Innen ist der Boden
  abgesenkt. Gestuftes Corbel-
  Gewölbe. Die Prasat sind (von N)
  Vishnu, Shiva und Brahma geweiht.
  Die Statuen sind jetzt im Musée
  Guimet, Paris, die Sockel sind noch
  vorhanden. Relief am Sockel im
  S-Prasat (Brahma): Hamsa, Lotus-
  Blütenblätter. Lintel: Löwenkopf in
  der Mitte, Girlanden, Makara an
  den Enden, stark verwittert. 8-
  eckige Colonettes.
- Gemeinsame Laterit-**Terrasse**,
  nach O und W orientiert. Löwen-

Figuren. Große Treppen zum
mittleren Turm, kleinere Treppen
zu den seitlichen Türmen.
- Im O beiderseits des Zugangs je
  eine **Sakristei** aus Sandstein, 3,50
  m x 3 m, daneben eine ähnliche
  Sakristei aus Backstein, alle nach
  W orientiert. Interessante
  Öffnungen in Rhombenform.
- Laterit-**Umfassungs-Mauer** mit
  Gopuram im O. Etwa 50 m im
  Quadrat.
- Entlang der Mauer lang gestreckte
  Hallen aus Laterit.

Lage: Am SW-Ende der Höhe des
Phnom Krom („der Berg da unten"), 140
m hoch. Gut ausgebauter Fußweg, beginnt
in der Nähe der Bootsanlegestelle, 15
Minuten. Schöne Rundumsicht auf den
Westlichen Baray, den Unterlauf des Siem-
Reap-Flusses, den Tonlé-Sap-See mit den
schwimmenden Dörfern und das amphi-
bische Land zwischen See und trockenem
Ufer. Sonnenaufgang über Angkor, Son-
nenuntergang über dem Tonlé-Sap-See.

12.02
WAT ATHVÉA
Frühes 12. Jh.,
König Suryavarman II. (1113– ~50).
Orientierung: W.

Am südlichen Ortsrand von Siem Reap steht ein kleiner Flach-Tempel aus der Zeit von Angkor Wat: Prasat, Mandapa, 4 Sakristeien, Umfassungs-Mauer. Alles nach W orientiert, zum früher hier verlaufenden Ufer des Tonlé Sap.

BESCHREIBUNG

Stattlicher *Prasat* auf kreuzförmigem Grundriß, im W *Antarala* und *Mandapa*.

Das zentrale Heiligtum nach W offen, drei Scheintüren waren vielleicht außen mit Metallplatten verkleidet.

Das Turmdach hat vier Geschosse, gekrönt von einer Lotusknospe.

4 *Sakristeien*, ungewöhnlicher Weise nach W orientiert, Scheintüren im O, fiktives Obergeschoss und fiktive Seitenschiffe. Innen keine Seitenschiffe. Die Innenwände gehen senkrecht ins fiktive Ober-Geschoss.

Umfassungs-Mauer aus Laterit–ca. 55 mal 40 m-mit Gopuram im W und 3 Torbauten.

Im W zweites imposantes *Gopuram* vorgelagert, Reste von sehr elegantem Corbel-Gewölbe. Umfassungs-Mauer verschwunden oder nie gebaut. Wassergraben, ~100 m breit, von Erddamm überquert.

Jenseits kreuzförmige **Terrasse**. Boots-Anlegestelle?

Alle Bauwerke aus Sandstein, teilweise Laterit.

Alle Gebäude stehen auf hohen, mit Wülsten dekorierten Sockeln. Standen vermutlich in einem Wasser-Becken.

Am O-Ausgang des Mandapa innen sind 2 Flach-Reliefs mit Apsàra im Angkor-Wat-Stil, am W-Ausgang eines. Sonst keine Reliefs.

Die Anlage blieb vermutlich unvollendet, die meisten Mauern sind unbearbeitet, teilweise nicht einmal geglättet, als hätten sie nie ein Relief getragen.

LAGE

Unmittelbar südlich von Siem Reap, rechts, westlich der Straße zum Tonlé Sap. Das gleichnamige Wat liegt unmittelbar nordöstlich davon. Auf dieses weist an der Straße ein Schild mit Khmer-Beschriftunng hin. Ländliche Umgebung, Reisfelder und Bäume. Schön am späten Nachmittag.

13.

AM FUß DES PHNOM KULEN

13.01
BANTEAY SREI
967,
Zeit König Rajendravarmans II.
(944–968),
König Jayavarmans V. (968– ~1000),
Hinduistisch (Shiva).
Orientierung: O.

30 km nördlich von Angkor ein kleiner,
wohl erhaltener Tempel mit berühmten
Reliefs.

GESCHICHTE

Der Name „Festung der schönen
Frauen" ist modern, sein Erbauer, der
Brahmane Yajnavaraha, nannte ihn
„Tribhuvanamahesvara", „Lingam
des Herrschers über die drei Welten"
(Shiva). Er stand in der inzwischen
verschwundenen Stadt Ishvarapura, der
„Stadt des Herren (= Shiva)", etwa 30
km nördlich von Angkor am Fuß des
Kulen.

Yajnavaraha war ein Enkel König
Harshavarmans II. (~941–944), Ratgeber
König Rajendravarmans II. (944–968),
Regent und Lehrer des späteren Königs
Jayavarman V. (968– ~1000).

Das 10. Jh. ist die Zeit der einfluß-
reichen Würdenträger, die jetzt Privat-
Tempel errichten dürfen: 921 PRASAT
KRAVAN (02.07), 962 BAT CHUM

(02.06). BANTEAY SREI zeigt die
typischen Merkmale eines privaten
Tempels: es ist betont klein. Aber es ist
wegen seines wunderschönen und wohl
erhaltenen Relief-Dekors berühmt. Es ist
aus feinem rosa Sandstein gearbeitet.

Der Tempel, ist etwa halb so groß wie
üblich. Diese Verkleinerung ist besonders
deutlich bei den Türen-sie sind knapp
1,3 m hoch, die Cella in den Prasat sind
so niedrig, dass man nur gebückt darin
stehen kann. Die Türen werden auch vom
Eingangstor im O nach innen kleiner,
dadurch wird eine größere Länge der
Eingangsallee vorgetäuscht: je weiter
entfernt, desto kleiner-je kleiner, desto
weiter entfernt.

Banteay Srei wurde erst 1914 entdeckt.
André Malraux, später französischer
Kultur-Minister, versuchte 1923 von hier
einige Reliefs zu rauben und kam damit
bis Phnom Penh. Er schrieb darüber eine
Novelle.

ÜBERSICHT

Ursprünglich 3 oder 4 Umfassungs-
Mauern. Vom Gopuram IV im O führt ein
von Steinen und offenen Hallen gesäum-
ter Zugangsweg zum Gopuram III. Ein
Dammweg überquert den breiten Wassergraben. Die 2. und die 1. Einfriedung
stehen nah beieinander, dazwischen ein
Kranz von Hallen.

Die 1. Einfriedung ist eine niedrige Mauer.

Die 1. bis 3. Einfriedung haben jeweils Gopuram auf der O- und W-Seite, diese kleiner und einfacher.

Im inneren Hof:

- 3 **Prasat** auf gemeinsamer T-förmiger Plattform. Der mittlere größer und mit vorgebautem **Mandapa**. Die 2 südlichen Schreine *Shiva* geweiht, der mittlere enthielt ein *Lingam*. Sockel für den Lingam, reich dekoriert, ähnlich wie am BAKHENG (01.02). Der nördliche *Vishnu* geweiht.
- Auf der O- Seite 2 **Sakristeien**.

DEKOR

Die Schreine sind von Reliefs überzogen wie mit einer Haut.

Devata und *Apsàra*. *Devata* mit geflochtenen Haaren oder einem seitlichen Knoten. Einfache lose Hemden. Prächtiger Schmuck. Schwere Goldringe ziehen die Ohrläppchen nach unten. Perlengirlanden an den Gürteln. Armbänder, Halsketten.

Dvarapala, anmutige Jünglingsgestalten. Männliche Gottheiten halten eine Lanze, weibliche eine Lotus-Blume. Lendentuch, das auf einer Hüfte eine Art Tasche bildet. Haare geflochten und zu einem zylindrischen Haarschutz aufgesteckt.

Flammenmuster. Girlanden und Laubornamente. Kachelartig skulptierte Platten.

Reiches Gesims, Fortsetzung der kunstvoll geschmückten Kapitele über den Pfeilern.

Gedrechselte Docken der Fenster zeigen viele über einander geschichtete Ringe. 8-eckige Colonettes mit Laubwerk geschmückt.

Dachränder in Lotusblatt-Form, Nachahmung von Schmuckziegeln.

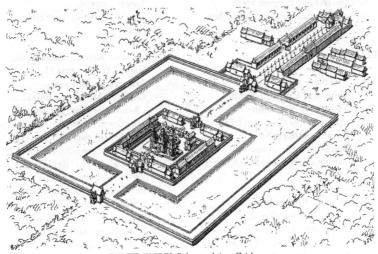

BANTEAY SREI, Rekonstruktions-Zeichnung

GIEBEL

Gopuram II auf der O-Seite, ursprünglich mit Ziegel gedeckt, haben dreieckige Giebel. Die Schrägen schneiden sich oben in einer fantastisch geschmückten Raute, darüber filigrane Spitzen. Die Giebelenden aufwärts gebogen und nach außen eingerollt zu Voluten. Schrägseiten laufen in eleganten Voluten aus.

Innerhalb der 1. Einfriedung übereinander gestapelte Frontons (Bogenfelder), in einander verschachtelt. Halb-Frontons. Schöne Beispiele Giebel der Sakristeien und Gopuram I. Die Bogen werden nach oben weiter.

VOLLPLASTIKEN

Wächterfiguren, vor dem Mandapa affen-ähnliche Wesen, vor dem nördlichen Prasat Garuda, vor dem südlichen Prasat Wesen mit menschlichen Körpern und Tierköpfen (meistens Kopien). Mythologische Figuren mit Affengesichtern.

Weise Asketen, Wesen mit Menschenkörpern und Tierköpfen.

RELIEFS

- 1. Halle S-Seite
  Shiva und Uma auf Nandi.
  Vishnu als Narasimha.
- am Boden bei Gopuram III O
  Ravana entführt Sita
  (Ramayana), Rama und Lakshmana haben ihre Schwerter gezogen.
- Gopuram I O
  O-Seite: **Tanzender Shiva.**
  Lintel: **Vishnu kämpft**
  gleichzeitig gegen einen Elefanten und einen Löwen.
  W-Seite: **Durga** 8-armig, kämpft,

unterstützt von einem Löwen gegen einen Dämonen, den eine Schlange gefesselt hat.
Lintel: *Kalkin* hat 2 Rakshasasa an den Haaren gepackt.

- 3 Prasat
  Lintel und Frontons: **Götter**
  Shiva auf Nandi, Brahma auf Hamsa, Vishnu auf Garuda, Nirti oder Yama auf Wasserbüffel, Skanda auf Pfau, Indra auf Airavana.
- Zentraler Prasat
  W-Seite: **Viradha versucht Sita zu entführen** (Ramayana).
  N-Seite: Kampf zwischen Sugriva und Valin (Ramayana). Tänzerin und Zimbel-Spielerinnen. Shiva und Arjuna, Shiva als ein Kirata, ein wilder Jäger, verkleidet, streiten um ein erlegtes Wildschwein.
- Prasat N
  N-Seite: **Krishna reißt König Kamsa entzwei.**
  S-Seite: **Krishna tötet einen Dämon.**
- Sakristei N
  W-Seite: **Krishna tötet König Kamsa.** Interessante Holz-Architektur des Palasts.
  O-Seite: **Der Regen Indras.**
  Oben bricht Indra auf Airavana mit seinem Donnerkeil den Sturm los. Wellenlinien stellen Wolken dar, Schraffuren den Regen. Naga, als Symbol des Wassers. Unten in einem schönen Wald mit Tieren Krishna und sein Bruder Balarama auf ihren Streitwagen, sie genießen die Erfrischung durch den Regen nach langer Trockenheit.

- Sakristei S
W-Seite: **Shiva verbrennt Kama zu Asche**. Shiva lebt als Einsiedler im Himalaja und meditiert. Parvati stellt ihm nach, aber er beachtet sie nicht. Sie bittet Kama, den Gott der Liebe, um Hilfe. Dieser schießt einen Zucker-Pfeil in Shivas Herz. Shiva ist zornig über die Störung: ein Blitzstrahl aus seinem dritten Auge verbrennt Kama zu Asche. Jetzt erblickt Shiva Parvati und erkennt ihre Schönheit. Er nimmt sie zur Frau und bringt Kama wieder zum Leben. Eine Szene am Fuß des Berges Kailash. Unten: Brahmanen meditieren im Wald.
O-Seite: **Ravana rüttelt am Berg Kailash**. Der Berg ist als 3-stufige Pyramide dargestellt. Im Hintergrund Wald. Tiere fliehen, durch das Beben der Erde erschreckt, in alle Richtungen. Darunter auch Löwen (!).
- Gopuram II W
O-Seite: **Kampf zwischen Valin und Sugriva**. (Ramayana). Gekleidet wie Khmer-Könige. Rechts Rama, der den tödlichen Pfeil auf Valin abschießt, mit seinem Bruder Lakshmana.

☛ Man betritt den Tempel über den Haupt-Zugangsweg von O. Der Zugang zu den Reliefs ist durch Absperrungen beschränkt. Vor allem am Vormittag, wenn die Reliefs das beste Licht haben und in der Hochsaison kann BANTEAY SREI überfüllt sein. Empfohlen wird für den Besuch der sehr frühe Morgen oder die Mittagszeit, nicht der spätere Nachmittag. Die Anlage liegt knapp 20 km nördlich von Angkor. Ein um bis zu 50 % erhöhter Preis für den Motodop ist angemessen.

13.02
KBAL SPEAN
„Brücken-Kopf", auch „Fluss der tausend Lingam" genannt 11.–13. Jh.
Fluß-Heiligtum,
Hinduistisch-Buddhistisch.

Am Hang des Phnom Kulen, nordwestlich von BANTEAY SREI, ein schönes Fluß-Heiligtum.

Wasserkult. Das Wasser der Quellflüsse des Siem-Reap-Flusses fließt über heilige Bilder. Dadurch, so der Glaube, gewinnt es die Kraft zu nähren und zu heilen. ▶ *Somasutra*.

Der in Sandstein eingeschnittene Flußlauf von natürlicher Felsbrücke überspannt—*Strudeltöpfe*—Wasserfall mit Möglichkeit zu baden. Begleitet und unterlegt mit vielen Reliefs von Yoni und rasterförmig angeordneten *Lingam*. *Ruhender Vishnu*. Rechts über dem Wasserfall schöner *Nandi*.

Lage: Etwa 30 km nördlich von Angkor Thom und 9 km hinter Banteay Srei. Die Laterit-Straße ist gut befahrbar. Nach einer militärischen Anlage links der Straße zweigt links ein von weißen Pfosten begleiteter Weg ab, ca. 500 m. Vom Parkplatz aus

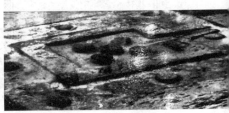

KBAL SPEAN, Lingam-Relief im Fluß

geht es etwa 30 Minuten durch den Wald sanft und über einige Felsstufen bergauf. An Wochenenden von Einheimischen stark besucht. Feste Schuhe empfohlen, Badebekleidung, Möglichkeit für Picknick.

Eintritt: Die Modalitäten haben sich mehrmals geändert; zur Zeit wird der Tempel-Pass verlangt. Informieren Sie sich über den aktuellen Stand.

☞ Auf der Karte aus dem Karto Atelier ist Kbal Spean falsch eingezeichnet, anscheinend wird es mit den „TAUSEND LINGAM" (14.02) vom Phnom Kulen verwechselt.

13.03
PHNOM DEI
893, Yasovarman I. (889– ~915), Hinduistisch (Sankara-Narayana = Harihara).

Backstein-Prasat auf quadratischem Grundriß, Rahmen aus Sandstein.

Der Phnom Dei, 272 m hoch und ziemlich steil, liegt 2 km ostwärts von BANTEAY SREI. Der Tempel ist voll-

ständig delapidiert und lohnt nicht mehr den Besuch.

13.04
PHNOM BOK
„Ochsen-Buckel"
~900, Yasovarman I. (889– ~915), Hinduistisch (Vishnu, Shiva, Brahma). Orientierung: O.

Auf der Höhe des Phnom Bok, wenige km nordöstlich des ÖSTLICHEN BARAY (02.01), 2 alte Heiligtümer.

PHOM BOK ähnelt bis in die Einzelheiten dem Prasat Phnom Krom, ist aber in einem völlig anderen Erhaltungszustand. Hier ist wenig verwittert, dafür aber vieles eingestürzt oder abgetragen. Sie wurde nur teilweise freigelegt.

3 Prasat, je 3 Scheintüren.

Interessantes Relief-Dekor. Devata streng en face.

8-eckige Colonettes.

Nur der nördliche Turm ist ausgeräumt, die beiden anderen sind mit Trümmer-Steinen gefüllt. Am südlichen

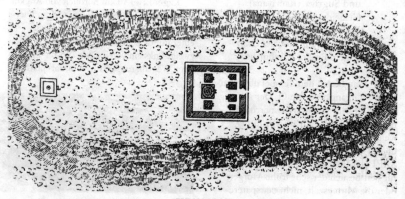

PHNOM BOK

Turm ist noch eine Nische im 1. Dachge-schoss zu erkennen.

Im N-Turm stand ein Lingam mit Sockel; im mittleren Turm, deutlich größer als die beiden anderen, stand eine schöne Statue des Vishnu; im südlichen, auf einem kreisrunden Sockel, eine Brahma-Statue.

4 Sakristeien, nach W orientiert, wieder ähnlich wie bei Phnom Krom, aber auf Sockeln.

Die beiden inneren, aus Sandstein, in relativ gutem Zustand.

Die beiden äußeren, aus Backstein mit Toren aus Sandstein, sind weitgehend abgetragen. An Stelle der Fenster rauten-förmige Löcher.

Umfassungs -Mauer aus Laterit, 45 m x 35 m, 2 m hoch.

Hallen, innen entlang der Mauer.

LINGAM

Etwa 150 m westlich, einige m aus der O-W-Achse nach N versetzt, eine Terrasse aus Laterit, 10 m im Quadrat, 2 m hoch. Im Zentrum ein Schacht gemauert, etwa 1,5 m im Quadrat, 3 m tief, daneben ein sorgfältig bearbeiteter Sandstein-Block. Zwischen dem Schacht und der Laterit-Mauer liegt ein *Lingam* aus schwarzem Sandstein, 4 m lang, 1,20 m Durchmesser, zerbrochen. Er stand ursprünglich in dem Schacht auf der Terrasse. Es soll der größte Lingam in der Region von Angkor sein. Wie dieser 10 Tonnen schwere Koloß über den steilen Hang herauf geschleppt worden ist, weiß man nicht, es ist eigentlich unmöglich. Da der Lingam nicht auf den Tempel ausgerichtet ist, dürfte die Terrasse älter sein als jener. Stark überwachsen.

60 m östlich der Prasat, wo heute die bescheidenen Gebäude eines Wat stehen, ein tiefes **Wasser-Becken**, eine Zisterne,

12 m x 8 m, ~6 m tief. Mit Backsteinen ausgemauert. Treppe auf der O-Seite.

Lage: Der Hügel, 235 m, liegt nord-östlich von Banteay Samré. Der Fahrweg endet in einem kleinen Wat unter dem S-Hang. Von dort geht es gut 20 Minuten steil bergauf. Vorsicht: Vergewissern Sie sich, wo der Aufstiegsweg oben endet, der Weg ist von oben schwer zu finden. Die breite Schneise auf der S-Seite ist zu steil für den Auf- oder Abstieg. Empfohlen wird für den Besuch des Phnom Bok der Morgen oder der Spätnachmittag, es kann sonst sehr heiß werden.

Die **Aussicht** über die Ebene von Angkor und Roluos bis zum Rücken des Phnom Kulen ist überwältigend.

13.05
CHAU SREI VIBOL
Auch: WAT TRACH. Aymonier[73] nennt den Tempel Yos Ker (Yas'a Kierti = Ehre und Ruhm) oder Banteay Prei.
Um 1100, Hinduistisch.
Orientierung: O.

Eine Tempelanlage, wahrscheinlich kurz vor Angkor Wat erbaut aus Laterit und Sandstein. In lichtem Wald auf und um einen natürlichen Hügel.

BESCHREIBUNG

Umfassungs-Mauer aus Laterit, ~200 m x 150 m, umschließt einen natürlichen Hügel, 30 m hoch. 4 **Gopuram**.

Beiderseits des Haupt-Tores im O je 2 **Hallen**.

Treppe aus Laterit führt von O auf den Hügel. 2 Löwen.

Im S **Kreuz-Galerie**. Interessanter Firstkamm in Form eines schlanken Naga.

Galerie oben auf dem Hügel ~20 m im Quadrat.

Gopuram im O, 3 **Blindtore**.

2 **Sakristeien**.

Zentraler **Prasat** auf 2-stufigem Sockel. Dachaufbau abgetragen. Tor nach O, 3 Scheintüren.

Ostwärts vor dem Prasat Reste eines steinernen **Steges**.

Im SW ein **Wasser-Becken**.

Reliefs mit Vishnu-Legenden, Naga-Kappen.

Bauformen: An den Rahmen der Fenster und Tore kann man die Imitation verschiedener Techniken des ▶ Holzbaus studieren.

UMGEBUNG

Die Anlage war von einem weitläufigen **Wasser-Graben** umgeben, 1.500 m x 1.150 m, 250 m breit. Im W breiter, hier noch ganzjährig Wasser. Erd-Dämme, über den nördlichen läuft heute der Weg nach BENG MEALEA. Hier Reste einer **Naga-Balustrade**. Ein schmaler Damm im O und ein breiter Damm im W teilen den Wasser-Graben.

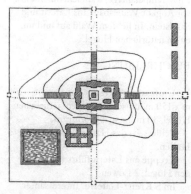

CHAU SREI VIBOL

ZUGANG

Der Tempel liegt neben dem Kloster **Wat Trach**.

Auf der Straße von PRASAT KRAVAN nach O. Oder auf der Straße von Roluos nach N. Von Siem Reap 20 bis 25 km.

13.06
BENG MEALEA
Name: Beng = Teich, Mealea nach Keto Mealea, dem mythischen Gründerkönig von Angkor, 2. H. 12. Jh.,
Yasovarman II. (~1150-1165),
Hinduistisch: Vishnu
Orientierung: O.

Wenig östlich des Phnom Kulen eine große Tempel-Anlage aus der Epoche von ANGKOR WAT.

AUFBAU

Der erste große Flach-Tempel, im Grundriß ähnlich wie ANGKOR WAT, dabei wahrscheinlich etwas älter.

Ganz aus Sandstein gebaut. Um den zentralen Prasat 3 konzentrische Galerien, die äußere, III, mißt 175 m x 150 m.

Prasat und umlaufende Galerien sind durch axiale Galerien verbunden. Im O, ähnlich wie in ANGKOR WAT eine große Kreuz-Galerie zwischen mittlerer und äußerer Einfassung. Im S zwischen 2. und 3. Galerie asymmetrisch 2 Galerie-Hallen, das sind Bauten aus umlaufenden und sich kreuzenden Galerien.

Die Anlage ist umschlossen von einer **Umfassungs-Mauer** und einem breiten **Wasser-Graben**, ~ 900 m x 900 m.

In allen 4 Himmelsrichtungen **Große Prozessions-Wege**, Naga-Balustrade, große kreuzförmige **Terrassen**. Überkragender Rand von Steinsäulen getragen.

Die Tempel-Anlage war Zentrum einer Tempel-Stadt, die von einem **Erdwall** umschlossen war, ~ 2.500 m x gut 2.000 m. Dieser Wall ist heute weitgehend verschwunden.

Von O ragte ein **Baray**, ~ 1.500 m x ~ 800 m, in die Stadt hinein. In seiner Mitte, über einen Damm mit dem Tempel verbunden, der MEBON BATANG.

BESCHREIBUNG

Zentraler Prasat mit *Antarala* und *Mandapa*.

Im **inneren Hof 2 Sakristeien**.

3 umlaufende **Galerien**. Auf der Innen-Seite Mauern, außen Pfeiler-Reihen, teilweise auch beiderseits Mauern mit kleinen Fenstern. (☞ Taschenlampe!) Ganz überwölbt mit Sandstein.

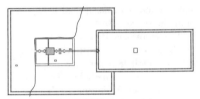

BENG MEALEA, Gesamt-Anlage

Teilweise auch Pfeiler-Reihen auf beiden Seiten.

Im **äußeren Hof** 2 große **Sakristeien**, die S-Seite ist mit 2 **Galerie-Hallen** zugebaut. Hier öffnen sich die Galerien nur nach innen.

An der **äußeren Galerie** im O 3 **Gopuram**, im S, W und N je einer. 4 **Eck-Prasat**. Alle Türme auf kreuzförmigem Grundriß.

Ein **Großer Prozessions-Weg** im O, ein etwas kleinerer im S. Die beiden

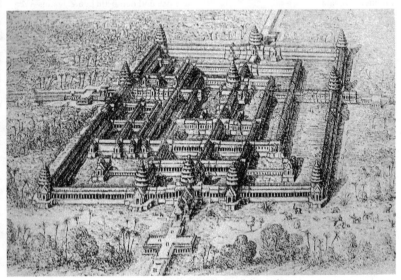

BENG MEALEA von O, Delaportes Rekonstruktion

anderen sind heute unzugänglich. Quadratische **Wasser-Becken**.

Wo der östliche Prozessions-Weg auf den Damm des Baray trifft, sehenswerte Reste der **östlichen Terrasse**.

☞ **Zugang zur östlichen Terrasse**: Gehen Sie vom O-Eingang der Tempel-Anlage durch lichten Wald gut 900 m nach O. Ihr Fahrer kann Sie dort abholen: die Laterit-Straße endet wenige Meter südlich der Terrasse. Hier können Sie auch Ihre Besichtigung beginnen.

RELIEFS

Die Mauern der Galerien sind nicht skulptiert, „aber die Bildhauer haben in verwirrender Weise brahmanische Gottheiten und Szenen auf Linteln, Frontons, Ecken und im südwestlichen Anbau sogar auf den Sockel von Pilastern ausgebreitet."[8] Vorwiegend Vishnu-Themen. Devata.

ZUSTAND

Alle Dach-Aufbauten sind eingestürzt. Die Cella des zentralen Prasat ist jetzt innen freigelegt. Seine Außen-Mauern sind unter Trümmern verborgen. Die Reliefs sind durchwegs in weichem Sandstein ausgeführt und halb verwittert. Immer wieder stürzt Mauerwerk ein. Bäume versperren teilweise die Sicht auf die Architektur. Das Gelände wurde bis 2002 durch HALO Trust entmint. Der Tempel ist jetzt von Buschwerk befreit. Hölzerne Treppen und Stege bahnen den Weg.

ZUGANG

Von Siem Reap 55 km auf der neuen Straße nach Koh Ker. Man erreicht den Tempel am S-Eingang.

Eintritt: An den ersten Checkpoints in Angkor wird man den Angkor-Pass verlangen. Sagen Sie, Sie fahren zum Phnom Kulen. Am S-Eingang von BENG MEA-LEA Ticket 5 $. Informieren Sie sich in Siem Reap über den Stand der Dinge. Sie können den Tempel auch über die östliche Terrasse und den östlichen Zugangs-Weg betreten.

Für die Besichtigung des Tempels, 2-3 Stunden, brauchen Sie einen örtlichen Führer, 3-5 $.

Gegenüber dem Eingang einfache Restaurants.

---

8. Coedes, zitiert nach Briggs, S. 185.

14.

PHNOM KULEN

„LITCHI-HÜGEL".

Ein bewaldeter Sandstein-Höhenzug, erstreckt sich ~50 km NW nach SO, begrenzt die Ebene von Angkor im N und NO. Der Siem-Reap-Fluß entspringt im SO und durchfließt die Hoch-Fläche nach NW, dann biegt er nach S.

14.01
BRAH THOM
„Großer Buddha", auch: Wat Preas Ang Thom, Wat Phnom Kulen. ~15. Jh., Buddhistisch.
Orientierung: SW.

Ein großes Relief des liegenden Buddha, auf einem großen Sandstein-Felsen.
Eine große Treppe führt vom Dorf hinauf zum Heiligtum.
Relief, ~12m, des *liegenden Buddha*, aus dem gewachsenen Felsen gehauen, bemalt. Der Buddha ruht auf seiner linken Seite, ungewöhnlich. Die Skulptur bleibt in ihrer geringen Größe und ihrer Banalität weit hinter ihren siamesischen Vorbildern zurück.
Die steile Treppe, die außen am **Felsen hoch führt**, betritt man barfuß. Kinder bewachen die Schuhe. Oben ein enges, modernes Gehäuse mit der Relief-Figur. Ausblick auf die Wälder der Kulen-Hochfläche.

In der näheren Umgebung ein Felsen-Labyrinth, meist moderne, kleinere Heiligtümer, Verkaufsstände usw. Gelegenheiten für Führer-Latein.

14.02
TAUSEND LINGAM
Fluss-Heiligtum, Hinduistisch.

Flußabschnitt im Wald, etwa westlich von BRAH THOM, mit zahlreichen Lingam im Flußbett.

14.03
KROL ROMÉAS
auch: Prasat Teak Thleak,
"Tempel am Wasserfall". vermutlich um 1200.
Buddhistisch.
Orientierung: O.

Kleiner Flach-Tempel. Laterit, Türen, Fenster-Rahmen und Pfeiler aus Sandstein, Sakristei im SO.
Umfassungs-Mauer aus Laterit, streckenweise gut erhalten, schließt das Fluß-Heiligtum mit ein.
Der Tempel ist stark verfallen und zum Teil unter Schutt begraben. Unmittelbar an der Prasat-Ruine werden Plastik- und andere Abfälle deponiert. Unansehnlich.

FLUß-HEILIGTUM.
HINDUISTISCH.

Zahlreiche *Lingam*, sehr schönes Relief *Ruhender Vishnu*.

Liegt unmittelbar oberhalb von 2-stufigem, mächtigem Wasserfall, Möglichkeit zu baden.

☛ZUGANG ZU 14.01 BIS 14.03

Die drei Anlagen sind von Siem Reap aus über eine gut ausgebaute Straße bequem zu erreichen. 55 km, 1 bis 2 Stunden. Kurz vor BANTEAY SREI zweigt halb rechts, NO, die Laterit-Straße ab. Bis 12 Uhr nur aufwärts, nach 12 Uhr nur abwärts befahrbar. Am Ziel eine Kreuzung: links zum PRASAT TEAK THLEAK, gerade aus zum WAT PREAS ANG THOM, rechts zu den TAUSEND LINGAM.

Der Phnom Kulen war ein Stützpunkt der *Khmer Rouge* und ist immer noch in der Hand der Militärs. Diese kassieren **20 $ pro Barang** + 1 $ Parkgebühr. Dieser Eintrittspreis ist völlig unangemessen. Der Tempel-Pass gilt hier nicht. In Siem Reap wird man Ihnen sagen, beim Großen Buddha sei die Wiege der kambodschanischen Nation, „heiliger Boden". Auch wenn die Einheimischen das vielleicht selber glauben: Es ist teurer Schwindel. Siehe 14.04.

Der Ort ist schmutzig und unansehnlich. Es gibt weder ein ordentliches Restaurant noch zumutbare Toiletten. Die Einheimischen bringen ihr Picknick mit und lassen die Abfälle liegen. Am Wochenende stark besucht.

Um die ~5 km entfernten Tempel von Mahendrapura (12.04 bis 12.07) von hier aus zu besuchen, müssen Besucher einen Motodop nehmen, 12 $. Es bleibt dem Fahrer überlassen, was er tatsächlich zeigt.

Sie können auch mit Moped bis zum Dorf Skuon fahren. Weg wie zum BRAH THOM, vor der Zahlstelle geht rechts, nach SO, ein Sandweg ab nach Skuon. Von dort führt ein **Fußweg** zunächst nach PREAH ANG CHOUP, von dort bequemer Weg, zunächst Treppe, dann durch den Wald zu den TAUSEND LINGAM (14.02). Soldaten kassieren (nicht immer?) 10 $ pro Barang. Achtung! Minen-Gefahr. Bleiben Sie auf dem Weg. 1–2 Stunden.

14.04
PREAH ANG CHOUP

Buddhistisches Quell-Heiligtum am Südhang des Phnom Kulen. Das Wasser der Quelle TUK CHUOP gilt als heilig und heilkräftig.

Flach-Relief auf senkrechter Fläche eines großen Sandsteinblocks, vielleicht 16. Jh.: Buddha, stehend, einen Elefanten und einen 7-köpfigen Naga segnend. Relief etwas nach rechts gekippt. Unter den Füßen des Buddha die Quelle. Leere Wasserflasche oder Trinkbecher mit bringen!

DIE TEMPEL VON MAHENDRAPARVATA
Anfang 9. Jh.,
König Jayavarman II. (790–835).
Hinduistisch: (überwiegend) Shiva.

König Jayavarman II. (790–835) gründete im Laufe seiner 45-jährigen Regierungszeit 6 Hauptstädte. Hier auf dem Berg „Mahendra" die Nummer 5: „Mahendrapura" oder „Mahendraparvata".

Von herausragender Bedeutung für die Geschichte des Khmer-Reiches und der

Nation Kambodscha ist RONG CHEN, ein Pyramiden-Tempel, wo König Jayavarman II. im Jahr 802 die **Unabhängigkeit** seines Reiches von Java und seinen Anspruch auf Weltherrschaft ausrief. Hier begründete er den **Devaraja-Kult**. Insgesamt werden rund 80 Tempel oder Tempel-Ruinen auf dem Berg gezählt. 24 davon hat Jayavarman II. erbauen lassen.

14.05
RONG CHEN
Krus Preah Aram Rong Chen, auch:
Thnal Merec 802,
König Jayavarman II. (790–835),
Hinduistisch (Shiva).
Orientierung: O.

Die unscheinbaren, unsichtbaren Überreste des ersten echten Pyramiden-Tempels in der Khmer-Architektur.

DEVARAJA

Sanskrit; Deva = Gott, Raja = Herrscher, König, also: „König der Götter". Eine lokale Gottheit, die Königs-Rang erhält und zum höchsten Schutzherren der Khmer wurde[9] Oder: „der von dem Gott / den Göttern eingesetzte König".

Der Devaraja wird nach seinem Tode vergöttlicht und bekommt einen posthumen Namen. Aus König Indravarman I. wird dann Isvaraloka, „der bei Isvara Shiva Weilende".

Devaraja wird meist - falsch - mit „Gott-König" übersetzt. Die – enge -Beziehung zwischen ihm und dem Gott ist (im westlichen Sinn) nicht eindeutig. Devaraja bedeutet nicht: Inkarnation Shivas oder Vishnus. Also ist der Lingam auch kein Symbol des Königs oder des Devaraja, sondern ein Symbol Shivas und der Trimurti, Shiva, Brahama, Vishnu.

---

9. Jacques 1990, S. 62.

Prasat auf 3-stufiger Pyramide aus Backstein, heute ein formloser Trümmerhaufen, überwachsen. Die Stufen der Pyramide maßen 100 m x 100 m, 43 m x 23 m und 10 m x 10 m. Sockel mit Lingam.

Gilt als Geburtsstätte Kambodschas. Der zentrale Tempel von Mahendraparvata, der 5. Hauptstadt von König Jayavarman II. (790–835) und der Ort, wo er 802 die Unabhängigkeit seines Reiches von Java aus rief und den *Devaraja*-Kult begründete.

▶ Kapitel 28, Entwicklung des Pyramiden-Tempels.

Lage: 2,5 km WSW vom Dorf Anlong Thom.

14.06
PRASAT KRAHAM
A. 9. Jh., Jayavarman II. (790-835),
Hinduistisch: Shiva.
Orientierung: O.

Der bekannteste Tempel auf dem Kulen.

Im N des Plateaus, über einer nackten gestuften Fels-Fläche ein stattlicher Prasat.

Quadratisch, leicht abgestuft, 3 Schein-Türen, kein Dekor.

Cella innen 3,70 m im Quadrat. 3 Nischen. Lingam in Sockel. Somasutra auf der N-Seite: Makara-Kopf.

Solche Makara-Köpfe waren auch am Kranz-Gesims, verschwunden.

ZUSTAND

Das Kranz-Gesims ist weitgehend zerstört. Reste der 1. Dach-Stufe. Sockel zum größten Teil verschüttet. Das Portal auf der O-Seite herausgerissen, diese eingestürzt. Innen hat man unsachgemäß gegraben. Der Lingam steht heute tief in einer Grube. Der Schutt häuft sich vor dem Eingang. Hier ein Stück Mauer aus Backsteinen, die fest miteinander verklebt sind.

ZUGANG

Von Phoum Khla Khmum aus ~ 15 m Fußweg nach N, bergauf. Schöner Blick über die Hochfläche und das Tiefland.

14.07
DAMREI KRAP
Ende 8., Anfang 9. Jh.,
König Jayavarman II. (790–835).
Orientierung: O.

Der erste wichtige Bau in Mahendraparvata, einer Hauptstadt von König Jayavarman II. (790–835).

3 Ziegel-Prasat, N-S ausgerichtet. Die Fronten der Prasat stehen in einer Linie.

Umfassungs-Mauer.

Der mittlere Turm—nur dieser eine ist fertig gebaut worden—ist in gutem Zustand. ~6 m im Quadrat.

Quadratische Cella mit hohem, unregelmäßigem, nicht gestuftem Corbel-Gewölbe. In der N-, W- und S-Wand Nischen. Weiter zentraler Schacht.

3 Scheintüren.

3 gestufte Dachgeschosse. Stattliche Höhe. Colonettes rund und 8-eckig. Lintel Typ I.

Im nördlichen Turm-Sockel ein Lingam-Sockel mit Snanadroni.

Lage: ~5 km SSW vom Dorf Anlong Thom.

14.08
NÉAK TA
Anfang 9. Jh.,
König Jayavarman II. (790–835),
Hinduistisch (Vishnu).
Orientierung: W.

Östlich vom RONG CHEN stehen in einer lockeren Linie von N nach S vier Tempel neben einander: SAK TUK, NÉAK TA, PRASAT CHREI und BOS NÉAK. Der bedeutendste ist der 2. von N.

Einzel-Prasat, Backstein, etwa 8 m im Quadrat, leicht zurück gesetzte Ecken, auf Grundplatte, der Boden liegt tiefer als die Türschwelle.

Das Corbel-Gewölbe war anscheinend durch eine Art Vorhang verdeckt, der an Tragsteinen befestigt war, wie bei einem Cham-Tempel. (Khmer-Tempel dieser Periode haben gewöhnlich eine Holzdecke.)

DAMREI KRAP, Rekonstruktions-Zeichnung

Außen zwischen den Pilastern Backstein-Reliefs: hier Nachbildungen. des Prasat mit 3 leicht zurück gesetzten Dachgeschossen. Halbkreisförmige Giebel. Ein Abschluss-Stein wurde gefunden.

Lage: 2 km südöstlich vom Dorf Anlong Thom.

CHAM-ARCHITEKTUR

DAMREI KRAP und NÉAK TA ähneln in Architektur und Dekor auffällig Cham-Türmen. Die Backsteine sind versetzt gelegt, Mitte auf Fuge. Das ist nicht die Mauer-Technik der Khmer, die **setzen eher Fuge auf Fuge**. Also dürfen wir auch annehmen, dass hier Cham-Maurer gearbeitet haben.

Der Süden Champas wurde ab Mitte des 8. Jh. von Kriegen heim gesucht. Gut denkbar, dass eine Bauhütte von dort zu den Khmer auswich. König Jayavarman II. baute viel und suchte dafür neue Anregungen. Falls er, wie einige Wissenschaftler vermuten, aus Champa (und nicht aus Java) gekommen ist, hat er die Bauleute vielleicht mit gebracht.

14.09
O POAN
A. 9. Jh.,
König Jayavarman II. (790-835),
Hinduistisch.
Orientierung: O.

Der best erhaltene Turm auf dem Phnom Kulen steht ~ 2,5 km westlich von Phoum Anlong Thom in dichtem Wald.

Prasat quadratisch, auf Plattform aus Backstein. Im O Treppe aus Sandstein mit geschweiftem Schluß-Stein. Portal und Seiten leicht hervor springend. Keine Schein-Türen, kein Dekor. Sandstein-Portal heraus gerissen.

3 Stufen des Dach-Aufbaus erhalten. Sie wiederholen des Grund-Geschoß mit Nischen an Stelle der Türen oder Schein-Türen. Auf den Ecken der Simse *Pancharam*, Miniatur-Prasat.

ZUGANG

2,5 km westlich von Phoum Anlong Thom. Der Prasat steht in der Nähe des Fahrweges, ist aber von dort nicht direkt zugänglich. Nur die Plattform ist von Gesträuch gesäubert. Darum herum ein Verhau von gestürzten Bäumen, Gebüsch usw. Das Bild des schlanken, prächtigen Tempel-Turms macht die Mühsal aber wett.

ZUGANG ZUM ÖSTLICHEN PHNOM KULEN

Das Hochplateau des Kulen ist von seiner Umgebung abgeschnitten. Es geht auf und ab, über Fels-Platten, durchs Wasser. Die Wege sind durchwegs miserabel, nur mit Zweirädern oder Gelände-Fahrzeugen befahrbar.

Auf dem Kulen können Sie sich nur mit einem Ortskundigen bewegen. An Ort und Stelle brauchen Sie noch einen *local scout*. Vorsicht Minen! Gehen Sie nicht auf eigene Faust, dann sind Sie völlig sicher. Bringen Sie genug Wasser und Verpflegung mit. Zahlen Sie möglichst mit Riel.

• Sie können über Brah Thom (▷ „Zugang zum mittleren Phnom Kulen") nach Phoum **Anlong Thom** oder Phoum **Khla Khmum** fahren. Kulen-Ticket 20 $! Von dort auf schwierigen Wegen weiter zu den Tempeln. Sie brauchen einen tüchtigen, ortskundigen Fahrer und ein *dirtbike*, ein großes Motorrad.

- Fußpfad von Phoum Skuon nach Phoum **Ta Set**.

2 km nach Phoum Skuon auf der linken Seite eine Baumschule. 200 m weiter beginnt nach links ein Fuß-Pfad über **Sra Damrei** nach Phoum Ta Set. Dort oder in Phoum **Anlong Thom** Motodop.

- Fuß-Pfad von Phoum **Svay Leu** (8 km nördlich von BENG MEALEA) nach Phoum **Ta Peng**. Von Angkor nach Svay Leu gute Straße. Sagen Sie an den *checkpoints*, Sie wollten nach Svay Leu, sonst müssen Sie zahlen. In Svay Leu von der Kreuzung aus zunächst nach W, dann ein Stück nach N, dann wieder nach W auf den Phnom Kulen zu. Sie kommen auf einen Fuß-Pfad. Bei dem hölzernen Pavillon halten Sie sich rechts. Es geht tüchtig bergauf, landschaftlich reizvoll. Halten Sie die Kamera bereit. Oben an der Kante des Plateaus Wat Ta Peng. Kurz danach eine klare Quelle,

ganz-jährig, dann Phoum Ta Peng. ~ 45 Minuten.

Den Weg finden Sie ohne Führer. In Svay Leu fragen Sie sich durch nach „Phoum Ta Péng". Erst ab dort brauchen Sie einen Führer.

- ☞ Guter ortskundiger Führer in Anlong Thom: **Mr. Phainarét**, ~ 50, groß, schlank, Hut.
- ☞ **2-Tages-Tour** mit *dirt bike* + Fahrer. Zwischen Svay Leu und Phoum Sambour gibt es weder Trinkwasser noch Essen! Sie werden schwitzen, Rehydrierungs-Salz mitnehmen!

1. Tag: PHNOM BOK, CHAU SREI VIBOL, BENG MEALEA, Phoum Svay Leu. Dort Übernachtung in einfachem Guesthouse (Kerze und Moskito-Coil mitbringen!).

2. Tag: Sie schicken den Fahrer über Phoum Skuon, Brah Thom und Phoum Anlong Thom zum Wat Ta Peng; sein Kulen-ticket kostet nur 4.000 Riel. Sie gehen zu Fuß bis zur Quelle und warten dort auf ihn.

Zurück über Brah Thom, von dort gute Straße.

ÜBRIGES KAMBODSCHA

15.
BATTAMBANG

BATTAMBANG

Freundliche Stadt, westlich vom Tonlé Sap gelegen. In der Umgebung eine Reihe von reizvollen Tempeln. ▷ „Orte und Wege".

15.01
WAT EK PHNOM

Mitte 11. Jh.,
König Suryavarman I. (1002–1050)
oder König Udayadityavarman I,
(1050–1066).
Hinduistisch: Shiva.
Orientierung: O.

Mitten in Reisfeldern ein kleiner bewaldeter Hügel, darauf ein Tempel aus der Epoche des BAPHUON (06.06).

Prasat mit Mandapa auf mächtigem Sockel. Sandstein, unterbaut mit Laterit. 2 Galerien.

Der Tempel weist einige einmalige Besonderheiten auf. Sehr schöne Lintel-Reliefs.

Prasat quadratisch, kreuzförmig, gestuftes Dach, Antarala und 3 Vorhallen. Innen auf der W-Seite in gut 2 m Höhe Öffnung eines schrägen Lichtschachtes (?). Quadratische Colonettes, ungewöhnlich.

Inschriften am O-Tor des Prasat.
Antarala.
Mandapa, ~8m lang. Innen 2 Pfeiler-Reihen, die Halb-Gewölbe tragen. Weite 2,40 m.

Terrasse, ~50 m x 40 m, z.T. aus dem gewachsenen Felsen, 2 m hoch **Treppen** (E) im O und W.

Eine **Sakristei** im SO, Vorhalle nach W.

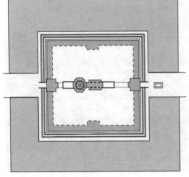

WAT EK PHNOM

Ausschnitt aus einer Karte von Aymonier

Galerie, Laterit mit Sandstein-Krone, ~ 70 m x 60 m, 3 m hoch. Innenwand mit Baluster-Fenstern.

Gopuram im O und W, Vorhallen innen und außen, vorgelagert Treppen-Aufgänge **Blind-Tore** im N und S.

Stattlicher **Treppenaufgang** von O.

Wassergraben, 20 m breit, breite **Dammwege** im O und W. Im O heute von einem Wat überbaut.

LINTEL

* W-Tor des Mandapa: Quirlen des Milchmeeres, mit Fronton: Hanuman übergibt Sita den Ring Ramas (Ramayana). Indra auf Airavana über Kala.
* N-Tor: Shiva mit Uma auf Nandi, über Kala-Kopf, stark verwittert.
* W-Tor: Krishna, der 2 sich aufbäu-mende Pferde bändigt.
* Ein Lintel im Museum Battambang.

Die Anlage steht auf einem kleinen natürlichen Hügel, der von einer annähernd quadratischen Galerie umfasst wird. Die Galerie hat außen eine Laterit-, innen eine Sandstein-Mauer. Torbau im O, Blind-Tore im N, W, S.

Vermutlich war der Phnom ursprünglich von den Wassern des Tonlé Sap eingeschlossen, zumindest bei hohem Wasserstand.

Lage: knapp 10 km nördlich von Battambang.

15.02
BANON
Um 1200,
König Jayavarman VII. (1190–1235).
Mahayana-Buddhistisch: Buddha, Lokeshvara, Prajnaparamita.
Orientierung: O.

Von Battambang ~20 km flussaufwärts steht rechter Hand auf einer ~10 m hohen

Lintel

Hügel-Vorsprung eine Tempel-Anlage aus der Bayon-Zeit.

Zentraler Prasat, Galerie mit 4 Gopuram und 4 Eck-Türmen. 4 Treppen-Aufgänge. An die O-Treppe schließt an ein Dammweg bis in die Nähe des Fluss-Ufers. Dort symmetrisch zum Damm 2 Wasser-Becken. Herrliche Aussicht.

Zentraler Prasat, ~9 m x 8 m, 15-18 m hoch. Aus rotem und grauem Sandstein gebaut, ungeschickt restauriert. Kreuzförmiger Grundriss mit 4 Eingängen und 4 Vorhallen. Auf der S-Seite schöne gestufte Frontons.

Eine Reihe von Stütz-Mauern.

Eine **Galerie** (G), dunkel, mit 4 **Gopuram** (T) und 4 **Eck-Türmen**. Die Gopuram sind größer als die Eck-Türme und springen etwas aus der Mauer vor.

Statuen: Aymonier registriert um 1900 eine Wächter-Figur in Lebens-Größe, von den Einheimischen Neak Ta Dambang Dek, „der Geist mit der eisernen Keule" genannt. Außerdem Buddha, beschirmt von dem Naga Muchalinda. Hinter dem Tempel stand ein Lokeshvara.

Über eine große, gestaffelte Stütz-Mauer führt auf den schroffen Hügel führt eine **Treppe** aus Laterit. Naga-Balustraden, Löwen. Heute weit gehend zerstört.

15.03
BASSET
Vielleicht abgeleitet von Preah Siddhesa (Shiva). Anfang oder Mitte 10.Jh. Orientierung: O.

~15 km nordöstlich von Battambang die Ruine einer großen, weit gehend zerstörten Tempel-Anlage.

Ein Prasat mit 4 Eingängen und Mandapa war umgeben von 3 rechteckigen Umfassungs-Mauern, zwischen der 1. und 2. Einfriedung ein Wassergraben. Alle Mauern hatten Gopuram auf der O- und W-Seite. Auf der O-Seite zwischen dem Gopuram I und II beiderseits Hallen, zwischen Gopuram II und III ein ~200 m langer Prozessions-Weg. Die O-W-Achse war also stark betont. Wir finden in dieser frühen Anlage Elemente des Flach- und des Axial-Tempels.

Baumaterial: Ziegel. Sandstein und Laterit.

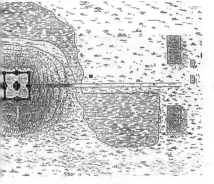

BANON

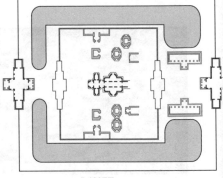

BASSET

Qualitätsvolle Reliefs. Hier wurde eine Stele gefunden, die über Jayavarman I. berichtet.

15.04
WESTLICHER PRASAT SNENG
Orientierung: O.

Im Dorf direkt an der Straße Sandstein-Prasat, von dem nur noch die Wände stehen.

LINTEL

- Ruhender Vishnu auf *„Gajasimha"*, einer Variante der Welt-Schlange Ananta.
- Quirlen des Milchmeeres. Eine Göttin unterstützt die Schildkröte.
- Die Pandava verlieren Draupadhi beim Spiel. Sakuni hält triumphierend den Würfel hoch, mit dem er gewonnen hat. Yudhisthira beugt sich gramvoll nieder, Dhusasana packt brutal Draupadhi (Mahabharata). Darunter ein Fries von Frauen und Löwen.

Naive Darstellungen von hoher Qualität.

15.05
ÖSTLICHER PRASAT SNENG

3 Backstein-Prasat auf gemeinsamer Plattform. Lintel am mittleren Prasat: Indra auf Airavana über Kala. Im Tor des südlichen Turms wurde ein Inschriften-Stein eingebaut.

Lage: Im Dorf Snoeng, 1 1/2 Motorrad-Stunden westlich von Battambang an der Straße nach Pailin. Zur Zeit schlechter Straßen-Zustand.

PRASAT SNENG W, Lintel

16.
BANTEAY CHHMAR

16.01
BANTEAY CHHMAR
Auch: Chmar. Name wohl abgeleitet von
Kumara, „Kronprinz" Um 1200,
König Jayavarman VII. (1181– ~1220),
Mahayana-Buddhistisch
(+ Hinduistisch: Vishnu?).
Orientierung: O.

Eine riesige Tempel-Anlage aus der
Bayon-Zeit. Liegt am Fuß der Dangkrek-
Berge.

- Der komplizierteste von allen
  Flach-Tempeln der Khmer.
- Eine Tempelanlage, die in ihrer
  Ausdehnung Angkor Wat noch
  übertrifft.
- Zentrum einer Stadt, die mehr als
  doppelt so groß war wie Angkor Wat.

Die äußeren Anlagen sind heute verschwunden oder überwachsen, innen ist
ein Labyrinth von Ruinen und Trümmern.
Deshalb an dieser Stelle

- zunächst, von O nach W, von außen
  nach innen, ein Überblick, eine
  Zusammenfassung dessen, was man
  über die ursprüngliche Stadt- und
  Tempel-Anlage weiß.[76]
- Dann eine Beschreibung des heute
  noch Sichtbaren.

Die Einfriedungen werden von außen
nach innen nummeriert.

ÜBERBLICK

Baray (L)
> knapp 2000 m x ~1000 m, **Erd-
> Damm**, innen Laterit-**Mauer**

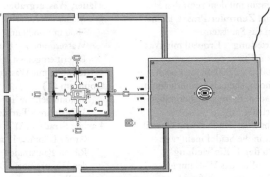

BANTEAY CHHMAR, Gesamt-Anlage

(M), 3 m hoch. ragt mit seiner
W-Seite ~200 m in die Stadt
hinein. **Zufluss** an der NO-Ecke
von N (R). Wurde gespeist von
einem Bach (R), der an der NO-
Ecke einmündet, er führte nur in
der Regenzeit Wasser. **Ausfluss**
(E), 200 m innerhalb der SW-
Ecke

Mebon (t)

Auf einer künstlichen Insel im
Zentrum des Baray, Anlage wohl
ähnlich wie NEAK PEAN.

Ein äußerer ovaler **Erdwall**,
30 m breit, innerhalb 4 **Wasser-
Becken**, 20 m breit, 2 lange,
gekrümmte auf der N- und S-
Seite, 2 kurze im O und W.
Ein innerer ovaler **Erdwall**,
15 m breit. Ein rechteckiger
Wassergraben mit Dammwegen
im O und W, 15 m breit.
Einfassung aus Laterit,
treppenförmig, an den Dämmen
senkrecht. Innere **Umfassungs-
Mauer** aus Laterit, 40 m x 30 m.
Gopuram im O, **Blindtor** im W,
beide mit Vorhallen. **Sakristei** aus
Laterit und Sandstein.

Galerie verbindet den
Gopuram mit dem zentralen Hei-
ligtum. **Zentraler Prasat**, kleiner
Turm aus Sandstein.

1. **Einfriedung**[77]: **Erdwall** mit **Wassergraben (F)**

~2.500 m x 2.000 m, jetzt noch ~
3 m hoch, ehemals vermutlich mit
Palisaden. Breiter Wassergraben
außerhalb.

Schneidet den Baray im O, weil
dieser in die Stadt hinein ragt.

Innerhalb der 1. Einfriedung

In der Mitte des W-Dammes
des Baray eine 2-stufige

Terrasse (t) aus Laterit, ~40 m
im Quadrat, 8 Löwen.

Von hier axial zum O-Gopuram
der 3. Einfriedung **Großer
Dammweg**.

Dharmasala Am O-Zugang.
Ganz aus Sandstein gebaut und
verhältnismäßig gut erhalten.

Tempel **(t)**, 4 axial vor den
Gopuram der 2. Einfriedung,
einer im SO:

• **O-Tempel** mit äußerer
Umfassungs-Mauer aus Laterit,
~80 m x 50 m. Wasser-Becken
im NO des Hofes, innere
Umfassungs-Mauer mit
monumentalem Torbau. Von
hier führt eine **Galerie** zum
zentralen Heiligtum aus
Sandstein.

• **N-Tempel**, ähnlich wie der
O-Tempel, 1885 schon stark
zerstört. Gopuram mit
Gesichter-Turm.

• **SO-Tempel**, 2 Umfassungs-
Mauern, jeweils mit
Wassergraben, 2 Gopuram,
Galerie vom O-Gopuram zum
zentralen Heiligtum

2. **Einfriedung: Umfassungs-
Mauer, Wassergraben**

Mauer aus Laterit,. 3 m hoch,
~800 m x ~600 m.

Wassergraben ~50 m breit, mit
Laterit eingefasst. Heute noch
teilweise mit Wasser gefüllt.

Gopuram (T)

4 monumentale Torbauten mit je
3 **Gesichter-Türmen**.

4 axiale Straßen (A)

Große Dämme, 12 m breit, mit
Riesen-Balustraden, überqueren
den Wassergraben. Damm- Straßen
aus Backstein, über 250 m lang,

von Löwen gesäumt, führen zu den Gopuram der 4. Einfriedung.

3. Einfriedung: Mauer innerhalb der 3. Einfriedung

unmittelbar innerhalb der 2. Einfriedung eine weitere Mauer. Spuren verschiedener Gebäude, im N und S je 4 Hallen, 2 Wasser-Becken und anderes.

4. Einfriedung: Galerie

Die 3. Einfriedung (G) umschließt die Tempel-Anlage. ~250 m x 200 m Galerie aus Sandstein, Mauer mit Doppelreihe von Pfeilern auf der Außenseite. Stark zerstört. 4 **Gopuram** (T) und 4 **Ecktürme.** Auf der Außenseite eine großartige Folge von **Flach-Reliefs**, in der Ausdehnung mit der von Angkor Wat vergleichbar.

5. Einfriedung

Eine rechteckige Laterit-Mauer, 1,3 m hoch, verlängert die O-Seite von CO, schneidet SS, verlängert die W-Seite von CW und schneidet SN.

Zentrale Tempel-Anlage

Axial von O nach W 3 **zentrale Tempel (C)**, deren Galerien zusammen gebaut sind. Flach-Tempel. Im N, O und S 3 **Satelliten-Tempel (S)**.

CC

Zentrale Tempel, quadratisch, Prasat mit gestuften Dächern, wie Angkor Wat. Hier stand ein Bild des Bodhisattva Lokeshvara, das die Gesichtszüge des Kronprinzen und den Namen Srindradeva trug.

CW, CO

Westlicher Tempel quadratisch, rechteckig, buddhistisch,

Gesichter-Türme. Einfriedung. Beide Tempel hatten **Gesichter-Türme**, von denen heute noch 3 stehen.

H

Axial ostwärts davon **Kreuz-Galerie** mit 4 Innenhöfen. Beiderseits je eine Sakristei.

SW

Prasat auf **hoher Stufen-pyramide**, erinnert an die Pyramide von PRASAT THOM, Koh Ker (18.11). Galerie quadratisch. 3 Sakristeien. 4 Gopuram.

SN, SS

Nördlicher und **Südlicher Satelliten-Tempel**, N-S gestreckt, sie sind von N nach S länger als von O nach W. In beiden Tempeln große Prasat.

Wasser-Becken

4 auf der Ostseite, 2 auf der W-Seite.

BESCHREIBUNG

Was Besucher heute sehen, ist zunächst der Wassergraben der 2. Umfassungs-Mauer, heute noch teilweise mit Wasser gefüllt. Man sieht den Großen Damm auf der S-Seite und betritt die Anlage über den Großen Damm auf der O-Seite. Am Dharmasala vorbei kommt man an die O-Seite der.

Relief-Galerie

Besichtigung gegen den Uhrzeiger-Sinn.

1. **Kampf mit einem Monster.** Ein Krieger auf einem Kampf-Wagen kämpft gegen ein Ungeheuer mit Kala-Kopf, das seinen Wagen mitsamt dem Zugtier verschlingt. Dieses Relief wird als Mythologisierung eines Kampfes gedeutet,

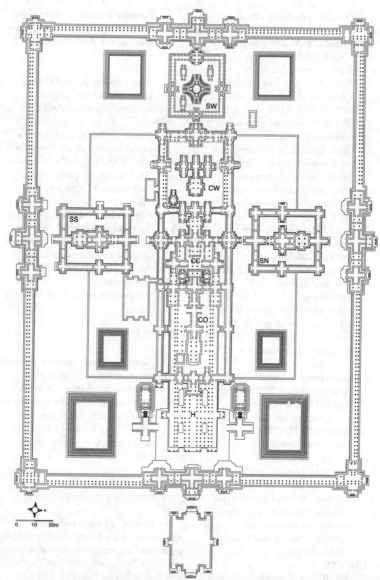

BANTEAY CHHMAR, zentrale Tempel-Anlage

in dem der Kronprinz einen Aufstand niederschlug. Siehe unten.

2. Eine Reihe von großen stehenden *Lokeshvara* mit vielen Armen. Sie predigen Göttern, u.a. Shiva und Parvati, und Menschen, Königen usw. 3. Schlacht auf dem Tonlé Sap.

GESCHICHTE UND DEUTUNG

BANTEAY CHHMAR wurde bis heute weder frei gelegt noch restauriert. Es gibt wenig gesicherte Erkenntnisse, aber viele Vermutungen. Der Ort liegt südöstlich von dem Pass, wo die alte Straße nach Phimai die Dangkrek-Berge überquerte. Banteay Chhmar wird auch als Grenz-Festung gedeutet, aber als es gebaut wurde, war hier keine Grenze.

Im zentralen Prasat des Tempels CC stand ein Bild des vergöttlichten Kronprinzen Srindra Kumara,[78] Sohn König Jayavarmans VII. Er ist, zusammen mit 4 *Sanjak*, die ihr Leben für ihn geopfert hat-

BANTEAY CHHMAR, Relief

ten, im Kampf gefallen. Seinem Andenken wurde das zentrale Heiligtum gewidmet, seinen *Sanjak* vermutlich die 4 Eck-Prasat. Vielleicht wurde der Kronprinz auch im zentralen Prasat beigesetzt.

Srindra Kumara wurde vergöttlicht als Srindradeva, Inkarnation des Lokeshvara.

Die Geschichte lässt sich in Umrissen aus Inschriften in den PRASAT CHRUNG (05.03) und hier in **BANTEAY CHHMAR** rekonstruieren: Es gab einen Volksaufstand gegen einen König Yasovarman (nicht identisch mit Yasovarman I., um 900, oder Yasovarman II., ~1150–65; aber jedenfalls ein enger Verwandter des Königs Jayavarman VII., 1181– ~1220). Der Anführer der Revolte, Daitya Rahu oder Bharata Rahu, konnte durch Verrat den Königspalast besetzen und die Truppen flohen aus der Hauptstadt. Der Samtac, Kronprinz Indrakumara/Srindradeva, Sohn Jayavarmans VII., nahm den Kampf auf. Der Anjak Sanjak Arjuna und der Anjak Sanjak Dharadevapura opferten ihr Leben für Indrakumara. Der Kronprinz „schlug dem Bharata Rahu auf die Nase und brachte ihn zu Fall".

Es gab auch einen Feldzug gegen Champa, in dem zwei andere Sanjak, Sri Deva und Sri Vardhanna, sich in ähnlicher Weise für den Kronprinzen opferten.[79]

GRÖßE

BANTEAY CHHMAR übertrifft ANGKOR WAT in den Ausmaßen und ist damit eigentlich der größte Sakralbau . Allerdings ist die Anlage stark verfallen.

Maße	BANTEAY CHHMAR	ANGKOR WAT
Äußere Galerie	250 m x 200 m	215 m x 187 m
Äußere - Einfriedung	2.500 m x 2.000 m	1.500 x 1.300 m

LAGE UND ZUGANG

Von **Sisophon** auf Straße 56, leidlich, ca. 60 km nach N. Zugang von der O-Seite.

Kinder führen die Besucher durch das Labyrinth der Steine.

☞ Vorsicht Dornen!

An der SO-Ecke des großen Wassergrabens ein freundliches Dorf, Essenstände und einfache Übernachtungsmöglichkeiten.

16.02
BANTEAY TOAP
Früherer Name: Banteay Teap, „untere Festung". Vermutlich 13. Jh., etwa zeitgleich mit BANTEAY CHHMAR.
Orientierung: O.

~ 12 km südlich von BANTEAY CHHMAR eine stattliche Tempel-Ruine in eigenartiger Bauweise.

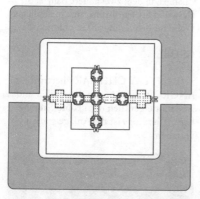

BANTEAY TOAP

PLAN

I. Auf einer Terrasse, 70 m im Quadrat, 2,5 m hoch, 5 Türme.
- Zentraler Prasat auf mehrstufigem Sockel,
- axial 4 weitere Prasat, etwas kleiner als der zentrale.
- mit dem zentralen Prasat durch Galerien verbunden. Auf der O-Seite ist diese Galerie etwas länger und zu einem Mandapa erweitert.
- Alle Prasat aus Sandstein, 4 Eingänge mit Vorhallen. Zwischen diesen, also über die Ecken, ein Kranz von Kapellen.

II. untere Terrasse, 130 m im Quadrat, 1 m hoch.
- Im O und W große, kreuzförmige Torbauten, jeweils 4 Reihen Pfeiler. Im N und S Treppen.
- Wasser-Graben, 40 m breit. Im O und W Damm-Wege.

III. Eine Mauer aus Laterit, 3 m (!) stark, 530 m im Quadrat. Durchlässe im O und W.

IV. Ein Erdwall, 1.200 m im Quadrat.

Die Anlage ist unvollendet, nur geringes Relief-Dekor. Sandstein-Blöcke von anderen, älteren Bauten wurden hier wieder verwendet, erkennbar am Relief-Fragmenten, die nicht zu diesem Tempel passen. Heute stark verfallen. Die 5 Türme bieten ein eindrucksvolles Bild.

LAGE

10 km südlich von BANTEAY CHHMAR an der Straße nach Sisophon. Modernes kleines Laterit-Mauerwerk mit Inschrift in Khmer am Zugangs-Weg nach O.

17.
PREAH VIHEAR

17.01
PREAH VIHEAR
Thai: Khao Phra Viharn, alter Name:
Shri Shikhareshvara.[80] *Ende 9. bis Mitte*
12. Jh. König Yasovarman I. (889–900),
König Jayavarman V. (969–1001),
König Suryavarman I. (1002–1050),
König Jayavarman VI. (1080–1107),
König Suryavarman II. (1113–~1150).
Hinduistisch (Shiva).
Orientierung: N.

ÜBERSICHT

Die Dangrek sind eine lang gestreckte Berg-Kette, die die Tiefländer nördlich-Thailand—und südlich—Kambodscha-um etwa 300 m überragt.

PREAH VIHEAR liegt auf einer dreieckigen, steilwandigen Klippe, 730 m über dem Meer, die wie eine Kanzel nach Kambodscha vorspringt. Ein großartiger Standort für ein bedeutendes Heiligtum!

Der Tempel steht nahe dem höchsten Punkt im S dieser Kanzel. Über die schräg ansteigende Hochfläche führt eine prachtvoll ausgebaute Achse, auf einer Strecke von ~800 m überwindet sie in 4 Stufen einen Höhenunterschied von ~125 m. Gopuram stehen jeweils über den Treppen am Rand dieser Stufen.

Baumaterial ist durchwegs Sandstein.

Die Baugeschichte ist kompliziert und geht über 3 Jahrhunderte (Weitere Angaben zur Geschichte bei der Beschreibung der einzelnen Gebäude).

BESCHREIBUNG

☞ Besucher stoßen heute, von W kommend, beim Gopuram V auf den Zugangsweg. Die Beschreibung beginnt am Anfang der Achse, unten im N.

DIE ETAPPEN DES ZUGANGSWEGES

1. Eine hohe Stufe hinauf zum Gopuram V
2. eine lange Schräge und eine leichte Stufe zum Gopuram IV
3. eine kurze Schräge und eine leichte Stufe zum Gopuram III
4. ein kurzer Weg zum Gopuram II
5. 2 hinter einander liegende Höfe, verbunden durch Gopuram I.
   Im südlichen Hof das zentrale Heiligtum.
   Neben-Gebäude und Gipfel.

1.
Freitreppe

Am Beginn im N ein monumentales Bauwerk, teils aus großen Sandstein-Blöcken, teils aus dem anstehenden Felsen gehauen. Am Anfang und am Ende etwas schmäler. Von den Löwen, die die Treppe bewacht haben, ist wenig mehr zu sehen.

Plattform mit Naga

Der Körper des Naga ruht direkt, ohne Baluster, auf dem flachen Sockel. Die fächer-förmig ausgebreiteten Kappen zeigen 7 Hundeköpfe. (11. Jh., Stil Baphuon).

Gopuram V[81]

Das Erste, was der Besucher von PREAH VIHEAR zur Zeit zu sehen bekommt und das am meisten fotografierte Bauwerk.

Von N führt eine steile Treppe hinauf.

Hoher kreuzförmiger Sockel mit 4 Treppen.

Kreuzförmiger Grundriss. Der Pavillon hatte 4 Eingänge in den Himmelsrichtungen. Es gab keine Türflügel, der Eingang war also immer offen.

Über jedem Eingang ein dreieckiger Giebel, die Enden schwingen in kräftig aufwärts gebogen Spitzen aus. Wie in PRASAT THOM (18.11) und BANTEAY SREI (13.01).

Das Ziegeldach ruhte auf 3,50 m hohen monolithischen Pfeilern.

Die Reste roter Farbe könnten der Untergrund einer Vergoldung gewesen sein.[80]

(2. Hälfte 10. Jh.)

Wege: der alte Aufstieg (Bandai-Treppe) von O, aktueller Zugang von W.

2.
Prozessionsstraße

Mit großen Steinblöcken gepflastert, von Bildsteinen gesäumt. Man weiß nicht,

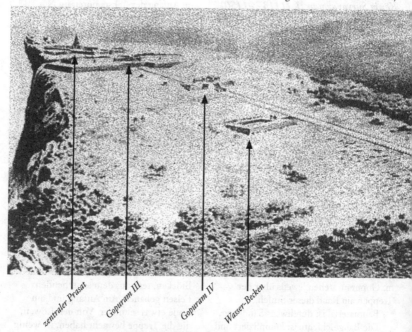

zentraler Prasat   *Gopuram III*   *Gopuram IV*   *Wasser-Becken*

PREAH VIHEAR von NO, alte Luftaufnahme

was es mit den kreisrunden Löchern in
den Steinen auf sich hat.

Wasser-Becken
Auf halber Strecke auf der O-Seite.
Mit Steinstufen eingefasst.

Freitreppe zum Gopuram IV
37 Stufen in 4 Absätzen. Beiderseits
quadratische Sockel von Löwen-Figuren.

Gopuram IV
Größer und staatlicher als Gopuram V.
Hoher kreuzförmiger Sockel, 4
Treppen. Auch auf der Bergseite ist eine
Treppe!
Kreuzförmiger Grundriss. Die S-Seite
des Querarmes (von O nach W) ist eine

Gopuram V

Mauer mit einer Türe in der Mitte. Die
anderen Seiten des Gopuram bestehen aus
Pfeiler-Reihen.

Reliefs [83]
(S-Fronton:) **Quirlen des Milchmeeres** Der Berg Mandara, hier eine
schlanke Säule, steckt in einem Topf,
in dem wohl Amrita gesammelt werden
soll, und ruht auf der Schildkröte Kurma,
einer Inkarnation Vishnus. Rechts, am—
gefährlichen!—Kopfende der Schlange
ziehen 3 Asura, links, am Schwanz 3
Deva. Neben dem Topf tauchen der
Kopf des Pferdes Uccaishvara und die
kleine Glücksgöttin Shri auf. Vishnu
klammert sich so an den Schaft, dass er
eigentlich mit herum gewirbelt werden
müsste. Wen die kleine Figur oben auf
der Säule darstellen soll, ist unklar.
Brahma kann es nicht sein. Neben
Vishnu in Nischen 3 Götter, vermutlich Indra, Brahma und Shiva als Asket.
Darüber Sonne und Mond. Unten links
Garuda, er wird das Amrita für die Götter stehlen, Die abgemagerte Figur mit
flachem Turban wird als ein Anhänger
Shivas gedeutet. Rechts 2 Figuren auf
einem Elefanten.
(Lintel:) **Ruhender Vishnu.** Lakshmi reibt Vishnus Beine, um ihn auf zu
wecken. Die seitlichen Figuren geben Rät-
sel auf: die pferde-köpfige Figur ist Kalkin
oder ein Wächter des Tempels.
(Stil Kleang-Baphuon, Anf. 11. Jh.)

3.
Prozessions-Straße
Ähnlich wie die 1. Prozessions-Straße,
aber nur halb so lang.

Wasser-Becken mit Löwenkopf
Wenige Schritte oberhalb von
Gopuram IV führt ein Weg nach links

zu einem in Stein eingefaßtem Wasser-Becken, knapp 10 m im Quadrat. Auf seiner S-Seite ein Wasser-Speier in Form eines Löwenkopfes, nur bei niedrigem Wasserstand sichtbar.

Aus diesem Becken kommt das Wasser, mit dem die Könige von Thailand bei ihrer Krönung besprengt werden.

Freitreppe zum Gopuram III.

Ähnlich wie die 2. Freitreppe.

Terrasse

Gopuram III. steht auf einer mächtigen Terrasse, die auf der O-Seite um gut 10 m nach N vorspringt.

Kleiner Prasat

Auf diesem Terrassen-Vorsprung steht ein Turm aus großen Sandstein-Blöcken. Eingänge auf der O- und W-Seite, 2 Scheintüren.

Keinerlei Dekoration, vermutlich unvollendet. Vielleicht später, um 1200 erbaut.

Gopuram III

Eine breite Front, bestehend aus dem breiten Gopuram III und 2 gleich breiten Bauten beiderseits davon, ragt über der Terrasse auf.

Der Gopuram ist kreuzförmig, auf allen 4 Seiten durch Vorkammern erweitert.

Die Flügel bestehen aus je 3 U-förmig zusammen gebauten Hallen und aus je einem „Palast" auf einem hohen Sockel, die einen schmalen Hof umschließen.

Zapfenlöcher weisen darauf hin, dass alle Durchgänge dieses Gopuram mit Holztoren geschlossen werden konnten.

Reliefs

(S-Portal, Fronton:) Kala-Kopf, darüber Yama auf Wasserbüffel.

(S-Seite, westlicher Seiteneingang, Lintel:) Kala-Kopf, darüber: Rama kehrt mit Sita in die Stadt Ayodhya zurück. Lakshmana hält einen Bogen. 3 fliegende Hamsa tragen eine Platte, die den fliegenden Wagen Puspaka darstellen soll.

(S-Portal, innere Türe, Fronton:)

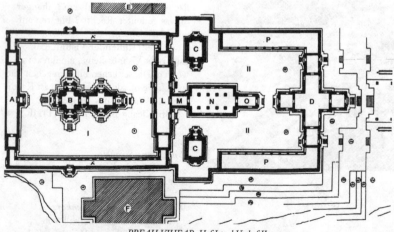

PREAH VIHEAR. Hof I und Vorhof II

Shiva mit Uma auf Nandi, Diener halten Schirme hoch. Darüber ein schön stilisierter Baum.

(N-Portal von innen, Fronton:) Krishna hebt, mit einer Hand, den Berg Govardhana hoch.

(Lintel:) Kala-Kopf, darüber Vishnu auf Garuda.

(N-Portal von außen, Lintel:) Kala-Kopf, darüber kämpft Shiva mit Arjuna.

(N-Portal von außen, Fronton:) Krishna tötet den Elefanten Kuvalayapida. Möglicherweise tötet er gleichzeitig mit der linken Hand einen Löwen. Darüber schön gezeichneter Baum.

(N-Seite, östlicher Seiteneingang, Fronton:) Krishna tötet das Pferd Kesin oder den Bullen Arishta.

(Anfang 11. Jh.)

4.
Prozessions-Straße

Beiderseits Naga auf flachem Sockel, 7-köpfig, und Bildsteine.

Treppen zum Gopuram II

3 Treppen-Läufe mit je 3 Absätzen führen auf die 3 Eingänge des Gopuram II zu.

Das zentrale Heiligtum stand in einem rechteckigen zentralen Hof I, dem der etwa gleich großer Vorhof II vorgelagert ist.

Gopuram II

Kreuzförmiger Grundriss. Mit den angebauten Galerien bildet er ein U, das den nördlichen und mittleren Teil von Hof I umschließt.

5.
Pfeilerhalle

2 Reihen von Pfeilern trugen das Ziegel-Dach dieser 3-schiffigen Halle. Ihr

S-Ende ist an den zentralen Eingang von Gopuram I angebaut.

(Anfang 12. Jh.)

Sakristeien

2 Sakristeien stehen beiderseits der Pfeilerhalle und sind auf diese orientiert, das ist ungewöhnlich. Ungewöhnlich ist auch ihre Situierung im 2. Hof. Sie zeigen das übliche Bauschema: einen Eingang, gegenüber eine Scheintüre, scheinbare Seitenschiffe. Vorhallen vor den Eingängen. Die Dekoration ist reich: Im O und W je 2 überlagerte Giebel und je 2 Halb-Frontons.

(Stil von Banteay Srei, Ende 10. Jh. oder Anfang 11. Jh.)

Reliefs

(Im Hof II am Boden, SW-Teil:) Legende vom Prinzen Chanthakorop, schwer beschädigt.

(SO-Teil:) Tanzender Gott mit Attributen Schwert, Lotusblüte und einem länglichen Gegenstand. Fliegende Apsàra. Lotusknospen. Im Stil ähnlich wie das obige.

Hof I

wird umschlossen von Gopuram I im N, einem Blind-Gopuram im S und umlaufenden Galerien dazwischen.

Dem zentralen Prasat, der in Trümmern liegt, ist ein Mandapa vorgelagert.

Gopuram I

Kreuzförmig mit verlängerten Flügeln. Im N 1 Eingang von Pfeilerhalle und 2 Eingänge vom Vorhof. Alle 3 hatten hölzerne Türflügel. Gegenüber an der S-Wand ebenfalls 3 Tore. Ziegeldach.

Blind-Gopuram

Die Tempel-Anlage wird nach S, also zur Gipfel-Fläche hin, abgeschlossen durch eine Bauwerk, das aussieht wie ein Gopuram, aber nur einen Eingang nach N, nach innen, hat. Ziegeldach.

Galerien

Die Galerien sind, wie der Blind-Gopuram im S nach außen durch eine Mauer geschlossen. Innen öffnen sich Fenster ohne Baluster. Sehr schönes Corbel-Gewölbe. Von den Gopuram aus sind die Galerien nicht zugänglich. Es gibt je einen Eingang von außen auf der O- und W-Seite. Vermutlich konnten Besucher, die seitlich eingelassen wurden, von den Galerien aus die Zeremonien im zentralen Hof beobachten.

Relief

(Östliche Scheintüre auf der Außenwand der Galerie:) Krishna tötet die Schlange Kaliya.

(Stil von Banteay Srei, um 1000)

Zentraler Prasat und Mandapa

Auf gemeinsamem 3-stufigen Sockel.

Mandapa kreuzförmig mit scheinbaren Seiten-Schiffen, ein sehr kompliziertes Bauwerk. 3 Tore und Durchgangsraum zum angebauten Prasat.

Im Zentrum ein Sockel, vermutlich für eine Nandi-Statue.

Zentrales Heiligtum, kreuzförmig, Durchgang zum Mandapa, 3 Tore mit Vorhallen.

Der Turm ist, vermutlich wegen Baufehlern, eingestürzt.

Am Boden der Turm-Knauf mit 2 m Durchmesser.

Relief

(N-Tor des Mandapa, Fronton:) Shiva, ursprünglich 10-armig. Er tanzt auf dem Kopf eines Elefanten. Der Asura Kajasura hatte die Gestalt eines Elefanten angenommen und Shiva tötete ihn.

(Lintel:) Eine Gottheit sitzt auf dem Kopf eines Naga.

(1. H. bis Mitte 11. Jh.)

Kreuz-Galerien

Östlich und westlich von Hof I stehen die Reste zweier einander ähnelnder Bauwerke. Rechteckig. Eine Galerie umschließt jeweils einen kleinen Innenhof. Dort Pfeiler, Überreste einer Kreuz-Galerie. Eingänge mit Vorhallen auf je 3 Seiten, kein Zugang von der Seite, die jeweils dem Hof I zugewendet ist.

Der östliche, ältere Bau ist sorgfältiger gebaut als der westliche. Die Funktion dieser Gebäude ist unbekannt.

Gipfel

Auf dem höchsten Punkt der Hochfläche, außerhalb des auf dieser Seite durch den Schein-Gopuram abgeschlossenen Tempels ein antiker Steinbruch.

Die Aussicht ist überwältigend, scheinbar endlos. Im S: nördliche kambodschanische Tiefebene. Phnom Tbeng.

SW: Phnom Sandak, ~50 km. Dahinter (bei klarer Sicht) Phnom Kulen, ~100 km.

Axial-Tempel		Orientierung
M. 7. Jh.	PHNOM BAYANG	SO
E. 10. Jh. Jh.	NEAK BUOS	S
früh + 11. und 12. Jh.	WAT PHU	OSO
E. 9. bis M. 12. Jh.	PREAH VIHEAR	N
A. 10. bis E. 12. Jh.	PHNOM RUNG	O
früh + E. 10. bis 1. H. 11. JH	NEAK BUOS	O
1. H. 10. Jh.	PRASAT THOM, Koh Ker	ONO
A. 11. Jh.	PHNOM CHISOR	O

BEDEUTUNG

Die Khmer-Könige haben nach PREAH VIHEAR nie eine große Straße bauen lassen. Dennoch war es, neben WAT PHU, das wichtigste Heiligtum in ihrem Reich.

PREAH VIHEAR hat auffällige Ähnlichkeiten mit WAT PU, das offensichtlich sein Vorbild ist. WAT PHU hat allerdings eine völlig andere Lage, nämlich an einen Berg-Hang angelehnt, während PREAH VIHEAR auf einer schrägen Gipfelfläche steht. Das von WAT PHU übernommene Konzept zwingt dazu, den Bau kurz unterhalb des Gipfels abzuschneiden und den höchsten Punkt außerhalb des Heiligtums zu lassen. Der Tempel ist auf dieser Seite „blind". Offensichtlich wollte König Suryavarman I. (1002–1049) das nationale Heiligtum von WAT PHU nach PREAH VIHEAR übertragen und kopierte es.

Heute steht PREAH VIHEAR genau an der Grenze zwischen Kambodscha und Thailand. Nach einem Vertrag von 1907, den der Internationale Gerichtshof in Den Haag 1962 bestätigt hat, gehört Khao Phra Vihan zu Kambodscha. Die Thai haben dies Entscheidung immer wieder kritisiert.

ZUGANG

Die Straßen nach PREAH VIHEAR sind seit 15. Januar 2003 fertig ausgebaut, mit Geländewagen oder Motorrad ganzjährig gut befahrbar. Anfahrt über Anlong Veng oder Tbaeang Meanchey. Ob man vom Dorf Ta Di hinauf zum Tempel fahren kann, ist unsicher, eventuell „donation" für die Polizei. Keine regulären Übernachtungsmöglichkeiten, wenn Sie im Tempel übernachten wollen—dringend empfohlen!—bringen Sie Hängematte und Moskito-Netz mit. Es kann kühl werden! Einfache Gaststätten in dem Dorf nördlich unterhalb des Tempels.

Seit Juni 2003 ist PREAH VIHEAR auch von Thailand aus wieder zugänglich. Bus von Ubon, Surin oder Sisaket nach Kantharalak (einfache Hotels). Linien-Songtäo nach Ban Phum Sron, 23 km. Von dort Moped-Taxi, 13 km. Sie geben Ihren Pass ab und bezahlen. Um 16 Uhr müssen Sie zurück sein. Keine Übernachtung.

Informieren Sie sich bei TAT (Tourism Thailand) in Ubon Ratchathani oder in Bangkok über den Stand der Dinge.

An Wochenenden wird der Tempel von vielen Einheimischen besucht.

MIT DEM RAD NACH PREAH VIHEAR

Als ich im März 2003 beschloss, mit dem Rad nach PREAH VIHEAR zu fahren, ging es mir weniger um den Tempel, eine Radtour war die beste Möglichkeit, mal aus Siem Reap raus zu kommen und ein anderes Kambodscha zu sehen.

Die Strecke, 200 km hin, 200 zurück, war überraschend gut. Durch Angkor Asphalt, dann Laterit- oder Sandwege, aber immer glatt und ohne Schlaglöcher. Ich habe in Sre Noy bei der Forstverwaltung übernachtet, in Anlong Veng gibt es ein Guesthouse und ein Restaurant. Die dritte Nacht im Dorf Sro Eam, an der Kreuzung. Am vierten Tag habe ich bei PREAH VIHEAR mein Rad in dem Dorf abgestellt und bin zum Tempel hinauf gestiegen. Dort habe ich in einer Blechhütte bei den Soldaten übernachtet. Zurück ging es, leicht bergab, in zwei Tagen.

Ich hatte etwas Proviant dabei, in Anlong Veng ist ein Restaurant. In Sro Eam und oben in PREAH VIHEAR ißt man nicht so gut. Wasser gibt es in Plastik-Flaschen, ich mußte viel trinken. Für nachts eine Hängematte und ein Moskito-Netz.

Es kann kühl werden, PREAH VIHEAR liegt über 700 m hoch.

Nach Anlong Veng gibt es Stunden lang nur Busch, keine Siedlungen. Ein Reifen ist zerrissen, die Bereifung nutzt sich auf den Sand- und Schotter-Wegen schnell ab. Also eine Ersatz-Decke und Ersatz-Schläuche mit nehmen. Am besten vor der Tour neu bereifen lassen. Ich hatte ein ganz normales Rad für 38$.

Die Leute da draußen sprechen kein Englisch. Wenn man nicht genug Khmer kann, sollte man ein *phrase book* dabei haben.

Die Tour war nicht anstrengend, ich bin nicht so sportlich. Auf der Rückfahrt hatte ich lange Tages-Strecken. Mittags, wenn die Sonne senkrecht stand und wenn ich nicht genug Wasser getrunken hatte, war es schon zäh. Ich brauchte ein paar Pausen. Ich kann sagen, das schafft ein ganz normaler Mensch ohne besondere Kondition.

Als ich oben war und Kambodscha zu meinen Füßen lag, wusste ich, dass ich noch lange in diesem Land bleiben will.

MINEN

Der Berg und seine Umgebung sind stark vermint, Entminung ist im Gange.

Kambodscha ist neben Afghanistan das am stärksten verminte Land der Erde. Bei Einhaltung einiger Sicherheits-Regeln bestehen für Touristen aber keinerlei Gefahren.

Beachten Sie alle Hinweise, halten Sie sich strikt an die Anweisungen.

Machen Sie keinen Schritt aus den markierten Trassen hinaus. Gehen Sie nur bei Tageslicht.

Vorsicht beim Austreten!

17.02
NEAK BUOS
Ursprünglicher Name: Shivadhapura, Canandagiri.[10]
A. 8. bis E. 10. Jh.
Hinduistisch: Shiva.

Phnom Chat ist ein Vorsprung der Dangrek-Kette nach S, nahe dem heutigen 3-Länder-Eck Kambodscha, Thailand und Laos. An seinem SO-Hang, die Ebene um gut 10 m überragend, auf einer Terrasse ein Axial-Tempel, gebaut im 10. Jh. Die ältesten Gebäude gehen bis ins A. 8. Jh. zurück.

Die Prasat sind aus Laterit oder Backstein, einer aus Sandstein. Gopuram, Hallen, „Palast" und Galerien waren mit Ziegeln gedeckt.

Stattlicher **zentraler Prasat**, Orientierung: S. 12 m im Quadrat. Laterit und Backstein, ein Eingang und 3 Scheintüren aus Sandstein.

Mehrere Neben-Prasat, Hallen, Galerie, z. T. älter als C.

Im SW der älteste Prasat, ein einfacher rechteckiger Bau aus Backstein. Orientierung W. Wohl einer der ältesten Khmer-Tempel überhaupt. Heute noch gut mannshoch.

Zugang: Von Choam Khsam (Guesthouse) aus per Motodop. Eine anstrengende Tour, mehr als ein halber Tag. Ich habe diesen Tempel nicht mit eigenen Augen gesehen.[11]

---

10. Name: *Buos*, Alt-Khmer *Pvas* = Eintritt ins religiöse Leben, Einsiedler oder Mönch werden; *Neak*, *Anak* = Gott. Der Gott der Eremiten ist Shiva, der Meditierende par excellence.

11. Internet: http://cambodia.e-files.dk/nbuos.html – eine englische Version von Lajonqières Beschreibung; http://cambodia.e-files.dk/buos.html – Bericht von einer Besichtigung 2003.

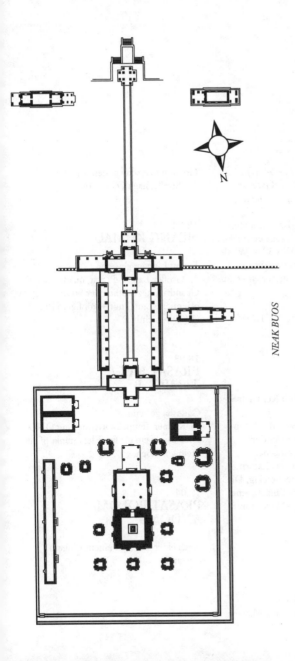

NEAK BUOS

18.
KOH KER

König Jayavarman IV. (~928– ~941) errichtete in Koh Ker/ Chok Gargyar, etwa 70 km ONO von Angkor, die neue Hauptstadt Lingapura.

Der Platz liegt am W-Rand des Stung-Sen-Beckens. Die ganze Anlage erstreckt sich etwa 7 km NNO-SSW x 5 km WSW-ONO. Entsprechend dem natürlichen Gefälle ist sie nach ONO ausgerichtet. Sie besteht aus 3 Gruppen:

• S-Gruppe
• Zentrum mit PRASAT THOM
• NO-Gruppe

S-GRUPPE

Entlang der Straße von Koh Ker nach S, Richtung Beng Mealea.

Einzeln stehende Prasat oder Gruppen von 3 Prasat, nach O orientiert. Meistens Backstein, quadratischer Grundriß. Einige kleinere aus Laterit, mindestens 1 Tempel ist rechteckig. Die Dreiergruppen und einige Einzeltürme haben 1 bis 2 Umfassungs-Mauern mit Gopuram.

18.01
PRASAT PRAM

3 Prasat, kreuzförmiger Grundriß. 2 Sakristeien. Laterit-Umfassungs-Mauer.

Gopuram verschwunden. Liegt westlich der Straße, nach O orientiert.[84]

18.02
NEANG KHMAU

Einem Lingam geweiht.

Großer Laterit-Prasat, quadratischer Grundriß, liegt östlich der Straße, nach W orientiert. Lintel mit 4-köpfigem Brahma (3 Köpfe sichtbar).

18.03
PRASAT BAK /
TEMPEL B

Ganesha geweiht.

Kleiner Tempel, Orientierung ONO. Hier wurde ein großer Elefantenkopf aus Stein gefunden.

18.04
PRASAT ROLÖM/
ANDONG

Nach einer Inschrift einem Lingam geweiht.

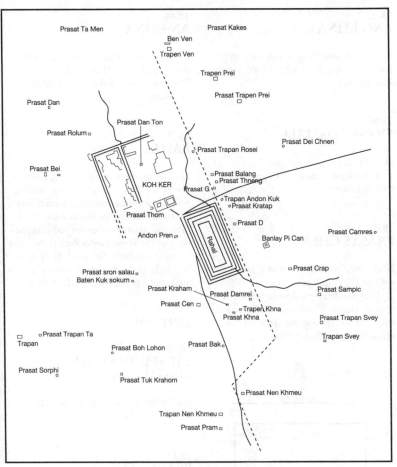

Koh Ker, Gesamt-Anlage

18.05
ANG KHNA

Hier wurde eine Gruppe von Lingam gefunden und ein Stein mit schönen, kleinen Reliefszenen.

18.06
PRASAT DAMREI

Dem Bruder des Königs gewidmet.
  Pyramiden-Tempel. 4 Treppen. Elefanten, Löwen

18.07
PRASAT CHEN

Nach einer Inschrift von König Jayavarman IV. Vishnu geweiht.
  Hier wurde eine kolossale Sandsteinplastik gefunden, 2,80 m hoch: Sugriva ringt mit Bali (Ramayana). Jetzt im National Museum Phnom Penh.

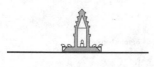

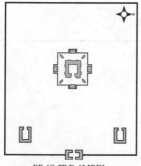

PRASAT DAMREI

18.08
AN KHNA

2 Friese mit Reliefs, Stufen im gewachsenen Sandstein-Felsen: 10 Götter, 9 Planeten. Westlich davon ein kleiner Trapéang.

18.09
RAHAL

Ein Wasserreservoir, rechteckig, 1.200 m x 560 m. 3 Dämme, unterhalb und seitlich. Seine Ausrichtung richtet sich nach dem Geländerelief und bestimmt die Orientierung aller Bauten außer der Süd-Gruppe. Es staut das Wasser eines Baches, der dem Stung Sen zufließt. Der Bach fließt an der Nordecke in das Becken hinein und an der Südecke (also diagonal) wieder heraus.

ZENTRUM

18.10
DIE HAUPTSTADT LINGAPURA

Die Stadtmauer umschloss eine Fläche von ~ 1.200 m x 1.200 m.

18.11
PRASAT THOM
Um 928 – um 941, Hinduistisch: Shiva
Orientierung: ONO

Die Tempelanlage hat 3 Kerne auf einer WSW-ONO ausgerichteten Achse:
  • 2 **„Paläste"** im O.
  • eine **Gruppe von 21 Prasat** in der Mitte.

- einen Prasat[12] auf einer gigantischen 6-stufigen **Sandstein-Pyramide**. Zu ihr führt ein etwa 600 m langer **Prozessionsweg**.

„Paläste"

2 etwa symmetrisch um rechteckige Höfe angeordnete Hallen. Laterit, Ziegeldächer, Giebel. Jede Halle steht für sich und ist leicht teleskop-artig. Einige offene Vorhallen, von quadratischen Stein-Pfeilern getragen. Fenster mit Stein-Ba-lustern, auf den Längsseiten parallel zur Straße nach S, auf den Längsseiten quer zur Straße nach O.

Funktion unbekannt, Paläste waren es wohl nicht. Die ersten ihrer Art in der Architektur der Khmer.

Gopuram

Vielleicht Teil einer (4.) Umfassungs-Mauer, die spurlos verschwunden oder nie gebaut worden ist.

Sandstein. Kreuzförmiger Grundriß, Vorhallen mit quadratischen Stein-Pfeilern. Lange Seiten-Flügel, Baluster-Fenster, runde Stein-Säulen.

Den Seiten-Flügeln gegenüber 2 Ga-lerien. Vorhallen an jedem Ende, Baluster-Fenster nach O.

2 ungleiche Laterit-Türme.

PRASAT KRAHAM

„Roter Prasat", ein Gopuram aus Ziegeln und nach der Pyramide der größte Bau in Koh Ker. Trümmer eines großen tanzenden Shiva, 5-köpfig, als Sadashiva, „der stets Wohlwollende". Löwen, sitzend, stehend, liegend. Genien mit Tierköpfen.

Lintel: Narasimha.

Umfassungs-Mauern

2 aneinander grenzende Umfassungs-Mauern aus Laterit. Die östliche ist die 3. Einfriedung des zentralen Heiligtums, die westliche umschließt die Pyramide.

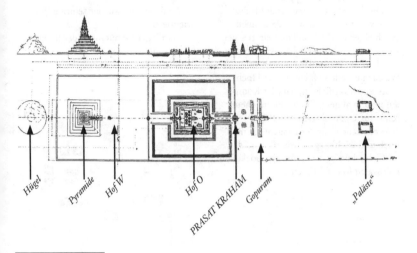

Hügel Pyramide Hof W Hof O PRASAT KRAHAM Gopuram „Paläste"

---

12. Fälschlicher Weise „Prang" genannt

Hof O

Gruppe von 21 Prasat.
Großer Prozessions-Weg im O und W. Reliefs: Garuda verfolgen die Naga, 7-köpfig.
Breiter Wassergraben zwischen 3. und 2. Umfassungs-Mauer. Hier 2 kleinere Gopuram, kreuzförmig.
Zwischen 2. und 1. Umfassungs-Mauer ein Kranz von Hallen, Laterit.
Innen, alles aus Ziegeln: 2 Sakristeien, Vorbau im W, Scheintüre im O, und 21 Schreine. In jedem stand ein Lingam.
Auf einer Plattform vorne 5 kleine Prasat, vor dem zentralen eine Halle, dahinter 4. In den 4 Ecken je 3 kleine Prasat.
Vielleicht war diese Anlage ein Ahnen-Tempel.

Pyramide

Laterit, 6 Stufen, mißt an der Basis 55 m x 55 m und ist 35 bis 36 m hoch. Auf der Frontseite eine Treppe.
Der Prasat hatte eine Grundfläche von 12 m x 12 m und war wohl 25 m hoch. Nach einer Inschrift soll hier ein riesiger steinerner Lingam errichtet worden sein.
„Um das Herz aller Gütigen zu erfreuen und den Hochmut der Hochmütigen zu vernichten, hat [der König] auf neun mal neun Ellen, ein ungeheuer schweres Ugra-Lingam errichtet."[13]
Vermutlich war der Lingam 4,5 m hoch und 24.300 kg schwer.[14]
Geblieben ist davon nur der Sockel mit kolossalen Relief-Friesen.

Hügel

Hinter der Pyramide ist ein künstlicher Erdhügel, etwa so groß wie die Pyramide, das „Grab des weißen Elefanten", vielleicht die Stätte eines provisorischen Lingam-Tempels während des Baus.

NO-GRUPPE

18.12
BANTEAY PIR CHAN
Bei Lajonqiuière: Dong Kuk. 937,
Hinduistisch: Prajapratisvara/Brahma
Orientierung WSW, zum Rahal.

Östlich der SO-Ecke des Rahal.
9 Heiligtümer, 2 Sakristeien, 2 Umfassungs-Mauern.
Zentraler Prasat, Laterit, viel größer als die anderen,
2 mal 4 kleinere Prasat, beiderseits des Haupt-Turms, von ihm weg orientiert —ungewöhnlich.
2 Sakristeien, wie der zentrale Prasat orientiert.
Stattlicher Gopuram an der inneren Umfassungs-Mauer.
Inschrift.

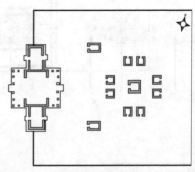

BANTEAY PIR CHAN

---

13. GITEAU, S 96.

14. Parmentier, nach Briggs, S. 121.

18.13
PRASAT KRACHAP/
TEMPEL E

Ö. der NO-Ecke des Rahal.
Tribhuvanadeva (Vishnu) geweiht.
4 quadratische und 1 rechtwinkliger
Turm in Quincunx-Stellung auf einer
Plattform, alle nach WSW, zum Rahal
hin, orientiert. 2 rechteckige Umfas-
sungs-Mauern mit je 2 Eingängen. Innen
Galerien mit quadratischen Sandstein-
Pfeilern. Sanskrit- und Khmer-In-
schriften.

18.14
TEMPEL H

Großer Lingam.

BEDEUTUNG

König Jayavarman IV. hat in Koh Ker
Großes und Neues geschaffen. Was er
hier baute, musste klar als Hauptstadt zu
erkennen sein, also die traditionellen Er-
wartungen erfüllen. Man kann sehen, wie
daß die Baupläne einige Male geändert
worden sind, erst allmählich rang man sich
zu den revolutionären Neuerungen durch.

Neu sind:
- die Wahl eines Platzes am leicht
  schrägen Hang. (Angkor liegt in
  einer flachen Ebene.)
- die Anordnung der Bauten symmetrisch zu einer Kardinal-Achse.
- Ikonographie und Stil der Statuen
  und der Bau-Plastik.
- die Steilheit der großen Pyramide.
  Sie ist nicht denkbar ohne das Modell
  BAKSEI CHAMKRONG (01.05),
  aber noch steiler und viel größer.
- die Dimensionen, vor allem die des
  Pyramiden-Tempels, der etwa so
  hoch war wie das 2 Jahrhunderte
  später gebaute ANGKOR WAT.
  Auch die „kleineren" Tempel
  erreichten unerhörte Maße.

☞ ZUGANG

Die Straße von Angkor über BENG
MEALEA nach Koh Ker und weiter nach
Tbaeng Maen Chey wird 2004 fertig sein.
Erkundigen Sie sich nach den aktuellen
Straßenverhältnissen.

Die Anlage ist größtenteils überwachsen und nicht freigelegt. Die meisten Reliefs sind geraubt. Besonders schön, wenn
während oder kurz nach der Regenzeit
alles grün ist.

19.

PREAH KHAN VON KOMPONG SVAY

19.01
DIE STADT PREAH KHAN VON KAMPONG SVAY

Um 1000, König Suryavarman I (regierte in Angkor 1002–1049), um 1200, König Jayavarman VII. (1181–1219).

~ 100 km östlich von Angkor gelegen und mit diesem durch eine Straße verbunden, war ab dem 11. Jh. PREAH KHAN eine große und bedeutende Stadt des Khmer-Reiches. Ihre Reste stehen heute in einer fast menschenleeren Waldgegend und sind schwer zugänglich,

Die **Stadt**, ~ 23 km², deutlich größer als Yasodharapura, die erste Hauptstadt in Angkor, 16 km², und Angkor Thom, 9 km².

Sie war, dem leicht abfallenden Gelände entsprechend, nach NO orientiert. Äußere (4.) Umfassung, fast 5.000 m x 5.000 m. 3 parallele **Erdwälle**, der mittlere etwas höher als die anderen, 2 **Wassergräben** dazwischen. Insgesamt etwa 250 m breit.

Von ONO ragt ein **Baray**, 3.000 m x 700 m, zur Hälfte in die Stadt hinein, durchschneidet also die O-Umwallung.

Das Zentrum bildet der Tempel PREAH KHAN. Am SW-Damm des Baray PREAH STUNG. In seinem Zentrum der MEBON PREAH THKOL. An der O-Ecke das Baray PREAH DAMREI.

Vermutlich war PREAH KHAN die Hauptstadt Suryavarmans I. (1002–1049),

bevor er in Angkor residierte. Ein Dharmasala aus Sandstein bezeugt, dass es im Mahayana-Buddhismus zur Zeit König Jayavarmans VII. eine wichtige Rolle spielte.

Die **Beschreibung** der Tempel geht von NO nach SW.

19.02
PREAH DAMREI
Spätes 10. Jh., um 1200.
Orientierung: NW.

An der O-Ecke des Baray der älteste Tempel in PREAH KHAN. Quadratische Pyramide mit 12 niedrigen Stufen, 12–15 m hoch. Der Prasat ist verschwunden, vielleicht aus leichtem Material gebaut. An den 4 Treppen standen Löwen oder Dvarapalas. An den Ecken der oberen Plattform standen lebensgroße Elefanten. Einige Skulpturen heute im Musée Guimet, Paris.

Die Umfassungs-Mauer, Schein-Türen mit schönen Devata-Reliefs, und die kreuzförmige Terrasse mit Naga-Balustrade wohl aus der Zeit König Jayavarmans VII.

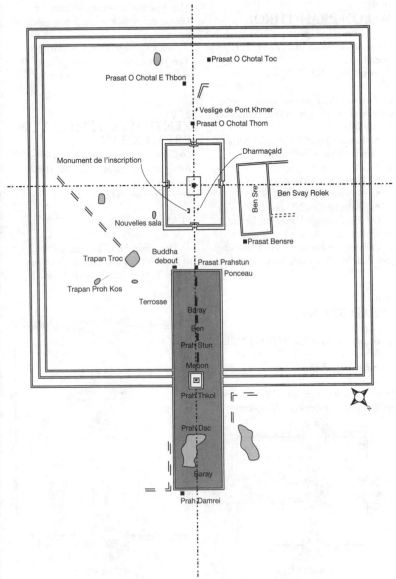

PREAH KHAN von Kompong Svay, Gesamt-Anlage

19.03
MEBON PRAH THKOL
E. 12. oder A. 13. Jh.,
König Jayavarman VII. (1183–1219).
Buddhistisch.
Orientierung: SO

Im Zentrum des Baray auf einer künstlichen Insel ein Mebon im konventionellen Bayon-Stil:

- Prasat, kreuzförmiger Grundriß, 4 Eingänge, 4 Vorhallen.
- 2 Sakristeien.
- Umfassungs-Mauer.
- Gopuram im SO und NW.
- Torbauten im NO und SW.

Die Umfassungs-Mauer aus Laterit, sonst alles aus rötlichem Sandstein.

Prächtig die Ruine des Prasat mit üppigem Relief-Dekor: Garuda, Airavana usw.

19.04
PREAH STUNG
Um 1200,
König Jayavarman VII. (1181–1219).
Buddhistisch.
Orientierung: NO.

Unmittelbar westlich des NW-Dammes des Baray ein kleiner *Flach-Tempel* mit

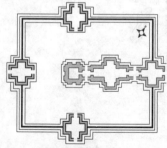

PREAH KHAN
von Kompong Svay, zentraler Bereich

Mandapa und **Gesichter-Turm**. Er könnte der erste Prasat mit Kopf-Reliefs gewesen sein.

Nach O vorgelagert kreuzförmige **Terrasse**, ehemals über dem Wasser des Baray. Reliefs: Hamsa, z.T. 3-köpfig.

19.05
ZENTRALER TEMPEL VON PREAH KHAN
Örtlicher Name: Prasat Bakhan Vor 1006,
König Suryavarman I. (1002–1049).
Buddhistisch.
Orientierung: NO.

PLAN

Der Tempel im Zentrum der Stadt ist konzentrisch und axial angelegt: ein Staats-Tempel. Alles aus Sandstein.

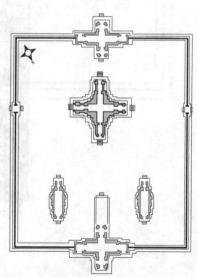

PREAH KHAN
von Kompong Svay, MEBON PRAH THKOL

Innerer Hof:
- Prasat, kreuzförmiger Grundriß, 4 Eingänge, 4 Vorhallen.
- 2 Sakristeien mit Vorhallen.
- Galerie I, ~ 50 m x 48 m, mit 4 Gopuram. PREAH KHAN ist nach PHIMEANAKAS und TA KEO der erste Tempel mit echten Galerien, und der erste Tempel mit Galerien, die ein gewölbtes Dach auf Pfeilern tragen.[15]

II. Hof:
- in der N-Ecke PRASAT CHET DEI.
- Galerie II, ~ 300 m x ~ 250 m, 4 Gopuram.
- kreuzförmige Terrasse auf steinernen Pfählen vor dem Haupt-Eingang.

---

15. Parmentier, nach Briggs, S. 155.

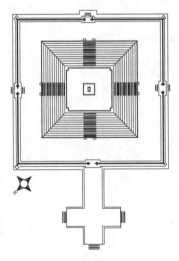

*PREAH KHAN
von Kompong Svay, PREAH DAMREI*

III. Hof:
- Dharmasala.
- PRASAT KHAT KDEI.
- Umfassungsmauer III, ~ 1000 m x ~ 900 m, mit 4 Gopuram.
- außen Wassergraben.

Die **Beschreibung** geht weiter von NO nach SW.

GOPURAM SO DER 3. UMFASSUNGSMAUER

E. 12 oder A. 13. Jh., König Jaya-varman VII. (1181–1219).

Der zentrale Tempel war von einem Wasser-Graben umgeben, über den hier ein gemauerter Damm führt. Reliefs an den Seiten-Wänden: Naga und Garuda.

Der Torbau, 3 Türme mit Toren, ähnlich wie in PREAH KHAN von Angkor.

Beiderseits des Zugangs-Weges Heiligtümer, Neben-Gebäude des zentralen Tempels. Links

PRASAT KHAT KDEI
*„Monument d'Inscription"
Orientierung: NO.*

Kleiner Tempel aus Laterit, Tore aus Sandstein. Prasat, Mandapa und O-Gopuram zusammen gebaut. Umfassungsmauer, ~ 30 m x ~ 25 m, mit 3 weiteren Gopuram. Inschriften.

Rechts

DHARMASALA

E. 12 oder A. 13. Jh., König Jaya-varman VII. (1181-1219). Buddhistisch.

Wie in BANTEAY CHHMAR und PREAH KHAN in Angkor steht dieses Haus des Feuers nördlich des Haupt-Zugangsweges zum Tempel. Sandstein. Reliefs.

TERRASSE UND GOPURAM SO DER 2. GALERIE

1. H. 12. Jh., König Suryavarman II. (1113–~1150).

Am Beginn der Terrasse rechts ein enthaupteter Löwe.

Die Galerie liegt in Trümmern, der Torbogen des Gopuram malerisch überwachsen.

Rechts in der Ecke 3 rote Laterit-Türme.

PRASAT CHET DEI

Orientierung: NO, also nach außen zur Galerie.

ZENTRALER PRASAT UND GALERIE I

Vom zentralen Prasat nur ein Turm-Stumpf, die Sakristeien und große Teile der Galerie liegen in Trümmern. Aufrecht stehen die 4 mächtigen Gopuram mit prächtigem Relief-Schmuck.

ZUSTAND UND ZUGANG

Die Anlage ist jetzt entmint und freigelegt. Zugang von Dorf Ta Seng mit örtlichem Führer oder Motodop. Dort primitive Unterkunft in Bauernhäusern. Die Wege nach Ta Seng aus allen Richtungen sind in miserablem Zustand, am besten noch zur Zeit von Stoung an der RN6 über Krabau, nur die ersten 30 km sind gut ausgebaut. PREAH KHAN von Kampong Svay ist von allen großen Khmer-Tempeln der am schwierigsten zu erreichende.

20.

SAMBOR PREI KUK

Wo vor wenigen Jahren noch fast undurchdringliche Wildnis war, stehen heute in einem lichten Hochwald die ältesten kompletten Tempel-Anlagen der Khmer, die unmittelbaren Vorläufer und Vorbilder für Roluos und Angkor. Der konzentrische, axial geordnete Plan, den später BAKONG (11.04), BAKHENG (01.02) und so weiter zeigen, wurde hier entwickelt.

Vieles, was hier zu sehen ist, ist in der Kunst der Khmer einmalig.

ZUGANG

SAMBOR PREI KUK ist von Kompong Thom aus auf gut ausgebauter Straße (gut 30 km) zu erreichen.

▷ **Kompong Thom** in Teil IV.

GESCHICHTE

SAMBOR PREI KUK, im weiten, offenen Land zwischen dem Tal des Mekong und dem Becken des Tonlé Sap, lag im Zentrum des Siedlungs-Raums der Khmer.

Vielleicht baute Bhavavarman I. (~560–~590) den ersten Staats-Tempel. Isanavarman (610–635) gründete hier seine Hauptstadt Isanapura. Die Stadt maß ~ 2.000 m im Quadrat Erd-Wall, außen Wasser-Graben. Die großen Tempel standen östlich außerhalb der Stadt.

Einflüsse aus Indien, Champa und Java sind spürbar.

Bhavavarman I. (?)	~560–~590	**Nord-Gruppe**
Isanavarman I.	610–635	**Süd-Gruppe**
		Zentrale Gruppe
Jayavarman II.	790–835	**C 1** (Zentraler
		Prasat der
		Zentralen Gruppe)

GRUNDRISSE, ACHTECKIGE PRASAT

In SAMBOR PREI KUK gibt es neben einander rechteckige, quadratische, kreuzförmige und 8-eckige Grundrisse der Prasat. In dieser frühen Zeit hat sich der quadratische Grundriß noch nicht durchgesetzt.

BACKSTEIN-RELIEFS

auf den Außenwänden der Tempel Miniatur-Architektur: Götter in fliegenden Palästen. Bekrönt werden sie von flach-ovalen Medaillons.

FLIEGENDE PALÄSTE

Schlösser, die im Himmel schweben. Eine Gruppe heiliger Vögel, Garuda oder Hamsa, trägt den Tempel. Ein häufig wiederkehrendes Motiv vor allem bei Außen-Reliefs.

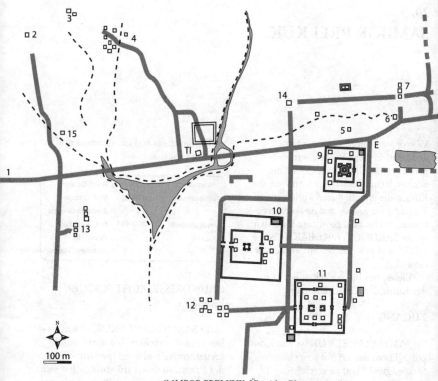

SAMBOR PREI KUK, Übersichts-Plan

1	nach Kompong Thom		9	**N-Gruppe**	20.01
2	PRASAT TAMON	20.13	10	Zentrale Gruppe	20.03
3	KROL ROMÉAS	20.14	11	**S-Gruppe**	20.02
4	SREY KRUP LEAK	20.16	12	TRAPÉANG ROPEAK	20.11
5	ASRAM ISEY	20.04	13	DON HENG	
6	BOS REAM	20.05	14	PRASAT CHREY	
7	PRASAT SANDAM	20.06	15	ROSEY ROLEAK	20.12
8	nach Phum Prasat Sambor		TI	Information	
			E	Getränke	

20.01
SAMBOR PREI KUK N
Nördliche Gruppe, auch: Prasat Sambor
E. 6. Jh.,
Bhavavarman I. (~560–~590) oder 7. Jh.
Hinduistisch: Shiva.
Orientierung: O/ONO.

ZENTRALER PRASAT N1

auf Erd-Terrasse mit Backstein-Einfassung. 4 Eingänge. Cella, außen gut 11 m, innen ~4,5 m im Quadrat. 4 Tore, monolithische Sandstein-Platten. Backstein-Reliefs: Fliegende Paläste.

Der Prasat ist ungewöhnlich in seiner Größe und einmalig in seinem Typus: wohl der einzige Backstein-Prasat mit 4 Eingängen.

RAHMEN

4 **Prasat** in den Ecken der 1. Einfriedung—Vorläufer der Quincunx des PRASAT PHNOM BAKHENG (01.02)—haben jeweils einen Eingang, auf der O-Seite zum Eingang, auf der W-Seite nach O.

Im SW **achteckiger Prasat** mit schönen Backstein-Reliefs. Die anderen sind ~quadratisch.

1. **Umfassungs-Mauer** mit **Gopuram** im O.

Innerhalb der 2. Einfriedung 4 weitere Prasat, 3 im W: 2 achteckig, einer ~ quadratisch; ein kleinerer **Prasat** im SO.

Wasser-Becken im NO.

2. Umfassungs-Mauer mit Gopuram im O und W.

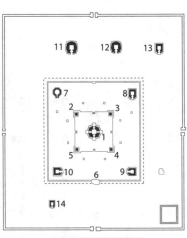

Fliegender Palast, SAMBOR PREI KUK N

SAMBOR PREI KUK N

20.02
SAMBOR PREI KUK S
Südliche Gruppe, auch: Prasat Yeay Puon
1. H. 7. Jh.,
Isanavarman I. (610-635).
Hinduistisch: Shiva.
Orientierung: O/ONO.

ZENTRALER PRASAT S1

Zwei Inschriften aus der Zeit Isana-varmans I.

Zentraler Prasat (S 1) rechteckig. Tor und 3 Schein-Türen aus Sandstein. Lintel-Reliefs. Runde Colonnette s. Erdterrasse und gewulsteter Sockel.

5 stufenförmig verjüngte Dachgeschosse. Die Innenwand mit schmalen Pilastern gegliedert. Nach den Inschriften stand hier ein goldener Lingam.

Die Backstein-Reliefs mit Miniatur-Architektur an den Außenwänden. Die Colonnettes sind ungewöhnlich dekoriert: Vogelsilhouetten im Profil. Lintels Typ II. Spuren von Stuck und Bemalung[16].

---

16. Briggs, S. 74 f.

Über einen von Säulen getragenen **Steg**, Nachahmung eines hölzernen Steges in Stein, ist S1 mit dem westlich gelegenen Tempel S2 verbunden. Von dem Steg sind noch einige Säulen-Trommeln aus Laterit vorhanden.

"MANDAPA" S2

Dieser, nach W und O geöffnet, beherbergt einen annähernd würfel-förmigen **Baldachin** aus Sandstein, ~2,5 m. Sockelplatte, 4 Pfeiler, Deckplatte, alles monolithisch.

Vielleicht eine *Zelle* oder ein Nandi-Tempel.

Im Zentrum der Boden-Platte ein flacher rechteckiger Sockel, darauf könnte eine Nandi-Figur gestanden sein.

Reiches Relief-Dekor. An der Kante der Deckplatte Medaillons mit Köpfen, an den Pfeilern florales Dekor, am Sockel im Relief angedeutete Treppen.

RAHMEN

• Innerhalb der 1. Umfassungs-Mauer 5 **achteckige Prasat.**

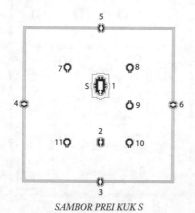

SAMBOR PREI KUK S

SAMBOR PREI KUK S,
Backstein-Relief an der 1. Umfassungs-Mauer.

- **1. Umfassungs-Mauer**, Backstein, auf der W-Seite runde **Relief-Medaillons** innen und außen.
- 4 **Gopuram**, relativ gut erhalten der **südliche Gopuram**.
- Innerhalb der 2. Einfriedung 9 kleine quadratische Gopuram.
- **2. Umfassungs-Mauer** mit **Gopuram** im O und W.

20.03
SAMBOR PREI KUK, ZENTRALE GRUPPE
Auch: Prasat Thor. 1. Hälfte 7. Jh., König Isanavarman I. (616–635); zentraler Prasat Anfang 9. Jh., König Jayavarman II. (790–835). Hinduistisch: Shiva. Orientierung: O.

Der stattliche **zentrale Prasat**, C1, ist erst im 9. Jh. gebaut. Auf flacher Erd-Terrasse.

8,35 m x 5,56 m, einer der größten frühen Khmer-Bauten.

Eingang im O, 3 Schein-Türen, Sandstein. Lintel. 8-eckige Colonettes. Schon nahe dem Kulen-Stil.

Oberbau erhalten bis teilweise bis zur 4. Etage. Die Löwenfiguren, „Pudel-Löwen" am Eingang sind Kopien, Originale in Kompong Thom.

2 quadratische **Umfassungs-Mauern** mit **Gopuram** in O und W. Die äußere aus Laterit.

6 weitere **Prasat** und ein **Wasser-Becken** im NO.

DIE ERSTEN STAATS-TEMPEL

In SAMBOR PEI KUK wurde im 6./7. Jh. die Struktur des Staats-Tempels entwickelt.		
Zentraler Prasat.	**Steinbau zentral**	
Quadratischer Grundriß mit eingezogenen Seiten.		
Pilaster. Die Türen, aus Sandstein, stehen vor der Wand, Haupttor nach O, 3 Scheintüren.		
Colonettes. Lintel.		
Stufenweise verjüngtes Dach. Kräftige Simse. 4 Türen.		
Steigerung, Erhöhung nach innen zum Zentrum.	**Steigerung**	
Betonung des Haupt-Zugangs. Das zentrale Heiligtum ist leicht in die entgegen gesetzte	**symmetrisch,**	
Richtung verschoben. Bauten stehen symmetrisch zum Zugangsweg.		
2 Umfassungs-Mauern, annähernd quadratisch	**quadratisch**	
Konzentrische Anlage. Nebengebäude sind kranz-förmig angeordnet.	**konzentrisch**	
Ausrichtung nach den Haupt-Himmelsrichtungen. 4 axiale Zugänge.	**axial**	
Gopuram, wo die Achsen die Mauern schneiden.	**Gopuram**	
Nur das zentrale Heiligtum ist solitär.	**Wiederholung**	
Andere Gebäude stehen konzentrisch oder paarweise symmetrisch zur Haupt-Achse.		

NÄHERE UMGEBUNG VON SAMBOR PREI KUK

20.04
ASRAM ISEY—N 17
7. Jh. oder früher.
Orientierung: O.

Nördlich der Nord-Gruppe und nahe den Essensstände steht eine gut erhaltene *Zelle*, Quaderförmig, ein Eingang nach O.

Aus monolithischen Sandstein-Platten zusammen gefügt. Das Dach besteht aus einer einzigen Platte. In den Rand sind Medaillons, Kudu-Bögen mit Köpfen, eingeschnitten.

Das Tor ist zerstört.

Maße der glatten Außenmauer 370 m x 370 m, 2,45 m hoch. + Sockel und Dach.

20.05
PRASAT BOS REAM—N 16
Isanavarman I. (616-635).
Hinduistisch: Shiva.
Orientierung: O.

Rechteckiger Grundriss, 3 Schein-Türen. Somasutra auf der N-Seite. Fliegende Paläste. Inschriften.

ASRAM ISEY von SO

20.06
PRASAT SANDAM—N 19
Vor 550?
Hinduistisch: Shiva.

Quadratischer Grundriß, Wände nur durch Pilaster gegliedert. Somasutra auf der N-Seite.

Die altertümliche Bauweise erlaubt die Datierung dieses Tempels in die Funan-Epoche. Er wäre damit der älteste Tempel in SAMBOR PREI KUK.

20.07
„N 18"
Orientierung: O.

Rechteckiger Grundriß, Dach bis zur 2. Stufe erhalten. Backstein-Reliefs.

20.08
„N 20"
Hinduistisch: Shiva.
Orientierung: O.

Rechteckig, Tor aus Sandstein, Lintel. Interessante Backstein-Reliefs. Somasutra auf der N-Seite.

Links der Straße, die von SAMBOR PREI KUK weiter nach O geht.

20.09
„N 22"
Hinduistisch: Brahma ?
Orientierung: O.

Ähnlich N 16 (04.13). Somasutra.

Wenige Meter westlich der Nord-Gruppe.

20.10
„S 12"

Reste interessanter Backstein-Reliefs.
Wenige Meter südöstlich der Süd-
Gruppe.

20.11
TRAPÉANG ROPEAK—Y, Z

Eine lose Gruppe von Tempeln, südwestlich der S-Gruppe.

„Y 1"

8-eckiger Prasat, Reliefs.

„Z 1"
Orientierung: W.

Quadratisch. Tor aus Sandstein, Lintel,
Inschriften. 3 Scheintüren aus Backstein.
Backstein-Reliefs.
4-stufiges Dach, fast in voller Höhe
erhalten.
Quincunx-artig umgeben von 4 weiteren Prasat.

20.12
ROSEI ROLEAK
Orientierung: O.

Schlankes Rechteck, 2 Innen-Räume
hinter einander, wie PRASAT TAMON
oder PRASAT BORAN (21.01).
Der Tempel stand ursprünglich inmitten der Hauptstadt.

20.13
PRASAT TAMON—K 17
Auch: Daun Mum
Orientierung: O.

Ungewöhnlicher Grundriß: 2 Kammern
hinter einander, 3 Schein-Türen. Interessante Backstein-Reliefs.

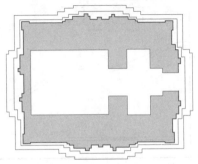

PRASAT TAMON

20.14
KROL ROMÉAS—K 8

Halle mit 2 Seiten-Schiffen. Pfeiler-Reihen. Laterit. Westlich von ROBANG ROMEAS oder der westliche Teil jener Gruppe.

20.15
ROBANG ROMÉAS—K 1–7
Orientierung: O.

Eine Gruppe von Tempeln, alle nach O orientiert
K 1, K 2 und K 3 sind quadratisch.
1 Eingang, glatte undekorierte Wände.
Dachpyramiden nur durch waagrechte Einkerbungen gegliedert.
K 4 bis K 7 haben jeweils, nach O vorgebaut, mehrteilige Hallen oder Mandapa.

20.16
SREY KRUP LEAK—K 10–16

K 10, K 13, K 14 und K 16 haben jeweils eine lang gestreckte Vorhalle.
K 11, Sandstein, 3 Schein-Türen, Somasutra auf der N-Seite.

ANDERE MONUMENTE UM KOMPONG THOM

20.17
SPEAN PRAPTOS
Um 1200.

Antike Straßenbrücke.
Die Nationalstraße 6 von Siem Reap nach Kompong Thom überquert heute noch auf einer 800 Jahre alten Brücke bei Kompong Kdei den Stung Chikreng.
~80 m lang, ~14 m breit. In der Mitte gut 6 m hoch.

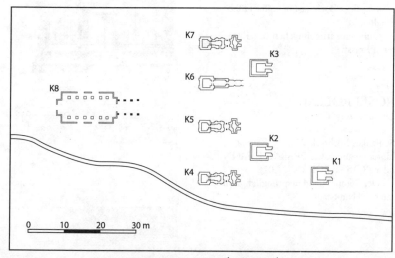

SAMBOR PREI KUK, TRAPÉANG ROMÉAS

19 Pfeiler aus Laterit, je 1,30 m breit, 18 Bogen, je 2 m weit.

Das Krag-Gewölbe erlaubt nur enge Bögen. Wegen der Verengung durch die Pfeiler musste das Flußbett um gut 20 m künstlich verbreitert werden.

Naga-Balustraden aus Sandstein.

20.18
AMPIL ROLUM
Örtlich: Wat Prasat Bei. 7. Jh.,
Buddhistisch.
Orientierung: O.

Im Wat des Dorfes Prasat Bei, wenige km südöstlich von Stoung, nahe der RN 6, die Überreste eines Tempels aus dem 7. Jh.[17]

3 Prasat aus Backstein, N–S ausgerichtet. Erhalten ist nur der zentrale Prasat. Außerdem einige Lintel und ein Sockel. Inschriften aus dem 7., 8., 9. und 10. Jh.

Zentraler Prasat, 5,7 m im Quadrat, 3 Scheintüren. Eck-Pilaster. Miniatur-Architektur auf Lotus-Sockeln.

Lintel am Boden: zwei vom Typ II, eines im Übergangs-Stil. Fragmente von runden Colonnettes, eines davon mit kubischem Kapitell. Torso einer Ganesha-Statue mit Sockel; Elefanten-Füße[18]. Ein weiterer Sockel mit Relief eines Garuda.

Vielleicht Zentrum einer Hauptstadt Bhavavarmans I. (~560–~590).

Ich habe diesen Tempel nicht mit eigenen Augen gesehen.

20.19
WAT PRASAT SVAY EAR
auch: Wat Prasat Bei Sirisotha, 10. Jh.,
Buddhistisch.
Orientierung: O.

Südwestlich von Wat Prasat Bei ein weiterer Ziegel-Turm.

3 Prasat, N-S ausgerichtet, nur der zentrale ist erhalten. Auf rechteckiger Aufschüttung. Wasser-Graben, östlich Trapéang.

Erhalten nur die Ruine des zentralen Prasat, in kritischem Zustand. 4,7 m im Quadrat, 3 Scheintüren. Eingang aus Sandstein, 8-eckige Colonnettes.

Lintel (alle 10. Jh., Stil von Koh Ker):
- Typ III, tanzender Indra auf Airavana, dieser auf Kala-Kopf. In den Ecken Naga-Köpfe.
- Typ III, meditierender Buddha.
- Typ III, tanzender Indra auf einköpfigem Elefanten, dieser auf Lotus-Sockel.

Ich habe diesen Tempel nicht mit eigenen Augen gesehen.

20.20
PRASAT ANDET
gegen 750, Hinduistisch: Harihara.
Orientierung: O.

26 km westlich von Kompong Thom an der RN6 ein Backstein-Tempel auf künstlichem Hügel. Heute in einem Wat.

Prasat: Grundriß rechteckig. Die Wände zurück gesetzt. Eck-Pilaster. Keine Vorhalle. Eingang aus Sandstein, Lintel Typ II und runde Colonnettes. 3 Scheintüren, wie die Außen-Wände ungewöhnlicher Weise ohne Dekor.

Drei leicht zurück gesetzte Dach-Geschosse, darüber First, Corbel-

---

17. Der Ort hat anscheinend seinen Namen getauscht. Ampil Rolum heißt heute Prasat Bei. Ein anderer Ort trägt den Namen Ampil Rolum. Willkürliche Veränderung von Ortsnamen ist in Kambodscha alltäglich.
18. Sonst nur in Java bekannt, Parmentier 1927, S. 154.

Gewölbe, runde Giebel an den Schmal-Seiten.

Eine hölzerne Decke war eingezogen. Statue des Harihara, im National Museum Phnom Penh.

Fortgeschrittener Verfall, breite Risse.

Rahmen: Rechteckige Aufschüttung, Wasser-Graben, Großer Prozessions-Weg auf der O-Seite.

Zugang: An der RN 6 von Stoung nach Kompong Thom, durch das Eingangs-Tor des Wat Andet, 2 km Sandweg nach S. Unmittelbar vor dem Eingang des Prasat steht ein moderner Vihar.

20.21
PRASAT KUK ROKHA
örtlich: Saladharm (=Dharmasala)
E. 12. bis A.13. Jh.
König Jayavarman VII. (1181-1219).
Orientierung: O.

Nahe bei Kompong Thom ein schief stehender Sandstein-Prasat, interessant wegen hier wieder verwendeter alter Lintel. 3 Inschriften aus dem 7. Jh.

Prasat, Umfassungs-Mauer aus Laterit, Sakristei, Gopuram, Wasser-Becken nordöstlich.

Lintel:

- Typ II, 3 Medaillons, Figuren an den Seiten: Naga-Könige in menschlicher Gestalt mit *Chaperon*.
- Typ II, 3 Medaillons, Garuda. Stil von PREI KHMENG, 7. Jh.
- Typ II, Fleurons.
- Typ III, tanzender Indra auf Airavana. Stil von PREAH KO, 9.–10. Jh.
- Typ I, Stil von Roluos, 9. Jh.
- Typ III, Kala-Kopf, Bayon-Stil, 12. oder 13. Jh.

Lage: Bei Srayov, 7 km SSO von Kompong Thom. Ich habe diesen Tempel nicht mit eigenen Augen gesehen.

20.22
PHUM PRASAT
Örtlich: Wat Prasat, 7. Jh.
Orientierung: O.

Im Dorf Prasat, knapp 30 km südlich von Kompomg Thom, in einem modernen Wat ein rechteckiger Backstein-Prasat.

~4,5 m x ~4 m. Cella 2,85 m x 2,48 m.

Eingang aus Sandstein, Lintel und runde Colonnettes. Ziegel-Pilaster. Keine Schein-Türen. Teilweise gut erhaltenes Relief-Dekor. Mauer-Schäden, ungeschickt repariert.

Wasser-Graben, der eine geräumige Fläche einschließt. Axial zum Prasat Prozessions-Weg von O.

Heute in einer kleinen Nische eines modernen Vihara.

20.23
PRASAT THENOT CHUM
10. Jh., Buddhistisch.
Orientierung: N.

An nordwestlichen Ortsrand des Dorfes gleichen Namens am linken Ufer des Stung Chimnit.

Ein gut erhaltener, schöner Backstein-Prasat, ~4 m im Quadrat, Cella innen ~2,85 m im Quadrat. Noch gut 10 m hoch.

Sandstein-Tor, Colonnettes 8-eckig. Davor Reste eines Vorbaus. 3 Schein-Türen aus Backstein. Am Boden ein interessantes Lintel Typ III.

Außerdem der Dach-Knauf und andere Stücke aus Sandstein.

14 m südlich vom Prasat, 4 m nach W versetzt, Spuren eines weiteren Prasat, Cella innen ~2 m im Quadrat.

Wasser-Graben.

20.24
PRASAT KAMBOT
7. Jh.?, Buddhistisch.
Orientierung: O.

Am N-Rand des Dorfes Thenot Chum auf einem rechteckigen künstlichen Hügel ein Backstein-Prasat.

~4,5 m im Quadrat, noch ~5,5 m hoch. Eingang Sandstein, Fragment eines Lintel, runde Colonnettes.

Inschrift in Alt-Khmer. Keine Schein-Türen. Interessante Reste von Backstein-Relief-Dekor.

Wasser-Graben?

Die Ruine ist in Schutt versunken und überwachsen. Ungeschickt repariert. Sehenswert die Fragmente des Relief-Dekors. Feuer-Ameisen!

Zugang zu PRASAT THENOT CHUM und PRASAT KAMBOT: 7 km südwestlich von Santuk geht von der RN6 ein allee-artiger Sandweg nach W, nach knapp 4 km erst das Wat Thenot Chum, dann das gleichnamige Dorf.

20.25
KUK NOKOR
örtlich: Ku Ha Nokor
M. 10. Jh.
Orientierung: O.

Nahe der RN 6 zwischen Kompong Thom und Skun eine reizvolle, wohl erhaltene Tempel-Anlage aus dem 10. Jh., ganz aus Laterit gebaut.

- Prasat mit quadratischem, gerundeten Grundriß, ohne Schein-Türen.
- Antarala . Schmales, lang gestrecktes Mandapa, seitlich flache Halbschiffe, das Haupt-Gewölbe ruht auf je 3 Laterit-Pfeilern, die zur Außen-Wand nur wenige cm Abstand haben.

    Eingangs-Tor auf der O-Seite mit Fronton, Lintel, Pilastern mit Relief und 8-eckigen Colonnettes, alles aus Sandstein.

    Lintel-Relief: Indra auf Airavana, Gebinde und Blattwerk, prächtige Arbeit.
- Sakristei im SO.
- Umfassungs-Mauer, ~40 m x 30 m.
- O-Gopuram, komplizierter kreuzförmiger Grundriß, 3 Eingänge.
- W-Gopuram einfacher.
- Einfaches Blind-Tor auf der S-Seite.

Mit Ausnahme des O-Portals am Mandapa ist der Tempel konsequent aus Laterit gebaut: schmale Pfeiler schließen die Fenster, Schein-Türen.

Auf der O-Seite Damm-Weg, flankiert von 2 Wasser-Becken. Führt zu einem axial angelegten kleinen Baray.

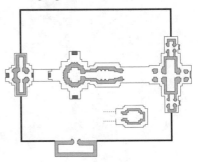

KUK NOKOR

ZUGANG

Knapp 30 km südlich von Kompong Thnor / Ballangk in dem Ort Sou Young großes blaues Hinweis-Schild. Gegenüber durch das Eingangstor eines Wat führt ein Sandweg nach W, 2 km. Der Tempel steht im Wat Kompeng. Besucher können sich in ein Gästebuch eintragen und werden um eine Spende gebeten.

MUSEUM IN KOMPONG THOM

„Department of Culture and Fine Arts", direkt am Hauptplatz der Stadt. Monsieur **Um Sok** wird Besucher hier freundlich empfangen. Er ist der verdienstvolle Direktor des Museums und der Initiator für die Erschließung von SAMBOR PREI KUK. Sie können sich in einer kleinen Sammlung von Reliefs, Inschriften, Lingam, Statuen und anderem umsehen.

21.
MEKONG

21.01
PRASAT BORAN
auch Prasat Preah Ko oder Thala
Borivat. Ende 6. Jh.,
vermutlich Bhavavarman I. (~560–
~590),
Hinduistisch: Shiva.
Orientierung: O.

Gegenüber von Stung Treng am Mekong
steht einer der ältesten Khmer-Tempel
mit eigenartigem Grundriß.

Prasat aus Backstein, Türrahmen
aus Sandstein. ~9 m x 7 m. Wände flach
gestuft. Pilaster.

Von O zunächst eine Kammer, ~2 m
x 2,75 m. An den Schmalseiten Nischen
oder heraus gebrochene Reliefs.

Danach die Cella, ~3,1 m x 2,9
m. Nische an der West-Seite. An der
Nord-Seite *Somasutra* aus Sandstein. Die
Ausleitung ist versetzt, sie beginnt in der
Mitte der Innenwand und tritt außen aus
der Mitte der Schein-Türe, um ~1,5 m
verschoben.[91]

Der Überbau ist heute verschwunden,
Briggs[92] beschreibt hier noch ein Obergeschoß, außerdem Lintel vom Typ I mit
einem Medaillon.

25 m vor dem Prasat, in der Achse
des Ost-Zugangs, Sandstein-Statue eines
ruhenden **Nandi**, ~2 m lang. Die Figur
wird als „Preah Ko" verehrt, ihr werden
belaubte Baumzweige geopfert.

Lage: In Thalà, am West-Ufer des
Mekong gegenüber von Stung Treng. Von
dort Fährboot, ~15 Minuten.

21.02
SAMBOR

Im Bereich des heutigen Wat Sarsar Myoy
Roy bei Sambor, gut 40 km Mekong-
aufwärts von Kratie, gab es eine große
Tempel-Anlage aus dem 7. Jh., unter
anderem mit einer Zelle und einem 8-
eckigen Prasat. Davon ist heute nichts
mehr zu sehen.

21.03
SOPHAS B
vor 550, Funan-Periode.
Orientierung: O.

Um einen modernen Wat unregelmäßig
verteilt finden sich hier Reste von alten
Tempeln. Der älteste und am besten erhaltene steht im SW.

Ein Backstein-Bau, quadratisch,
Wände 4,5 m hoch, durch Eck- und Mit-
tel-Pilaster gegliedert. Rohe Tür-Rahmen
und Vorhalle aus Sandstein.

5-stufiges Dach, jede Stufe 1 m hoch
und 30–40 cm zurück gesetzt. Die 5. Stufe
fehlt. Gesamthöhe jetzt 8,3 m.

Je 3 Antefixe auf jedem Sims. Lintel Typ I mit Medaillon, Inschrift aus dem 6. oder 7. Jh.

Der Bau ist—neben dem kleineren PREAH THEAT TOC (21.07)—der älteste erhaltene Khmer-Prasat.

Lage: Das Dorf Soupheas mit dem gleichnamigen Wat liegt 12 km OSO von Spueu, knapp 4 km südlich der Straße 223/ 222 von Kompong Cham über Hanchey nach Spueu.

21.04
HANCHEY

Ein Plateau, hoch über dem W-Ufer des Mekong, knapp 20 km oberhalb von Kompong Cham (gute Straße). Eingezwängt in die Einrichtung eines modernen Wat finden sich hier die Reste zweier alter Heiligtümer.

PRASAT
7. Jh. Orientierung: ONO

Backstein, quadratischer Grundriß, Dachaufbau erhalten, wenn auch schwer beschädigt.

Ehrwürdig durch sein Alter.

Einfaches Tor aus Sandstein. Inschriften. 3 Scheintüren aus Backstein. Dekor

fragmentarisch erhalten. Man kann noch erkennen, dass es Colonettes und Lintel aus Backstein-Relief mit Stuck-Dekor gegeben hat, soweit erhalten, ist es von hoher Qualität.

ZELLE
vielleicht vor 550.
Orientierung: ONO.

Auf dieser Aufnahme, vor 1950, steht noch die *Zelle* und das Sandstein-Tor des Backstein-Prasat.

Nördlich des Prasat stand einmal eine Zelle aus monolithischen Sandstein-Platten, im Inneren eines ~ quadratischen Backstein-Prasat. Das Tor der Zelle trug ein Lintel: symmetrisch links und rechts ruhender Vishnu. Runde Colonettes, Reste davon (?) jetzt im Schutt. Der Prasat

HANCHEY, Detail von der Schein-Türe auf der N-Seite

HANCHEY, Prasat, O-Seite

hatte ein Tor aus Sandstein-Blöcken, auch davon noch einige Trümmer. Man sieht nur noch das Fundament der Zelle mit einem Somasutra auf der N-Seite. Alles andere ist zerstört und verschwunden.

Die Zelle war einer der ältesten Steinbauten der Khmer.

21.05
BANTEAY PREI NOKOR
*Örtlicher Name: ANGKOR KHNONG/
KHNOM oder BANTEAY KHNOM*

35 km östlich von Kompong Cham, wo der Mekong in das süd-kambodschanische Tiefland eintritt, sieht man die Reste eines Erdwalls. Sie beherrschen heute noch die offene Landschaft. Vielleicht schon eine Hauptstadt in der Funan-Periode (vor Mitte 6. Jh.). Vielleicht eine Hauptstadt Bhavavarmans I. (~560– ~590). Vielleicht die Hauptstadt Jayavarmans I. (655–790). Vielleicht auch „Indrapura", die Hauptstadt König Jayavarmans II. (790–835).

Erdwall, 2,5 km im Quadrat, 3 Eingänge auf jeder Seite. Außen 100 m breiter Wassergraben. Die bis dahin größte Stadt-Anlage der Vor-Angkor-Zeit.

Im Zentrum **PRASAT PREAH THEAT TOC**. Östlich davon **PRASAT PREAH THEAT THOM**.

Zugang: Von Kompong Cham auf der RN 7 ~30 km nach O, knapp 1 km lang Reisfelder, dann Ortsrand mit Palmen beiderseits der Straße. Rechts erst ein gelbes Haus mit grünem Dach, dann ein Holzhaus mit rotem Dach, dann ein Tor über der Straße zu einem Wat. Oben drei Türme wie Angkor Wat. Weiße Schrift auf blauem Grund. Von hier geradeaus auf Sandweg.

21.06
PREAH THEAT THOM
*Örtlicher Name: PRASAT BANTEAY KHNONG/KHNOM.
Orientierung O.*

Im Zentrum der alten Stadt-Anlage, am Rande eines modernen Wat 2 (ursprünglich 3) Ziegel-Türme, auf gemeinsamer Plattform.

S-TURM
*Frühe Zhenla-Periode,
Bhavavarman I. (~560– ~590).
Hinduistisch: Shiva.*

Maße innen 3,69 m. x 3,56 m. Einfacher Bau mit glatten Wänden, nur durch flache Pilaster gegliedert. Tor aus Sand-

HANCHEY, Zelle. Alte Fotografie

BANTEAY PREI NOKOR, Gesamt-Anlage

stein im O. Runde Colonettes. 6-stufige Dach-Pyramide; von der noch 2 Stufen sichtbar sind. Somasutra auf der N-Seite.

ZENTRALER TURM
Zhenla-Periode, Jayavarman I. (655–790).

Maße innen 3,33 m x 3,30 m. Tor aus Sandstein. 3 Schein-Türen aus Backstein. 3-stufige Dach-Pyramide.

Der erste Bau mit den typischen „angkorianischen" Stil-Merkmalen: quadratische Cella; vorgebaute Türen, gestufte Ecken, dadurch fast kreisförmiger Außen-Grundriß; kudu-förmige Giebel; Pancharam auf den Dach-Simsen.

Nördlicher Turm spurlos verschwunden, die Steine wurden für den Bau eines Wats verwendet.

21.07
PREAH THEAT TOC
Örtlicher Name: PRASAT PHRO THEAT
Funan (vor Mitte 6. Jh.).
Orientierung: N

Unweit östlich von PRASAT PREAH THEAT THOM steht in lockerem

Gebüsch auf einem künstlichen Hügel ein kleiner Backstein-Prasat. Ursprünglich waren es 3 Türme, O-W ausgerichtet, nur der östliche ist noch erhalten. Seine Wände sind stark „angenagt".

Außen 3,30 m im Quadrat. Keine Vorhalle. Sehr niedrige Türe, ohne Dekoration. Die Wände sind durch Pilaster in 3 Felder gegliedert, keine Dekoration. 4-stufige Dach-Pyramide. Auf jedem Sims 4 dreieckige Aufsätze. Der Abschluß-Stein fehlt. Gesamthöhe knapp 6 m.

Der Prasat ähnelt in der Bauweise dem S-Turm von Prasat Preah Theat Thom, da er aber nicht nach diesem ausgerichtet ist, ist er älter. Neben SOPHAS B (21.04) der älteste Khmer-Prasat überhaupt.

21.08
WAT NOKOR
Um 1200.
König Jayavarman VII. (1181–~1215).
Buddhistisch.
Orientierung O.

Unweit von Kompong Cham steht die bedeutendste buddhistische Tempelanlage

PREAH THEAT THOM S,
Rekonstruktions-Zeichnung

PREAH THEAT THOM C,
Rekonstruktions-Zeichnung

im östlichen Kambodscha. Erbaut in der späten Bayon-Zeit, mehrmals verändert und wohl erhalten.

Um einen Prasat 2 Galerien und eine Umfassungs-Mauer.

BESCHREIBUNG

Prasat, Sandstein, quadratisch gestufte Ecken, 4 Tore und 4 Vorhallen. 8-ckige Colonettes. Pilaster. Im 16. Jh. hat man die Dach-Pyramide durch einen Stupa ersetzt. **Reliefs** zeigen Legenden vom zukünftigen Buddha. Mit Ausnahme des westlichen Fronton sind die Arbeiten aus späterer Zeit und von geringer Qualität. W: Der Schlaf der Frauen; N: Großer Abschied; S: Abschied von Pferd und Diener; O: Erleuchtung, Angriff des Mara.

2 **Sakristeien**, Laterit.

Zwischen den Sakristeien, östlich vor dem Prasat ein moderner Viharn.

1. **Galerie** mir 4 **Gopuram**, Laterit. Fenster-Öffnungen nur nach Innen.

Reliefs am W-Gopuram: Avalokiteshvara.

2. **Galerie**, Laterit-Mauer mit Vordach außen auf doppelter Pfeiler-Reihe. Weitgehend abgetragen.

4 **Gopuram**, kreuzförmig.

2 **Wasser-Becken**.

(3.) **Umfassungs-Mauer**, Laterit, 400 m x 300 m.

2 **Gopuram**, am O-Gopuram reizvolle Reliefs, Devata.

Wasser-Becken, 450 m x 300 m, ausgetrocknet. ~400 m östlich.

Lage: 5 km westlich von Kompong Cham, am rechten Ufer des Mekong.

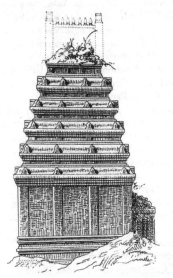

*PREAH THEAT THOC,
Rekonstruktions-Zeichnung*

PREAH THEAT TOC von NW

22.
MEKONG-DELTA

6./7. Jh.	ASRAM MAHAROSEI
um 640	PRASAT BAYANG
7. o. 8. Jh.	PHNOM BASET
1. H. 10. Jh.	NEANG KHMAU
Anf. 11. Jh.	PHNOM CHISOR
12. Jh.	YEAY PEAU
12. Jh.	PHNOM DA
Ende 12. Jh.	TA PROHM

22.01
PHNOM BASET
Auch: „Phnom Praset".
7. o. 8. Jh.
Orientierung: W.

Wat Phnom Baset Drai Drang[93] steht
auf dem Gipfel eines steilen Hügels. An
dessen N-Hang, auf einer natürlichen

PHNOM BASET von SW

Stufe, steht eine Tempel-Ruine aus der
Zhenla-Periode.

Rechteckiger Backsteinbau, 12 m
x 8,45 m. Eck-Pilaster. Simse. Tor aus
Sandstein im W, Lintel mit Blattwerk,
runde Colonettes. 3 Scheintüren in
Backstein-Relief. Am besten erhalten
auf der O-Seite. Miniatur-Architektur in
Backstein-Relief.

Der Dach-Aufbau ist abgetragen.

Innen ein Felsen, an seiner W-Seite
eine Grotte. Die reiche Ausstattung mit
Reliefs und Statuen ist verschwunden.

Gegen Ende des 8. Jh. war hier in der
Nähe die Hauptstadt Dvarapuri eines
Zhenla-Fürsten namens Rudravarman.
Zur Stadt gehörten mehrere Heiligtümer
auf den umliegenden Hügeln.

Oberhalb des Prasat ein liegender
Buddha, 12. Jh.?, ~20 m lang, Voll-Relief,
aus dem anstehenden Felsen gehauen,
restauriert.

ZUGANG

Von Phnom Penh auf der RN 5
~8 km nach N bis Preak Phnou. Von
dort Erdstraße nach links, W, ~10 km.
Rechts das Eingangs-Tor des Wat. Eine
betonierte Straße führt steil hinauf
zum Wat. Von dort auf einer modernen
Treppe hinab zum Buddha-Relief und
zum Prasat.

22.02
TA PROHM[94] TONLÉ BATI
Ende 12. Jh.,
König Jayavarman VII. (1181– ~1220),
Buddhistisch.
Orientierung: O.

Ein kleiner Flach-Tempel aus der frühen Bayon-Epoche mit einer Galerie und einer Umfassungs-Mauer mit Gopuram.

Der letzte große Tempel im südlichen Kambodscha ist reizvoll durch seine Lage am Baray Tonlé Bati und seine naiv erzählenden Reliefs. Hier wurde eine Stein-Inschrift aus der Funan-Zeit gefunden. Es muß also einen Vorgänger-Bau gegeben haben, einen sehr frühen buddhistischen Tempel.

BESCHREIBUNG

Stattlicher Sandstein-**Prasat**, quadratisch-kreuzförmiger Grundriß, 4 Eingänge, 4 Vorhallen.

Das Gebäude, das den zentralen Prasat mit dem W-Gopuram verbindet, entstand im 16. Jh.

2 **Sakristeien**, Laterit.

Galerie, Laterit, 30 m im Quadrat, überwölbt. 4 große **Gopuram**.

Im S-Gopuram eine enthauptete **Statue** des Preah Noreay (Vishnu).

Äußere Umfassungs-Mauer, Laterit, ~130 m x ~100 m, 3 m hoch.

Großer Dammweg auf der O-Seite. Wasser-Becken.

Reliefs: Zahlreiche Lintel, Frontons und Halb-Frontons. Sie stellen durchwegs Szenen aus Mythos oder Legende dar. Am Gopuram II W ein Relief in Laterit, wohl das einzige seiner Art. Es war ursprünglich mit Stuck überzogen.

LAGE UND ZUGANG

40 km südlich von Phnom Penh, an der RN 2 nach Takeo. Von dort führt ein schattiger Weg zum Tempel. Er liegt am Ufer des Baray **Tonlé Bati**, ~1.500 m x ~900 m, Der Tonlé Bati ist ein beliebtes Ausflugsziel. Bus von Phnom Penh. Das Reisebüro im Capitol-Restaurant organisiert Minibusse.

Der Besuch von YEAY PEAU und TA PROHM (nachmittags) läßt sich mit einem Ausflug zum PHNOM CHISOR (morgens) und zum NEANG KHMAU verbinden.

22.03
YEAY PEAU[95]
12. Jh., Buddhistisch.
Orientierung: O.

In dem modernen Wat Tonlé Bati, nordöstlich von Ta Prohm am Ufer des Tonlé Bati, steht isoliert ein Sandstein-Prasat.

Cella außen gut 5 m im Quadrat. Tor mit Vorhalle. Scheintüre im W.

Ungewöhnlich ist der Grundriß: Die Cella bildet ein einfaches Quadrat, N- und S-Wand sind gerade und glatt.

DEKOR

Frontons: im O meditierender Buddha, im W tanzender Shiva.

Lintel: im O Vishnu auf Garuda, beiderseits Blattwerk; im W 3 Friese mit Andächtigen.

Colonettes: 8-eckig, kräftig gegliedert.

Der Prasat steht auf einem ~1 m hohen Sockel, der jetzt fast ganz in einer modernen Terrasse verschwunden ist. Verschwunden ist auch die Umfassungs-Mauer des Tempels.

22.04
PHNOM CHISOR
Alter Name: Suryaparvata oder Suryagiri
Anfang 11. Jh.,
König Suryavarman I. (1002–1049).
Hinduistisch: Shiva.
Orientierung: O.

Über einem steilen Hang ein eindrucksvoller *Flach-Tempel*, die bedeutendste
Tempel-Anlage im südlichen Kambodscha. Heute ein buddhistisches Heiligtum.
Eine **Galerie**, 50 m x 45 m, umschließt:
* einen **zentralen Prasat** mit
  vorgebautem **Antarala** und **Mandapa**,
* nördlich und südlich davon je eine
  Sakristei, einen größeren **Prasat**
  und kleinere **Türme**; jeweils auf
  einer O-W-Achse.

* Südwestlich hinter dem zentralen
  Prasat steht ein **Prasat**.

Jedes Bauteil steht auf einem ~1 m
hohen **Sockel** aus Laterit, so können die
Gebäude „über die Mauer schauen".
* Nach O führt eine steile **Laterit-
  Treppe** mit Seiten-Mauern hinab
  in die Ebene. Am Fuß des Hanges
  SEN THMOL; der Gopuram II,
  ein Stück weiter **SEN PHU
  WEANG** oder SEN RAVANG, der
  Gopuram III, beide kreuzförmig,
  aus Laterit und Sandstein. Der
  Große Dammweg endet vor
  einem Wasser-Becken, dem
  legenden umwobenen Baray
  TONLÉ OM.

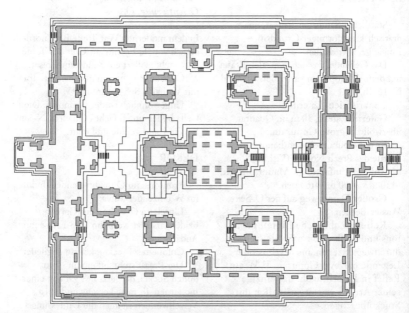

PHNOM CHISOR, Tempel

GALERIE

Laterit und Sandstein. Eine Serie von
Hallen, ~2,5 m breit, in der Mitte der
O- und W-Seite jeweils Torbauten mit
Vorhallen innen und außen. Die benach-
barten Hallen haben Durchgänge mit
Treppen nach außen und innen, jeweils in
der Achse der Sakristeien. In der Mitte der
N- und S-Seite nur je ein Vorbau mit Tor
nach innen. Fenster mit Balustern. Ursprünglich Corbel-Gewölbe aus Backstein,
einzigartig in der Architektur der Khmer.

MANDAPA

Sandstein, quadratisch, im O Vorhalle
aus Laterit, Tor aus Sandstein, Treppe. 2
Seitenschiffe mit Halb-Gewölben, Pfeiler
tragen das Gewölbe des Mittel-Schiffs.

Durch Antarala mit dem zentralen Heiligtum verbunden. Größer als dieses. Je 3
Fenster mit Balustern.

ZENTRALER PRASAT P1

Backstein, quadratisch, leicht gestufte
Ecken, hoher Dach-Sims. 3 Scheintüren
in Backstein-Relief. Auf der N-Seite
Somasutra, also wohl Shiva geweiht. Am
oberen Teil der Mauern Reste von Stuck.

SAKRISTEIEN

Backstein, rechteckig, je 2 große Fenster im fiktiven Obergeschoss. Eingang
mit großer Vorhalle nach W. Inschrift
am Türrahmen der nördlichen Sakristei.
Scheintüren aus Sandstein nach O. Sehr
gut erhalten die Scheintüre der nördlichen

Ostzugang: SEN THMOL, SEN PHU WEANG, TONLÉ OM

Sakristei mit Reliefs von Rishi am Fuß der Colonettes.

Inschrift, PHNOM CHISOR

PRASAT P2 UND P3

Ähnlich dem zentralen Prasat, kleiner. Tore aus Sandstein nach O.

TÜRME P4 UND P5

Kleine, Ziegel-Bauten mit einfachen Sandstein-Türen im O. Cella 1,54 m im Quadrat. Türen ~1,25 m x 0,60 m. Dienten wohl als Meditations-Zellen. Die nördliche Zelle ist bis auf den Tür-Rahmen abgetragen.

PRASAT P6

Backstein, mit tiefer Vorhalle nach O und 3 leicht vorgesetzten Scheintüren. Cella ~2,95 m im Quadrat. Der Boden liegt 80 cm tiefer als die Schwelle. Somasutra auf der N-Seite, also Shiva geweiht. Da der Bau asymmetrisch und nicht in den Achsen steht, ist er älter als die übrige Tempel-Anlage.

DEKOR

Zahlreiche und vielfältige Lintel. Einige Frontons. Colonettes 8-eckig.

Pancharam aus Sandstein zeigen den ursprünglichen 4-stufigen Aufbau der Dächer.

VORLÄUFER DER FLACH-TEMPEL

Der Grundriss-Plan von PHNOM CHISOR enthält Elemente der späteren Flach-Tempel: Galerie und Mandapa. Alle Tore liegen auf einer Ebene. Die O-W-Achse ist durch 2 seitliche parallele Achsen betont.

ZUGANG

Von Phnom Penh auf der RN 2 ~50 km nach S, dann nach links, O. Eine bequeme moderne Treppe führt von SW auf den Hügel. Empfohlen wird der Aufstieg am frühen Morgen, später kann es heiß werden.

22.05
NEANG KHMAU
1. H. 10. Jh.,
Hinduistisch: Kali (?)
Orientierung: O.

2 Ziegel-Prasat mit Sandstein, ursprünglich 3 oder 5, auf einem künstlichen Hügel.

Der südliche war das zentrale Heiligtum, etwas größer.

Spuren von einem Wassergraben im N, W und S.

Breiter Dammweg von O.

Lintel mit Kala-Kopf und Girlanden, Makara- und Naga-Köpfen, viele kleine Figuren, Im Inneren Spuren von Wandmalereien.

☞ Aufschließen lassen.

War in der Angkor-Periode über einen Damm-Weg mit dem PHNOM CHISOR verbunden.

Die „Schwarze Dame", eine enthauptete Figur aus dunkelgrünem Sandstein, wurde im N-Turm gefunden. Jetzt angeblich im National Museum Phnom Penh.

Lage: 50 km südlich von Phnom Penh, nahe der Kreuzung der RN 2 mit dem Zugangsweg zum Phnom Chisor. Rechts der Straße nach dem Dorf Champak.

22.06
ANGKOR BOREI

Hier vermutet man die älteste oder—neben Ba Phnom—eine der 2 ältesten Funan-Städte auf kambodschanischem Boden, vielleicht **Vyàdhapura**, eine Hauptstadt von Funan. Hier hat man vom Flugzeug aus Wall und Graben einer Stadt entdeckt, genannt Kiuk Thok, „Kristall von Funan". Nach karbon-datierten Funden 4./ 5. Jh.

Stattliche Mauer, Spuren von Gebäuden, einige Plastiken. Eine Inschrift von Anfang 7. Jh. in Khmer.

Sehr interessantes kleines Museum.

Zugang: Von Takev bringt sie ein Boot nach Angkor Borei und zum Phnom Da. 20 $.

22.07
PHNOM DA
12. Jh.
Hinduistisch.
Orientierung: N.

Der Hügel erhebt sich ziemlich steil ~45 m über die Ebene. Auf seinem Gipfel ein stattlicher Prasat aus Ziegel- und Sandstein auf Unterbau aus Laterit.

Prasat, 12 m im Quadrat, ~13 m hoch. Tor aus Sandstein, 3 Scheintüren. Lintel: Quirlen des Milchmeeres; Ruhender Vishnu. Fronton mit Kudu-Bögen, die an den Ecken in aufgerichteten Naga-Köpfen enden. Polygonale Colonettes.

Die Wände sind 3,8 m dick.

Der Tempel ist auf die zu seinen Füßen liegende Stadt orientiert. Die vorhandenen Bauten zeigen Stilmerkmale des 12. Jh., es gab aber sicher Vorgänger-Bauten.

Höhlen im O-Hang, hier wurden Skulpturen aus dem 6. Jh. gefunden.

22.08
ASRAM MAHAROSEI
„Kloster des großen Einsiedlers".
6./ 7. Jh. (Übergang Funan- zur Zhenla-Periode).
Hinduistisch: Harihara.
Orientierung: N.

800 m westlich vom PRASAT PHNOM DA steht ein in Kambodscha einmaliges Bauwerk, „wie von der Geschichte hier vergessen".

3 m im Quadrat. Im Kern eine Meditations-*Zelle*, wie ASRAM ISEY (20.04). Darum herum ein schmaler Gang mit Fenstern. Und darüber ein schweres, gestuftes Dach. Innen ein Sockel mit Snanadroni, auf dem ein eindrucksvoller Harihara stand, im typischen Funan-Stil,

in einem hufeisen-förmigen Bogen stehend (jetzt im Musée Guimet, Paris). Das
Baumaterial, schwarzer Basalt, stammt aus
der Gegend von Kratie. Wissenschaftler
vermuten, der kleine Tempel sei von dort
hier her transportiert worden.

Der Baustil wirkt fremdartig. Man
kann Einflüsse von Indien und Java erkennen. Khmer-Stil zeigen nur einige Details.

22.09
BAYANG
~640, Bhavavarman II. (Mitte 7. Jh.),
Hinduistisch: Shiva.
Orientierung: SO.

Der Phnom Bayang, 410m, liegt ~30 km
westlich des rechten Mekong-Arms, also
am nördlichen Rand des Mekong-Deltas,

wenige km vor der heutigen Grenze zu
Vietnam. Auf einem SO-Vorsprung der
Gipfel-Fläche des schroffen Hügels der
PRASAT BAYANG, ein stattlicher, großer
Ziegel-Bau. Von SO führt eine monumen-
tale Freitreppe hinauf.

Der Prasat, 10 m x 7,80 m, 10 m hohe
Wände, mit dem Dach-Aufbau heute
noch ~15 m hoch. Neben SAMBOR PREI
KUK N1 und S1 (20.01, 20.02) einer der
größten Tempel-Bauten seiner Zeit.

Tor im SO aus 4 Basalt-Monolithen,
Lintel Typ II und runde Colonettes aus
Sandstein—verschwunden.

3 Schein-Türen aus Backstein. Die
Außenwände sind stark gegliedert mit
Pilastern, die Ecken kaum abgestuft.
Miniatur-Architektur in Backstein-Relief.

3-stufige rechteckige Dach-Pyramide,
darüber first-artig ein Corbel-Gewölbe.
Die Stufen wiederholen die Dekoration
der Wände.

Innen ist der Boden 1 m abgesenkt.
Die Mitte der Cella wurde von einem
kleinen Bau eingenommen. Ebenfalls
rechteckig, im Grundriß ähnlich dem
Außen-Bau. Darin Lingam. Somasutra

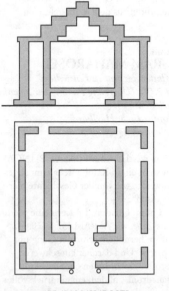

ASRAM MAHAROSEI

BAYANG, von S

verlief Richtung NNO, also schräg, durch die NO-Wände des inneren und des äußeren Baus.

Vor dem Eingang des Prasat zur Frei-Treppe Reste weiterer Bauten: eine auf 4 Seiten offene Vorhalle mit 4 Innen-Pfeilern und anderes.

Rätselhaft sind die Gemäuer-Reste eines großen rechteckigen Laterit-Baus südlich unterhalb des Prasat.

Inschriften von 604 und 624. Eine Vishnu-Statue heute im National Museum Phnom Penh.

In der Anlage lassen sich bereits Merkmale der späteren Axial-Tempel erkennen.

Zugang: Von Phnom Penh auf der RN 2 über Takeo/Takev nach S., gut 120 km. Beim Dorf Preak Batchoan Chum beginnt rechts der Straße der steile Weg auf den Hügel.

22.10
BA PHNOM

60 km südöstlich von Phnom Penh und 15 km östlich des Mekong steht eine Hügelgruppe mit großer historischer Bedeutung für die Geschichte Kambodschas.

Ba Phnom war vielleicht der Ort von **Vyàdhapura**, einer Hauptstadt von Funan. Um Mitte des 5. Jh. errichtete ein König auf dem Berg einen Shiva-Lingam, also einen Tempel. Dieser Lingam wurde „Girisa" geweiht, dem „Gott, der auf dem Berge herrscht". Von „Ba Phnom" dürfte auch der (chinesische) Name „Funan" abgeleitet sein.

Ab Anfang des 6. Jh. hatten Zhenla-Herrscher den Ba Phnom und die Hauptstadt übernommen und errichteten dort Lingam.

▶ Menschen-Opfer.

Von der Stadt und den Tempeln ist nichts mehr zu sehen. Die heutige Tempel-Anlage PREAH VIHEAR CHAN östlich des Hügels hat ihren Ursprung im 11. Jh. und ist mehrmals überbaut.

II
GRUNDLAGEN

23.
MUSEEN UND SAMMLUNGEN

ANGKOR CONSERVATION, SIEM REAP

Gegründet von der ÉFEO als Conservation d'Angkor, verwahrt diese Sammlung Hunderte von Statuen, Reliefs und Inschriften. Sehr beeindruckend.

Lage: Im Norden der Stadt, zwischen dem Fluß und der Straße nach Angkor Wat, Hinweis-Schild. Die Sammlung kann gegen eine Spende besichtigt werden. Mittagspause von 11 bis 14 Uhr.

STATUEN

Standbilder sind immer Bilder von Göttern oder gottähnlichen Wesen. Indisch-hellenistische Einflüsse, aber die Plastik der Khmer ist von Anfang an eigenständig. Der (indische) Gott, die indische Göttin müssen als solche erkennbar sein. Aber die Körper der Frauen, die Kleidung sind Khmer. Khmer ist auch die Zurückhaltung bei der Darstellung des Körperlichen. Frühe Statuen stützen sich noch mit einer Aureole, oft hufeisen-förmig oder auf kleine Pfeiler unter den Händen. Ab dem 9. Jh. stehen sie frei, stämmig, bisweilen auch etwas steif. In Koh Ker werden sie riesig, wuchtig und dynamisch. Unter dem Einfluss Javas gibt es dann E. des 10. Jh. (BANTEAY SREI) auch große sitzende und kauernde Figuren.

Rundplastische Figuren standen in der Cella der Tempel. (Keine einzige hat man in situ gefunden.) Anders einige imposante Wächter-Figuren beiderseits der Eingänge zum Tempel.

NATIONAL MUSEUM PHNOM PENH

Die wichtigste Sammlung von Plastik der Khmer. Täglich außer montags 8.30–11 und 14–17 Uhr.

☞ Das Fragment der großartigen Bronze-Statue des ruhenden Vishnu ist unter „Post-Angkorian Buddhas" versteckt und schlecht beleuchtet; gehen Sie vom Eingang nach rechts. Der Katalog ist unzulänglich.

ANGKOR BOREI

Eine kleine, hoch interessante Sammlung. Gute Information über ANGKOR BOREI.

National Museum Bangkok

NATIONAL MUSEUM BANGKOK

Hat eine bedeutende Sammlung von Inschriften, Statuen und Reliefs der Khmer und Cham.

MAHAMUNI TEMPEL, MANDALAY, BIRMA

Im nordwestlichen Vorhof des Mahamuni- oder Arakan-Tempels sind 6 Khmer-Bronzen ausgestellt, die nach einer 300-Jährigen Odyssee hier ihren Platz gefunden haben:

1. Zwei **Löwen-Rümpfe**, ~1,10 m hoch, die Köpfe sind moderne birmesische Ergänzungen.

2. **Airavana**, ~1,45 m hoch, fast komplett. Reicher, königlicher Schmuck. Mit ihren 3 Köpfen und 6 Stoß-Zähnen wirkt die Figur unproportioniert, die Köpfe sind viel zu klein. Die Darstellung eines drei-köpfigen Elefanten ist nur im Relief, en face, möglich.

3. **Dvarapala**, ~2 m, die Arme fehlen zum größten Teil, sonst komplett. Die Augen waren mit Edelsteinen ausgelegt. Kurzer Sampot, reicher, königlicher

Schmuck, drittes Auge. Kraftvolle Haltung, das „Lächeln von Angkor". Die größte bekannte Khmer-Bronze überhaupt.

4. **2 Fragmente von Dvarapala**, von 2 verschienen Figuren stammend.

Alle Figuren zeigen Merkmale des Bayon-Stils und dürften in NEAK PEAN aufgestellt gewesen sein.

KRIEGSBEUTE

Die Siamesen (Thais) eroberten im 15. Jh. **Angkor** und verschleppten 30 Bronze-Statuen in ihre Hauptstadt **Ayutthaya**. Der Mon-König Bayint Naung eroberte Ayutthaya 1569 und brachte sie in seine Hauptstadt **Pegu**. Ende des 16. Jh. eroberten die **Rhakine** (Arakan) Pegu und nahmen die Statuen mit. 1784 eroberten die Birmanen Rhakine und verschleppten die Bronzen und den berühmten Mahamuni-Buddha nach Amarapura, das heute ein Stadtteil von **Mandalay** ist. Bei einem Feuer 1884 wurden einige Statuen schwer beschädigt und König Thibaw ließ aus ihrem Metall Kanonen gießen. Andere waren wohl schon irgendwo auf dem langen Weg verloren gegangen.[98]

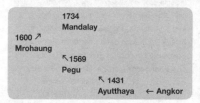

1734
Mandalay

1600 ↗
Mrohaung

↖1569
Pegu

↖ 1431
Ayutthaya ← Angkor

MUSÉE GUIMET, PARIS

Die bedeutendste Sammlung von Khmer-Kunst außerhalb Kambodschas.

Internet-Seiten in Französisch und Englisch: http://www.museeguimet.fr

Mahamuni Tempel Mandalay

24.

GEOGRAPHIE

MONSUN, SCHIFF-FAHRT UND INDISIERUNG

Monsun ist jahreszeitlich wechselnder Wind. Von Juni bis September kommt er aus SW und bringt nach Hinter-Indien vom Indischen Ozean Hitze und Regen. Von November bis April weht er von NO, ist kühl und trocken.

Hinterindien liegt auf dem Weg von Indien (und dem westlichen Teil der Alten Welt) nach China. Seefahrer aus Süd-Indien machten sich den Monsun zunutze und segelten damit hin und zurück zum Mündungsgebiet des Mekong, heute im Süden Vietnams.

Der Monsun zwang die indischen See-Fahrer zu einem mehrmonatigen Aufenthalt an der Mekong-Mündung. Etwa ab dem 1. Jh. n. Chr. ließen sie sich hier nieder und gründeten an der Küste Handels-Niederlassungen. Von hier ging die *Indisierung* aus, der Import indischer Religionen, Kultur und Technik.

MEKONG UND TONLÉ SAP

Der **Mekong** entspringt im Hochland von Tibet, durchfließt Yunnan (S-China), ist Grenzfluß zwischen Myanmar und Laos, durchfließt Kambodscha, bildet unterhalb von Phnom Penh ein 70.000 km² großes Delta, größtenteils in Vietnam gelegen und mündet in das Südchinesische Meer.

Bei Phnom Penh mündet der **Tonlé Sap** in den Mekong. Er kommt aus einem großen, tief gelegen Becken in W-Kambodscha. Von Juni bis Oktober führt der Mekong hohes Wasser, bedingt durch Schmelz-Wasser aus Tibet und die Monsun-Regen. Ein guter Teil davon fließt nun durch den Tonlé Sap über 100 km „bergauf" und läßt den Tonlé-Sap-See monströs anschwellen, um bis zu 12 m und auf das bis zu 5-fache seiner Fläche. Ab November fließt dieses Wasser wieder abwärts in den Mekong.

In der Angkor-Periode lag der Wasser-Spiegel des Sees rund 4 m höher als heute. Bei hohem Wasserstand war das Land bis in den südlichen Teil des heutigen Siem Reap hinein überflutet

REIS UND FISCH

Angkor, flach und wasser-reich, ist Reis-Land. Intensiver Reis-Anbau braucht künstliche Bewässerung Auf dem breiten flachen Uferstreifen des Tonlé Sap wird dafür das ablaufende Wasser genutzt, sonst die Zuflüsse des Sees. Wie diese künstliche Bewässerung in der Angkor-Zeit funktioniert hat, ist bis heute unklar. Jedenfalls war der Reis-Anbau die Voraussetzung für die Konzentration von Menschen in der Hauptstadt des Khmer-Reiches.

Zum Reis tritt der in den Gewässern Angkors reichlich vorhandene Fisch.

25.
GESCHICHTE

KURZE GESCHICHTE ANGKORS

Anfänge

~100 bis M. 6. Jh.	**Funan**, Seehandels-Zentrum im Mekong-Delta, unter indischem Einfluß und zeitweise chinesischer Ober-Herrschaft. Beherrscht Malaya.	
ab 5. Jh.	Mit dem Verfall des Seehandels verlagert sich das Zentrum der Macht ins Reis produzierende Landes-Innere. **Zhenla**, weiter oben am Mekong, eine Abspaltung von Funan, übernimmt ab um 550 bis Anfang des 7. Jh. die Herrschaft über Funan	Völkerwanderung in Europa. 476 Ende des Imperium Romanum. Arabisches Reich blockiert den Handel mit Indien und China.
8. Jh.	Zhenla vorübergehend in Wasser-Zhenla (= Funan) und Berg-Zhenla aufgeteilt Wasser-Zhenla gerät vorübergehend unter die Kontrolle von Malaien-Herrschern und von Sailendra-Fürsten aus Java.	

Reichs-Gründung

802	**Jayavarman II**. (790–835) macht sich unabhängig und einigt die Khmer-Staaten unter seiner Herrschaft. Er begründet den *Devaraja*- und den *Lingam*-Kult (als Staats-Kult). Beginn der Kultivierung von Angkor.	800 Kaiserkrönung Karls des Großen. Um 800 Tempel Borobudur in Java.
877–889	**Indravarman I**. baut den Baray Indratataka (11.06) und die Tempel von Roluos (11.04, 11.05). Khmer-Herrschaft in NO-Thailand.	
um 900	**Yasovarman I**. verlegt die Hauptstadt nach Angkor. Er baut den BAKHENG	

(01.02) und den ÖSTLICHEN BARAY (02.01).

921   **Jayavarman IV**. gründet eine neue Hauptstadt in Koh Ker (18.), 75 km nordöstlich von Angkor

944   **Rajendravarman II**. verlegt die Hauptstadt wieder zurück nach Angkor. PRE RUP (02.04) Zeitweilige Besetzung von *Champa*.

Groß-Reich

1002–1050   **Suryavarman I**. Eroberungen im W: Luovo (Lopburi in Zentral-Thailand). PREAH KHAN von Kompong Sway (19.01)

1050–1066   **Udayadityavarman I**. erobert weiteres Gebiet in W, baut den WESTLICHEN BARAY (03.05).

1113– ~1150   **Suryavarman II**. Kriege gegen *Dai Co Viet*, *Cham* und *Mon*. Weitere Ausdehnung nach W (ins heutige Thailand) bis zur Grenze von Pagan (heute Birma). 1145 Krieg gegen Champa. Vishnu-Kult. Baut **ANGKOR WAT** (04.01).

Krise

1177   Champa greift über den Tonlé Sap an und erobert Angkor.

1163 Baubeginn Notre Dame in Paris.

Neuer Aufstieg

1181– ~1220   **Jayavarman VII**, Buddhist, besiegt und unterwirft Champa. Das Khmer-Reich erreicht den Gipfel seiner Macht. Umfangreiche Bau-Tätigkeit: TA PROHM (02.11), PREAH KHAN von Angkor (09.03), ANGKOR THOM (05.01), BAYON (07.01), BANTEAY CHHMAR (16.01) und andere.

~1220–1243   Indravarman II. Champa wird wieder unabhängig. In Thailand entstehen und erstarken die Königreiche von Sukhothai und Lanna. Beginn des Verfalls.

Verfall

1243–1295	**Jayavarman VIII**. Verliert Lopburi (Siam). Arrangiert sich mit Kublai Khan. Re-Hinduisierung.	2. H. 13. Jh. Chinesisches Groß-Reich unter Kublai Khan. 1284 Baubeginn des Kölner Doms.
1296/ 97	Chou Ta-Kuan hält sich als Mitglied einer chinesischen Delegation in der Hauptstadt des Khmer-Reiches auf und schreibt darüber die „Sitten von Kambodscha".	
1327 ff.	**Jayavarmadiparamesvara**. Letzter Khmer-König, der in Stein-Inschriften erwähnt wird.	
1431	Siam (Ayutthaya) belagert, erobert und plündert Angkor Thom. Die Hauptstadt Kambujas wandert schrittweise nach Süden, letztlich nach Phnom Penh	
1546–1564	Angkor wird vorübergehend wieder Residenz oder Hauptstadt eines Khmer-Königs.	

19. UND 20. JAHRHUNDERT

19. Jh.	Kambodscha, von Vietnam bedrängt, gerät in Abhängigkeit von Siam. Siam annektiert die Provinzen Battambang, Sisophon und Siem Reap mit Angkor.	
1863	Kambodscha wird französisches Protektorat.	
1864	Henri Mouhot veröffentlicht seine Reise-berichte aus Siam, Kambodscha und Laos und macht damit Angkor der westlichen Welt bekannt.	
1907	Siam gibt auf Druck Frankreichs die Provinzen Battambang, Sisophon und Siem Reap (mit Angkor) an Kambodscha zurück. Die ÉFEO übernimmt die Erhaltung und Pflege der Monumente, auch während der beiden Weltkriege.	
1953	Kambodscha wird unabhängig.	
1969	Kambodscha wird in den Krieg der USA gegen Vietnam verwickelt. Ho-Chi-Minh-Pfad, amerikanische Bombardierungen.	1946–1976 Vietnam-Kriege.

1975	Die Roten Khmer übernehmen die Macht in Kambodscha. Schreckens-herrschaft, Genozid, Massenflucht. Teilweise Zerstörung von Khmer-Tempeln. Die ÉFEO stellt ihre Arbeit in Angkor ein.
1979	Invasion Vietnams treibt die Roten Khmer an die westliche Grenze, wo sie sich noch lange halten. Mit der Auflösung der regulären Armeen geht eine systematische Plünderung der alten Tempel einher. Die meisten Kunstschätze werden über Thailand in den westlichen Kunsthandel verschoben
1986	Wiederbeginn der Konservierungs-Arbeiten in Angkor.
1989	Die vietnamesischen Truppen verlassen das Land. Kambodscha wird wieder unabhängig. Angkor Conservation, Conservation d'Angkor, übernimmt die Aufgabe der ÉFEO.
1992	Angkor wird UNESCO-Weltkulturerbe.
1993	In Tokyo wird ein internationales Komitee zur Restaurierung Angkors gegründet. Beginn verschiedener internationaler Konservierungs-Projekte in Angkor.
1997	Apsàra Authority, dem Ministerpräsidenten direkt unterstellt, übernimmt die Verwal-tung Angkors. Angkor Conservation beschränkt sich auf die Hütung des umfangreichen Kunst-Depots.

STICHWÖRTER ZUR GESCHICHTE ANGKORS

CHAM

Aus dem indonesischen Raum in das heutige Mittel- und Süd-Vietnam eingewandert. Anfangs lebten sie auch im heutigen Süd-Laos („Champasak"), wo in WAT PHU (Laos) oder in unmittelbarer Nähe ihr religiöses Zentrum war. Auch der Name von Kompong Cham (am Me-kong oberhalb von Phnom Penh) verweist auf ihre Ansiedlung. Ihr Reich **Champa** bestand vom 2. bis 15. Jh. im heutigen Zenral-Vietnam. Die Cham standen, wie die Khmer, zunächst unter indischem Einfluß. Sie entwickelten eine hin-duistische, später auch buddhistische Hochkultur mit Shiva- und Lingam-Kult und schufen Kunstwerke, die denen der Khmer ebenbürtig sind. (Das *National Museum Bangkok*, zeigt eine interessante Kollektion von Cham-Plastiken.) Bis in die Zhenla-Periode der Khmer gab es einen lebhaften Austausch zwischen den ähnlichen Kulturen der Cham und Khmer, die Königsfamilien heirateten untereinander. Die Cham-Türme aus Ziegelsteinen ähneln den Prasat der Khmer. Die Cham waren Seefahrer und beherrschten in ihrer Hoch-Zeit, 4.-10. Jh., den Seiden- und Gewürz-Handel zwischen Indien und China. Ihr Reichtum war legendär. In My Son (heute 60 km SW von Da Nang, Zentral-Vietnam) bauten sie ihr religiöses Zentrum. Kriege mit China, dem Khmer-Reich, Java und Annam (Vietnam). 1177 eroberten die Cham vorübergehend die Hauptstadt des Khmer-Reiches (auf den Reliefs am Bayon-Tempel in Angkor tragen sie Mützen, die aussehen wie umgestülpte Lotus-Blüten), 1203-1220 standen sie unter der Herrschaft der Khmer. Seit 1471 sind sie Vietnam unterworfen. Heute leben noch etwa 80.000 Cham als moslemische Minderheit in ärmlichen Verhältnissen in Vietnam und Kambodscha.

Cham. Relief, PREAH PITHU T (08.02)

WELTKULTURERBE

Als Angkor 1992 auf die Liste des Weltkulturerbes gesetzt werden sollte, mußte erst einmal das Objekt definiert und beschrieben werden. In Kambodscha war dazu niemand in der Lage. Die Aufgabe war auch dadurch erschwert, dass Teile des Gebiets von Angkor nicht von der Regierung des Königreiches verwaltet werden, sondern immer noch in der Hand des Militärs sind. Die UNESCO, deren Korruption durch die kambodschanische Presse wiederholt aufgezeigt worden ist, schickte eine 20-köpfige internationale Professoren-Gruppe, die ihren Auftrag in 14 Tagen nur provisorisch erledigen konnte. Was da eigentlich Weltkulturerbe wurde, ist also nicht ganz klar; der Volksmund sagt: „Angkor Wat", das ist sicher und nicht falsch. Manche verwechseln aber Weltkulturerbe mit den Sieben Wundern der Alten Welt und nennen Angkor Wat „das siebte Weltwunder".

DVARAVATI

Indisiertes Reich der ▶ *Mon* am unteren Chao Phraya im heutigen Thailand mit dem Zentrum Nakhom Pathom („Erste Stadt"), 7. bis 11./ 12. Jh. Theravada-Buddhismus. Ab dem 11. Jh. im Süden von den Khmer, im Norden von den Thai erobert. Die buddhistische Kunst Dvaravatis beeinflusste den Bayon-Stil in Angkor.

FUNAN

Die Chinesen nannten es „Funan" und nur aus chinesischen Quellen, ab dem 3. Jh., wissen wir etwas über dieses Land. Der Name war vermutlich abgeleitet von dem Khmer-Wort *banam/ bnam/ phnom* = Berg, Hügel oder von *Ba Phnom*, der mutmaßlichen Hauptstadt. Ob die Funanesen Khmer waren oder mit diesen verwandt, weiß man nicht. Ihre Herrschaft erstreckte sich vom Süden des heutigen Vietnam über den unteren Mekong und sein Delta bis nach Malaya, den West-Teil der Malaiischen Halbinsel. M. 6. bis 7. Jh. wurde Funan von Zhenla erobert.

> **LEGENDE**
>
> Der indische Brahmane Kaundinya fuhr auf Grund göttlicher Eingebung mit dem Schiff übers Meer. Er heiratete Soma, die Tochter des Naga-Raja (Naga-Königs), der über das Wasser des Landes herrschte. Der Naga-König trank das Wasser weg, das die Ebene bedeckte um für seine Nachkommen das Land Funan zu schaffen.

INDISIERUNG

Verbreitung indischer Kultur, Religionen, des Sanskrit, von Bau-, Bewässerungs- und Ackerbau-Technik, vor allem durch indische Seefahrer und Kaufleute und ihnen nachfolgende Brahmanen. Die Indisierung der Khmer kann man eher als Befruchtung denn als Beeinflussung ansehen: die Kunst der Khmer entwickelte sich bald selbstständig. Die Indisierung lässt sich vergleichen mit der Rolle, die das Römische Reich für die kulturelle Entwicklung Europas spielte.

KAMBODSCHA

Von Kambujadesa, Kambuja (altkhmer), Kamabuchea (neu-khmer), Cambodge (französisch). Name des Landes und des Königreichs der Khmer.

> **LEGENDE**
>
> Der Brahmane Kambu heiratete die Apsàra-Prinzessin Mera, und wurde der Stammvater der Könige von Zhenla und des Volkes von Kambu-ja, der „Söhne des Kambu".

KHMER

Ausgesprochen: ghem'ä.

Die Khmer sind früh, früher als ihre späteren Nachbarvölker, in Südost-Asien eingewandert. Heute das Mehrheitsvolk in Kambodscha. Minderheiten in Thailand, Vietnam und Laos. Theravada-Buddhistisch mit animistischem Hintergrund.

KHMER ROUGE

„Rote Khmer". Primitiv-kommunistische bewaffnete Gruppe in Kambodscha, gegründet von Khmer, die in Paris—mehr oder weniger erfolglos—studierten. Sie errichteten 1975 eine Gewaltherrschaft in Kambodscha, der vermutlich 2 Millionen Einwohner zum Opfer fielen. Die gesamte Intelligenz wurde ausgerottet oder außer Landes getrieben. Sie mißbrauchten Tempelanlagen als Festungen oder Gefängnisse und zerstörten sie. Museen wurden geplündert und verwüstet, Bibliotheken vernichtet. Über Thailand schafften sie Kunstwerke, Edelhölzer und Drogen aus dem Lande. 1979 marschierten, durch Übergriffe an ihrer Grenze provoziert, vietnamesische Truppen ein und vertrieben die Khmer Rouge in die Berge und an die Grenze zu Thailand, wo sie sich noch lange hielten. Durch China, und die USA, die Erzfeinde Vietnams, protegiert, gelang es den militärisch geschlagenen Khmer Rouge, ihr Fortbestehen und ihren politischen und wirtschaftlichen Einfluß in Kambodscha zu sichern. Nach Einschätzung von politischen Beobachtern stellt heute vor allem die kambodschanische Armee eine Machtbasis der Khmer Rouge dar und gleichzeitig einen Staat im Staate. Zur offenen Gewalt-Anwendung und Gefährdung von Touristen kommt es

in den letzten Jahren nicht mehr. Die
Verbrechen der Khmer Rouge sind bis
heute ungesühnt. Daß ihre Führer nicht
gerichtlich belangt werden, destabilisiert
die politische Moral des Königreiches und
verhindert internationale Wirtschafts- und
Aufbau-Hilfe.

LAOS

Das Land stand zunächst unter der
Oberhoheit Funans, Zhenlas und Angkors.
Zhenla hatte in Wat Phu, heute in Cham-
pasak, Süd-Laos, ein wichtiges Zentrum.
In Wat Phu ist der älteste nachweisbare
Tempelbau der Khmer—und ein altes re-
ligiöses Zentrum der Cham. „Champasak"
= Land der Cham.

Ausgelöst durch Einfälle der Mon-
golen, wanderten die Lao nach Süden
und errichteten Fürstentümer. Fa Ngum
(1353-1373), verheiratet mit einer Tochter
des Khmer-Königs Jayavarmandipa-
ramesvara (1327-1353) einigte das Land
in einem Königreich. Unter Einfluß
seiner Gattin übernahmen die Laoten den
Theravada-Buddhismus.

MALAYA

Die kleinen indisierten Reiche auf
der Malaiischen Halbinsel standen
zunächst unter dem Einfluß Funans, ab
dem 7. Jh. unter der Oberherrschaft von
Sirvijaya.

MON

Das Volk der Mon oder Talaing,
sprachlich verwandt mit den Khmer und
ähnlich kunstsinnig, stand früh, seit dem
3. Jh. v.Chr., unter indischem Einfluß.
Die Mon gründeten ab dem 6. Jh. n.Chr.
Staaten um Lop Buri und Lamphun

(heute Thailand) das Reich ▶ *Dvaravati*.
Im heutigen Ost-Birma Thaton, Martaban
und Pegu. Seit dem 9./ 11. Jh. drangen die
Birmesen und Thai von Norden vor und
eroberten bis Mitte 18. Jh. die Mon-
Staaten. Im 11. Jh. kamen die Khmer von
O. Heute leben ~850.000 Mon in Birma
und ~100.000 in Thailannd.

SUMATRA, JAVA

Im heutigen Indonesien bildeten sich
unter indischem Einfluß in den ersten
Jahrhunderten n. Chr. Königreiche.

Sirvijaya, mit dem Zentrum Palem-
bang in O-Sumatra wurde ab dem 8. Jh.
zur beherrschenden Seemacht und kon-
trollierte den Fernhandel zwischen Indien
und China.

Die mahayana-buddhistische Dynastie
der **Sailendra** beherrschte Mittel-Java.
Sie baute u. a. *Borobudur*. Gegen Ende
des 8. Jh. brachten sie vorübergehend
Zhenla (teilweise?) unter ihre Kontrolle.
Der spätere Khmer-König Jayavarman II.
(802–836) lebte vermutlich eine Zeit lang
am Hof der Sailendras.

THAILAND

(Bis 1939: „Siam") Um 1.000 n.
Ch. wanderten die Thai von Norden
in das heutige Thailand ein. Dort gab
es das Mon-Königreich Dvaravati. Das
Khmer-Reich erstreckte sich zeitweise
bis Phetchaburi und Kanchanaburi. Auch
in Sukhothai war eine Khmer-Stadt. Die
Thai vermischten sich mit den Mon. Um
1240 entstand das erste Thai-Reich von
Sukhothai, das bereits 100 Jahre später im
Reich von Ayutthaya aufging. Ayutthaya
eroberte 1431 Angkor.

Die Thai sind Theravada-Buddhisten,
ihre politische Präsenz in Angkor trug

dazu bei, daß sich auch dort der Theravada-Buddhismus gegen den Mahayana-Buddhismus durchsetzte. Thai-Einfluß ist in der Darstellung des Buddha mit flammenförmigem Ushnisha erkennbar.

Einflüsse von Khmer-Architektur und -Plastik vor allem auf den siamesischen Stil von Lopburi. Der *Prang* entstand als Adaption des Khmer-Prasat.

Ab 1569 stand Thailand unter birmesischer Herrschaft. 15 Jahre später erkämpfte es seine Selbstständigkeit wieder und erweiterte sich auf Kosten Kambodschas. Dem setzten erst das französische Protektorat über Kambodscha und der Grenzvertrag von 1907 ein Ende. In dem Vertrag wurde Thailand gezwungen, die Khmer-Provinzen Sisophon, Battambang und Siam Reap zurück zu geben. Erneute Annexionen mit japanischer Unterstützung während des II. Weltkrieges blieben ein Zwischenspiel.

Die Roten Khmer operierten in Kambodscha mit thailändischer (und US-amerikanischer) Unterstützung. Der Abtransport geraubter Khmer-Kunst wird über Bangkok organisiert—es gibt gewisse Ressentiments zwischen Khmer und Thai.

VIETNAM

Nach tausendjähriger Auseinandersetzung mit China entstand um 950 Dai Co Viet, (Nord-) Vietnam. Dai Co Viet bekriegte wiederholt das Khmer-Reich bzw. Kambodscha, zuletzt 1979, und eroberte 1471 Champa.

ZHENLA

auch: Chenla. Gruppe von Fürstentümern der Khmer. Erscheint in der Geschichte um 550/ 600, war damals vielleicht schon 2 Jahrhunderte alt. Der Name Zhenla entstand aus der chinesischen Umschreibung von „Khmer". Ursprünglich Vasallen-Staat von Funan, eroberte es dieses zwischen 550 und A. 7. Jh.

A. 8. Jh. wurde es geteilt in **Berg-Zhenla**, (heute S-Laos, WAT PHU) und **Wasser-Zhenla** (unterer Mekong und Tonlé Sap). Aus Zhenla geht dann um 800 das Reich von Angkor hervor.

DER UNTERGANG ANGKORS

Das Khmer-Reich von Angkor dauerte von 802 bis 1394 oder 1431, länger als das römische Kaiserreich (27 v.Chr. bis 476 n.Chr.). Um 1350 verlor es an Macht und Kraft. Warum? Mehrere Gründe kamen zusammen:

Der Fernhandel zwischen China und Indien verlagerte sich an die Küste.

Um Ayutthaya entstand, nahe dem Golf von Siam und den Seehandels-Wegen, 1351 ein neues siamesisches Reich, das sofort Angkor angriff: 1352, 1394, 1431.

Das Reich von Angkor hatte seine Ressourcen erschöpft. Von König Jayavarman VII. (1181–~1220) sagt man, daß er mehr Baumaßnahmen eingeleitet habe als alle seine Vorgänger in vier Jahrhunderten zusammen. Bau und Unterhalt dieser Tempel und Klöster sowie die Kriege mit den Nachbar-Staaten überforderten das Reich und erschöpften die Kräfte seine Bevölkerung.

Eine geotektonische Bewegung führte zu einer Hebung des Landes östlich des Tonlé Sap.[99]

Dadurch schnitten sich die Flüsse tiefer in den Boden ein und der Grundwasser-Spiegel sank. Das alte Bewässerungs-System und die Versorgung mit Reis brachen zusammen.

Die Siamesen brachten den Theravada-Buddhismus nach Angkor. Der fand viele Anhänger. Das führte nun einerseits dazu, daß die Khmer die Siamesen mehr oder weniger akzeptierten. Anderseits stellten die Lehrern des Buddha, sein Aufruf zu Schlichtheit, Bescheidenheit und Achtung aller Lebewesen, die Prachtentfaltung, die Vergöttlichung des Königs und das System der Sklaverei in Frage. "Die Könige von Angkor schafften den Wandel vom Devaraja, dem Gott-König, zum Dharmaraja, dem ‚König des Gesetzes Buddhas', nicht und hatten sich damit überlebt."[100]

Mitte des 15. Jh. wurde Angkor als Hauptstadt aufgegeben. Neue Hauptstädte entstanden im Süden Kambodschas.

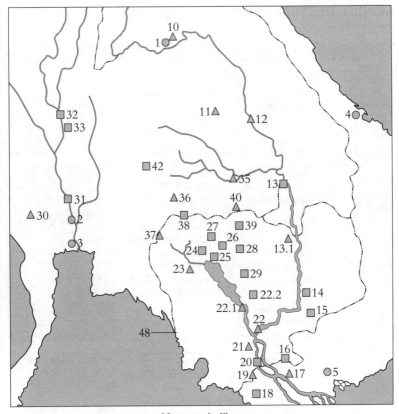

Monumente der Khmer

1 Vientiane
2 Ayutthaya
3 Bangkok
4 Hué
5 Saigon
10 Say Fong
11 NARAI JAENG
    WAENG
12 THAT IN HANG
13 WAT PHU
14 Sambor

15 BANTEAY PREI NOKOR
16 Ba Phnom
17 PREI CHEK
18 Oc-eo
19 PHNOM BAYANG
20 Angkor Borei
21 PHNOM CHISOR
22 WAT UNNALOM
    (Phnom Penh)
23 Battambang
24 ANGKOR

25 Hariharalaya (Roluos)
26 BENG MEALEA
27 Mahindraparvata
    (Phnom Kulen)
28 PREAH KHAN von
    Kampong Svay
29 SAMBOR PREI KUK
30 MUANG SINGH
31 Lopburi
32 Sukhothai /
    Si Satchanalai

33 KU SUAN TAENG
34 SIKHORAPHUM
35 KAMPHAENG YAI
36 PHNOM RUNG
37 MUANG TAM
38 BANTEAY CHHMAR
39 Koh Ker
40 PREAH VIHEAR
41 Champa
42 PHIMAI

KÖNIGE UND BAUTEN[101]
(vereinfacht)

von	bis	Name	Hauptstadt	Bauten
Funan				
~220		Fan Che Man		
478	514	Kaundinya Jayavarman	Vyadhapura (Ba Phnom)	
1. H. 6. Jh. 5. Jh.		Rudravarman	Angkor Borei	
Zhenla				
		Shreshthavarman	Shreshthapura (WAT PHU)	?WAT PHU (Laos)
~560	~590	Bhavavarman I.	Bhavapura (AMPIL ROLUM?, SAMBOR PREI-KUK?), WAT PHU	PRASAT BORAN SAMBOR-PREI KUK N ?
E. 6.	610	Chitrasena/ Mahendravarman	Sri Chitrasena (WAT PHU)	
616?	635	Isanavarman I.	Isanapura (SAMBOR-PREI KUK)	SAMBOR PREI-KUK S
635	~650	Bhavavarman II.		BAYANG
~655	691	**Jayavarman I.**		
Kulen und Roluos				
790	835	**Jayavarman II.**	1. Indrapura (BANTEAY PREI NOKOR?)	SAMBOR PREI KUK C 1
			2. Kuti (KUTISVARA)	
			3. Hariharalaya (Roluos)	
			4. Amarendrapura (BANTEAY CHOEU, AK YUM?)	
			5. Mahendrapura (Phnom Kulen)	Kulen-Tempel
			6. Hariharalaya (Roluos)	
835	877	**Jayavarman III.**	Hariharalaya	TRAPÉANG PHONG
877	~886	**Indravarman I.**	Hariharalaya	Baray von Lolei PREAH KO BAKONG

Angkor				
889	~915	**Yasovarman I.**	Hariharalaya Yasodharapura (PHNOM BAKHENG)	LOLEI BAKHENG PHNOM KROM PHNOM BOK Östlicher Baray PREAH VIHEAR
~915	923	Harshavarman I.	Yasodharapura	BAKSEI CHAMK RONG PRASAT KRAVAN
921	941	Jayavarman IV.	Chok Gargyar (Koh Ker)	KOH KER PHNOM RUNG (Thailand)
944	968	Rajendravarman II.	Yasodharapura	ÖSTLICHER MEBON PRE RUP BANTEAY SREI SRAH SRANG
968	1001	Jayavarman V.	Yasodharapura	TA KEO PREAH VIHEAR
~1002	1011	Jayaviravarman	Yasodharapura	NÖRDL. KLEANG TA KEO (WEITER)
1002	1050	Suryavarman I.	Yasodharapura	PREAH KHAN von Kompong Svay[102] Südl. KLEANG PREAH VIHEAR PHIMEANAKAS KÖNIGSPALAST PHNOM-CHISOR (...) WEST BARAY WAT PHU (Laos)
1050	1066	Udayadityavarman II.	Yasodharapura	BAPHUON WESTLICHER MEBON PHNOM RUNG (Thailand)
1080	1107	Jayavarman VI.	Yasodharapura	PHIMAI (Thailand) WAT PHU (Laos)
1113	~1150	Suryavarman II.	Yasodharapura	ANGKOR WAT THOMMANON CHAO SAY-

				TEVODA BANTEAY SAMRÉ PHNOM RUNG (Thailand) BENG MEALEA
~1150	1165	Yasovarman II.	Yasodharapura	baut obiges weiter BAKONG
1177–1181 Einfall und Okkupation durch die Cham				
1181	~1220	Jayavarman VII.	Jayashri (PREAH KHAN- von Angkor)	ANGKOR THOM TA PROHM BANTEAY KDEI PREAH KHAN NÖRDLICHER- BARAY NEAK PEAN TA SOM BANTEAY- CHMAR ANGKOR THOM BAYON, Terrassen Hospital-Tempel
~1220	~1243	Indravarman II.	ANGKOR THOM	baut obiges weiter
~1243	~1295	Jayavarman VIII.	ANGKOR THOM	vorübergehende Hinduisierung, letzter Steinbau.

26.
RELIGION

AHNEN-KULT UND ANIMISMUS

Die Geister von Verstorbenen, **Neak Ta**, bleiben an dem Ort ihres Todes. Im Dorf, im Haus oder—besonders machtvoll—in der Natur. Sie üben guten oder bösen Einfluß auf die Lebenden aus, deshalb der **Ahnen-Kult**, die intensive Verehrung dieser Geister, mit Opfern. Da die alten Khmer keine Familien-Namen kannten, gelten Neak Ta als Vorfahren. Steine sind Zeichen für Geister, besonders in der Form von **Lingam**. Wie dieser aus der Erde „wächst", ist er ein Symbol für die Fruchtbarkeit des Bodens. Mit der Indisierung bekamen die Neak Ta die Namen von Hindu-Göttern oder Bodhisattvas. Der Shiva-Kult verschmolz mit dem **Berg-Kult**, der Verehrung von Lingam auf Anhöhen. Steinerne Bilder, von Menschen oder Tieren, auch Fragmente, werden als Ahnen verehrt. Dieser Ahnen-Kult lebt bis heute, teilweise unter dem Deckmantel des Buddhismus;[103] auch Bilder des Buddha dienen als Schutzgeister.

Auffällig sind die Geisterhäuser in manchen Tempeln und Wats, z. B. in PHNOM CHISOR (22.04).

NAGA

„Schlange". Halbgöttliche Wasser-Schlange.

An der „Kappe" des Naga sind 5, 7 oder 9 Köpfe, an der TERRASSE DES LEPRA-KÖNIGS (06.03) 9 unten und 5 oben. Auf dem Brustschild trägt der Naga ein kreisrundes Siegel.

Ihr König ist **Vasuki**. (▶ Quirlen des Milchmeeres.) Herrscher über den Regen und das Wasser.

Symbol der engen Verbindung zwischen Wasser, Erde und Himmel.

Symbol des Regenbogens, der Verbindung zwischen Menschen und Göttern.

Deshalb Naga-Balustraden an den Zugangswegen zu Tempeln, sie symbolisieren die Transzendenz, den Übergang vom Irdischen ins Himmlische.

Naga werden in Form einer Schlange abgebildet, sie können auch menschliche Gestalt annehmen. So zeigt die innere Galerie der TERRASSE DES LEPRA-KÖNIGS nebeneinander Naga als Prinzessinnen und viel-köpfige Schlangen.

▶ im Register unter *Naga, Naga-Balustraden, Quirlen des Milchmeeres, Riesen-Balustraden.*

INDISCHE RELIGIONEN

Inder, die nach Kambuja kamen und sich hier nieder ließen, brachten ihre Religion mit, den **Hinduismus**. Die Khmer übernahmen ihn selektiv, nie vollständig und schon gar nicht systematisch.

Aus Indien kam auch die Lehre des **Buddha**, des „Erwachten" zunächst als Mahayana-Buddhismus und Tantra-Buddhismus, später als **Theravada-Buddhismus**. Dieser setzte sich schließlich durch.

Der Theravada-Buddhismus hält sich an die Lehren und Praktiken des Buddha. Sie sind im **Pali-Kanon** schriftlich fixiert. Pali, ein Dialekt des Sanskrit, ist die Sprache des Buddha. Seine Lehren wurden Jahrhunderte nach seinem Tode aufgezeichnet. Diese Schriften wurden in drei Körben aufbewahrt und deshalb **Tipitaka**, „Drei Körbe", genannt. In der Nachfolge des Buddha erwirbt der Gläubige Verdienste, die zu einer besseren Wiedergeburt führen sollen und schließlich zur Erleuchtung.

Der **Mahayana-Buddhismus** ist in der Auseinandersetzung mit dem Hinduismus und Daoismus entstanden. Er bietet anschauliche Bilder, Bodhisattvas, Götter und Kulthandlungen und entspricht so eher den religiösen Bedürfnissen des Volkes.

In Sri Lanka, Birma, Thailand, Laos und Kambodscha setzte sich der Theravada-Buddhismus durch. **Die religiöse Praxis** ist in diesen Ländern aber mehr oder weniger mit Elementen des Mahayana-Buddhismus durchsetzt. Der strenge Theravada-Buddhist glaubt, daß der Buddha, ein Sterblicher, die Menschen gelehrt hat und dann in das Nirwana eingegangen ist. In der buddhistischen Volks-Religion wird „Lord Buddha" wie ein Gott verehrt.

HINDUISTISCHE GÖTTER

An der Spitze steht die *Trimurti*, Brahma, Shiva und Vishnu als drei Gestalten eines Wesens. Unter ihnen eine unendliche Zahl von Göttern, Göttinnen und Gottheiten verschiedenen Ranges. Götter haben gegensätzliche Aspekte: männlich-weiblich, zerstörend—erhaltend.

Daneben gibt es Götter, Göttinnen und Gottheiten verschiedenen Ranges.

SYNKRETISMUS

Die Khmer verschmolzen die neuen indischen Religionen oder das, was sie von ihnen übernommen hatten, mit ihrem alten Animismus, Wasser- und Ahnen-Kult. Dogmatische Feinheiten waren ihnen fremd. So machten sie aus Shiva und Vishnu einen Zwillingsgott Harihara. Die dem Buddhismus eigene Toleranz gegenüber anderen religiösen Vorstellungen förderte die Vermischung.

DIE BILDERWELT DES HINDUISMUS

BRAHMA

Personalisierung des Brahman (das „Absolute"). Seine Rolle in der Welt der Götter ist schillernd. Er ist der höchste Gott, aber auch der unbedeutendste; im Khmer-Reich wurde ihm anscheinend kein eigener Tempel geweiht. Er gilt als der Gott der Weisheit, als Schöpfer, wird aber vom *ruhenden Vishnu* erschaffen (s.u.). Zu Beginn jedes neuen Zeitalters ordnet er im Auftrags Shivas und Vishnus die Welt neu.

Brahmas Haupt trägt 4 Gesichter. Seine Haut ist rot. In 4 Händen trägt er die Attribute

- Veda, er gilt als Verkünder der Veden, der heiligsten Schriften des Hinduismus.
- Krug mit Wasser vom heiligen Fluß Ganges.
- Stab.
- Rosenkranz (zum Meditieren) oder Opferlöffel.

Reittier: Hamsa (Wildgans).

SARASVATI

Gemahlin des Brahma, Göttin der Weisheit und Beredsamkeit. Sitzt auf einer Lotus-Blüte und spielt die Vina, eine Art Zither.

SHIVA

Zerstörer und Neuschöpfer.
Haarknoten des Asketen, Mondsichel, drittes Auge, Schlangen um Hals und Arme.
Attribute:
- Dreizack
- Trommel
- Streitaxt
- Antilope

8 **Erscheinungsformen**:
1. **Asket** oder **Mahayogin**, „Großer Yogi", trägt einen Kranz von Schädeln.
2. Als **Bhikshatanamurti**, in seiner Manifestation als verführerisch schöner nackter (in Angkor mit Sampot bekleideter) Asket, versucht er die Frauen der Rishis zu verführen.
3. **Nataraja**, „König des Tanzes", zertritt den besiegten Dämonen Tandava, der Tanz symbolisiert Zerstörung, Neuschöpfung, Erhaltung, Wiedergeburt und Erlösung. ▷ Relief in BANTEAY SREI (13.01) und auf vielen Lintel.
4. **Mahakala**, *Kala*, Tod.
5. **Hara**, „der hinweg rafft".

Brahma vom Erawan-Schrein in Bangkok

6. **Isana**, Hüter des Nordostens.
7. **Isvara**, Herr der Welt.
8. **Bhadresvara, Bhadesvara**.
Nationalgott der Khmer und der Cham.
Bhadresvara erscheint auf heiligen Bergen. Berg-Kult. Dort werden ihm oder Uma—zumindest gelegentlich—Menschen-Opfer dargebracht, so in WAT PHU (Laos) im 4./ 5. Jh. und am BA PHNOM (22.10) noch 1877(!).[104]

NANDI

der heilige Stier oder Bulle des Buckelrinds, ist das Reittier Shivas.

In Shiva-Tempeln mit 4 Treppen finden wir Nandi-Statuen an den 4 Eingängen, bereit den Gott in alle Himmelsrichtungen zu tragen.

DEVÎ ODER UMÂ

Gemahlin Shivas.
Devi, „die Göttin", Tochter des Himalaja. **Umâ**, „Licht", „die wohl Gesonnene", Manifestiert auch als **Parvati**. „die Tochter der Berge" oder „des Berges"; **Durga**, „die Unzugängliche"; **Gauri**, „die Blonde";

Lingam. PREAH PITHU

LINGAM

wörtlich: „Zeichen". Symbol der Schöpferkraft Shivas.

Als Brahma aus dem Bauchnabel Vishnus entsprungen war (▶*Ruhender Vishnu*), erschien eine endlos lange, brennende Säule, aus der dann Shiva hervor trat.

Lingam in Angkor sind gewöhnlich dreiteilig und symbolisieren die Trimurti: für Brahma steht die quadratische Basis, für Vishnu die achteckige Mitte, für Shiva der runde Oberteil.

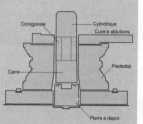

Lingam in Sockel

Der Lingam steht in einem quadratischen **Sockel**, aus diesem ragt nur der runde obere Teil heraus. Der Sockel wird abgedeckt mit einem quadratischen Becken (*Snanadroni*), sein Abfluß weist immer nach N und führt zu einen Ausguß (*Somasutra*) an der nördlichen Außenwand des Tempels. Dort konnte Wasser aufgefangen werden, das über den Lingam geflossen und damit geweiht war. Das Snanadroni wird gemeinhin als „Yoni", Symbol der weiblichen Schöpferkraft, gedeutet.

Der Lingam ist **nicht**, wie oft behauptet wird, Symbol des Devaraja. ▶Mukha-Lingam.

Kali, „die Schwarze". Als Durga kämpft sie, auf einem Löwen reitend, mit dem Asura Mahisha, der sich in einen Büffel verwandelt hat. Vishnu hat ihr dazu seine Waffen Diskus und Muschel geliehen.

VISHNU

Der Erhalter. Haarkrone mit Mitra oder Diadem. Haut dunkel-blau, auf der Brust eine Haarlocke oder ein Edelstein.

In 4 Händen trägt er—in verschiedener Auswahl—die Attribute
- Muschelhorn
- Lotus
- Keule
- Bogen
- Diskus
- Schwert

RUHENDER VISHNU

Zwischen zwei Weltaltern im kosmischen Dunkel liegt Vishnu 1000 Jahre lang auf **Ananta**. 1000-köpfiger Naga, unendlich groß. Auch **Shesha** genannt, die „Ruhende". Aus dem Bauchnabel Vishnus steigt ein goldener Lotus auf, aus ihrer Blüte erscheint Brahma, der die Welt neu erschafft.

Zu Füßen des Vishnu Shri, manchmal dazu Bhumidevi, seine Gemahlinnen.

Vishnus Avatara
Avatara: „Herabstieg", Inkarnation.

Wenn die Welt wieder einmal aus den Fugen ist, kommt Vishnu in Menschen- oder Tiergestalt auf die Erde, um den *Dharma* wieder herzustellen. Es gibt 10 Avatara:

- Als Fisch **Matsya** rettet er die Lebewesen vor der Sintflut.
- Als Schildkröte **Kurma** beim **Quirlen des Milchmeeres.**
  1.000 Jahre lang hatten die Deva mit den Asura gekämpft. Jetzt waren sie völlig erschöpft. Auf Indras Rat bitten sie Vishnu um Hilfe: Sie sollen sich mit den Asura verbünden und gemeinsam das Milchmeer quirlen. Daraus werden sie Amrita, den Nektar der Unsterblichkeit, gewinnen. Zum Buttern diente ein Quirl, um den ein Seil geschlungen war. Der Quirl: Vishnu riß den Berg Mandara aus. Das Seil: der Naga Vasuki sollte einen Anteil am Amrita erhalten, so ließ er sich um den Berg Mandara schlingen. Deva von der einen und Asura von der anderen Seite zogen nun abwechselnd an dem Naga.
  Als der Berg nun im Meer versank, verwandelte sich Vishnu in die riesige Schildkröte Kurma und trug den Berg auf seinem Rückenschild. Dem Naga Vasuki wurde es übel und er mußte sein Gift, das alle Lebewesen töten konnte, erbrechen. **Shiva** trank das Gift und verbrannte sich damit den Hals. Deswegen heißt er auch Nilakantha, „Blauhals".
  Durch das Buttern entstanden **Airavana**, das Pferd **Uccaishrava**, die **Apsàra** und das **Amrita**.
  Als die Asura sich auf das Amrita stürzten, verwandelte sich

Vishnu in eine verführerisch schöne Frau, die ihnen den Nektar entlockte. Nun konnten die Götter das Amrita trinken. Der Dämon **Rahu**, der 8. Planet, schlich sich zwischen die Götter, um etwas von dem Trank ab zu bekommen. Der Diskus Vishnus trennte ihm den Kopf vom Rumpf, bevor er das Amrita geschluckt hatte. Sein Kopf war unsterblich geworden. Wenn er Sonne und Mond verschlingt, entsteht Finsternis, aber er kann sie nicht behalten, sie (er-) scheinen bald wieder.[105]

- Als Eber **Varaha**.
  Der Asura Hiranyaksha hatte die Erde am Grunde des Meeres gefangen. Vishnu in Gestalt eines Ebers tauchte hinab, tötete Hiranyaksha und holte Bhumidevi, die Erde, herauf.
- Als **Narasimha**.
  Der Asura Hiranyakashipu, Bruder Hiranyakshas, hatte von

Vishnu auf Garuda, PRASAT KRAVAN (02.07)

Brahma das Versprechen erhalten, daß kein Gott, kein Mensch, kein Tier ihn töten könne. Er wütete gegen jedermann, auch gegen seinen eigenen Sohn Prahlada, einem ergebenen Anhänger Vishnus. Der verwandelte sich in einen Löwen-Menschen—weder Mensch noch Tier—und riß dem Dämon mit seinen Pranken die Eingeweide aus dem Leib.

- Als Zwerg **Vamana**
  Bali, der Enkel Prahladas, war ein guter Asura. Seine Güte und Askese machten ihn mächtig über Erde, Meer und Himmel. Er bedrohte damit die Macht der Götter. Vishnu näherte sich ihm in Gestalt eines zwerghaften Brahmanen. Er bat ihn um ein kleines Stück Land zu Meditieren. So viel wie er mit Drei Schritten abmessen könne. Bali gewährte die Bitte. Da wurde aus dem Zwerg plötzlich ein Riese. Mit einem Schritt „überspannte er das Land, das Bali besaß; mit dem zweiten Schritt durchquerte er den Himmel".[106] Für den dritten Schritt ist kein Raum mehr. Der Riese tritt auf den Kopf Balis und tötet ihn oder befördert ihn in die Unterwelt.

  Bali wird heute in Kambuja der Gott der Erde und der Unterwelt verehrt. Dieser Vishnu, der in Drei Schritten die Welt erobert, ist das Vorbild des *Chakravartin*, des Weltenherrschers. In Angkor setzt Vishnu einen Fuß auf die Erde, aus dem Wasser steigt, gehalten von Lakshmi, eine Lotusblüte auf, darauf setzt er den zweiten Fuß.
  ▷ PRASAT KRAVAN (02.07).

- Als **Parashurama**, „Rama mit dem Beil" besiegt er die Kshatriya und befreit die Erde von ihrer Unterdrückung.
- Als **Rama**, Hautfarbe blau.
  Ramayana: Um Ravana, den tyrannischen König der Rakshasa auf der Insel (Sri) Lanka, zu vernichten, verwandelt sich Vishnu in den Prinzen Rama und heiratet die wunderschöne Sita, Inkarnation Lakshmis. Ravana entführt Sita. Rama verbündet sich mit dem Affenkönig Sugriva und dessen General Hanuman. In langen Kämpfen wird Lanka eingenommen, Ravana getötet und Sita befreit.
- Als **Krishna**
  Hautfarbe blau. Um den grausamen König Kamsa zu besiegen, wird Vishnu als Sohn von dessen Schwester geboren. Durch einen Kindertausch entgeht er der Ermordung und wächst mit seinem Bruder Balarama bei Bauern auf. Er begeht zahlreiche Heldentaten: schleppt als Kind einen schweren Mörser weg, an den ihn seine Pflegemutter gebunden hatte; erwürgt die Schlange Kalya; tötet 2 Asura; um die Dorfbewohner vor dem Zorn Indras zu schützen, hebt er den Berg Govardhana an. Er tötet Kamsa und lebt als König mit 16.000 Frauen.
  Mahabharata: Mit Balarama kommt er den 5 Pandava-Fürsten im Kampf gegen ihre Vettern, die Kaurava, zu Hilfe. Der Kampf endet in der Schlacht von Kurukshetra, bei der Balarama fällt.[107] Krishna lebt nun als Eremit und wird durch einen versehentlichen Pfeilschuß getötet.

- Als **Buddha**.
- Am Ende des Zeitalters wird die Welt in Barbarei versinken. Dann erscheint Vishnu als **Kalkin**, pferdeköpfig oder auf einem Pferd reitend. Mit einem flammenden Schwert wird er das Böse vernichten. Ein neues glückliches Zeitalter kann beginnen. ▷ Lintel in BANTEAY SREI (13.01).

GEMAHLINNEN VISHNUS

Lakshmi, Göttin der Schönheit. Auch **Shri** genannt, Göttin des Glücks. In den Händen hält sie Lotus-Blumen.

Bhumidevi, Göttin der Erde, ist die zweite Gemahlin Vishnus.

GARUDA

Göttlicher König der Vögel. Adler. Kugelförmige Augen, Vogelschnabel, menschlicher Oberkörper, Flügel. Unten Vogelkörper mit kräftigen Krallen. Königliches Diadem und Haarknoten-Schmuck.

Er kämpft mit seinem Erbfeind, dem Naga, tötet ihn aber nicht.

Garuda verkörpert den Sonnen-Aspekt Vishnus.

Garuda-Friese tragen *fliegende Paläste*. Garudas stehen auch im Wechsel mit Löwen als Atlanten.

ANDERE HINDU-GÖTTER

HARIHARA

Vereinigung von Shiva und Vishnu. Die rechte Körperhälfte stellt Shiva dar, die Hände tragen Rosenkranz und Dreizack. Die linke Seite Vishnu mit Diskus und Keule. Die Haare sind rechts zum (Shiva-) Haarknoten hoch gebunden. Links tragen sie eine Tiara. Die Stirn trägt eine Hälfte des dritten Auges Shivas.

INDRA

Der König des Himmels der 33 Götter auf dem Berg Meru. Sein Reittier ist der göttliche Airavana, 3 Köpfe. Indra schickt den Regen auf die Erde. Hüter des Ostens.

Indra auf Airavana. WAT PHU (Laos)

GANESHA

Herr der Gana, der kleinen Geister, und, als Vishneshvara, der Konstrukteur und Überwinder von Hindernissen. Gott der Weisheit und Gelehrsamkeit. Gelbe Hautfarbe, klein, dickleibig (weil er Opfergaben liebt). Über seinen Elefantenkopf gibt es viele Legenden, ein Stoßzahn ist abgebrochen. Attribute: Ankusa (Elefanten-Haken) und Hals-Kette. Reittier Ratte.

AGNI

Gott des Feuers, Reittier Nashorn. Hüter des Südostens.

KAMA

Schöner Gott der Liebe. Reittier: Papagei. Attribut: Bogen aus Zuckerrohr. Gemahlin: **Rati**.

KUBERA

König der *Yaksha*, häßlicher Zwerg. Gott des Reichtums. Sitzt auf einem Thron.

NIRRITI

Gott des Todes und Verderbens. Reitet auf einem Yaksha.

SKANDA

auch: Karttikeya. Bruder Ganeshas, Gott des Krieges, 6 Köpfe oder mehr. Reittier: Pfau.

SURYA

Gott der Sonne, oft begleitet vom Mond. Fährt einen goldenen Wagen, der von 7 Pferden gezogen wird. Oder er reitet auf einem 7-köpfigen Pferd. Sein Symbol ist die Swastika (Hakenkreuz). Attribut (manchmal): Lotus-Blume.

VARUNA

Gott des Meeres, reitet auf einem Hamsa.

VAYU

Gott des Windes, reitet auf einem Pferd.

YAMA

Gott des Gerichts und der Hölle, Reittier: Wasserbüffel. Attribute: schwere Keule und Henkerstrick.

DEVATA, APSÀRA, MONSTER UND ANDERE FIGUREN

DEVATA UND APSÀRA

Devata sind weibliche Gottheiten. Göttinnen in ewiger Jugend aus Indras Götterhimmel. Die Devata steht in einer Nische an einer Außenwand der Tempel-Anlage, sie gehört zum himmlischen Wachpersonal, das den Wohnsitz des Gottes zu schützen hat. Ihre Gestalt gleicht den der Khmer-Mädchen: Quadratischer Kopf, gerade stehende große Augen, volle Lippen, die Unterlippe steht etwas vor. Stilles Lächeln. „Hochbusig und wohl gestaltet".[108] Ein Tuch um die Hüften geschlungen, der Oberkörper bleibt unbedeckt. Das Tuch kann wun-

Devata. ANGKOR WAT (04.01).

derbar gemustert sein, immer ist der Saum raffiniert gearbeitet. Und die Enden des Tuchs sind effektvoll geschlungen. Wie eine Prinzessin oder Königin trägt sie reichen Schmuck im Haar, an den Ohren, auf der Brust. Fantastisch sind die **Frisuren**, in Angkor Wat hat man 36 verschiedene Haartrachten gezählt. In den Händen trägt sie Blumen, oft den Lotus. Wenn man will, kann man in der Hand- und Fingerhaltung *Mudras* erkennen.

Apsàra sind himmlische Tänzerinnen, aus dem Milchmeer geboren. „Eine überirdische Nymphe, eine Tänzerin und Kurtisane des Himmels. Eine Apsàra ist vollendet schön und erweckt unwiderstehliches Verlangen. Apsàra tanzen auf Lotus-Blüten oder sie fliegen. Eine Apsàra heiratete einen indischen Prinzen oder Brahmanen und wurde zur Stamm-Mutter der Khmer.

Die Reliefs zeigen uns Devata und Apsàra *flächenhaft*. Die Augen liegen flach neben einander, die Ohren stehen neben dem Gesicht. Die Hände sehen wir oft in der Fläche oder mit aufgefächerten Fingern, so wie Kambodschanerinnen heute noch tanzen. Die Brüste stehen gerade neben einander nach vorne. Arme und Beine gehen flach zur Seite. Die Füße sehen wir von oben, im Stil von Angkor Wat ungraziös gerade zur Seite gestreckt. Im Stil von Bayon stehen die Füße schräg.

KALA

Eine Manifestation **Shivas**, Monster mit Löwenkopf, rund hervorquellenden Augen, gebleckten Raubtierzähnen. ohne Unterkiefer. Manchmal an beiden Seiten des Schädels je 1 oder 2 menschliche Unterarme. Meist als Wächter in der Mitte eines Lintel. Sein schreckliches Aussehen soll böse Geister abschrecken. Die lang heraus gestreckte Zunge geht ins Ornament über.

ASURA

Dämonen, sind den Göttern ebenbürtige Gegenspieler, aber sterblich. Für die Welt sind Götter und Asura gleich wichtig, wie die Legende vom Quirlen des Milchmeeres zeigt.

MAKARA

Reptilienartiges Meeres-Ungeheuer. Auf Reliefs speit er alles Mögliche aus seinem Maul.

Apsàra, BAYON (07.01), O-Seite außen

Kala. Lintel, ÖSTLICHER MEBON (02.02)

RAHU

▷ *Quirlen des Milchmeeres.*

YAKSHA

Fürchterlich aussehender Riese, hervorquellende Augen, gebleckte Hauzähne, bösartiges Grinsen.

DVARAPALA

Göttlicher Wächter des Tores. Hält oft eine Keule in der Hand.

KSHETRAPALA

Vergöttlichter Vorfahr oder Würdenträger eines Königs. Niedere Gottheit. Wächter eines Gebietes. Schutzgeist des Königreiches und seiner Menschen.

RISHI

Weiser, Eremit, Einsiedler, Asket. Ziegenbart. Sitzt meditierend mit gekreuzten Beinen.

DIE BILDERWELT DES BUDDHISMUS

DARSTELLUNG DES BUDDHA

	Frühzeit, vor Christi Geburt[110]	ab 1. Jh. n.Chr.
der Buddha	nur symbolisch	in menschlicher Gestalt
Erwachen ("Erleuchtung")	leerer Sitz unter dem Boddhi-Baum	Buddha mit Bhumisparsa-Mudra
Dhamma (seine Lehre)	Dharmachakra (Rad der Lehre)	Buddha mit Dharmachakra-Mudra
Sangha (Jünger)		2 Jünger
Parinirvana (Eingehen ins Nirwana)	Stupa. Symbol des Weges zum Nirwana.	Liegender Buddha

Der **Kopf des Buddha** wird immer mit bestimmten Merkmalen abgebildet:

- *Ushnisha*, eine beulenförmige Erweiterung des Schädels im Scheitel, Ausdruck der Erweiterung des Bewußtseins.
- Kurzes gelocktes Haar.
- Lange Ohrläppchen
- Halb geschlossene Augen, Ausdruck der Meditation.

Die klassischen Darstellungen zeigen diese Merkmale eher zurückhaltend. Im späteren Stil werden diese Merkmale stark übertrieben: wuchtiger Oberkörper, Ohrläppchen bis zu den Schultern, überlange Finger.

BUDDHA-LEGENDEN

Die Vier Begegnungen

Der zukünftige Buddha geht zum ersten Mal in seinem Leben aus dem Palast heraus und begegnet Krankheit, Alter, Tod und einem Rishi.

Der Große Auszug. Der Schlaf der Frauen.

Der zukünftige Buddha verläßt heimlich den Palast. Er reitet auf seinem Pferd Kanthaka und wird von seinem Gefährten Chandaka begleitet. 4 himmlische Wesen tragen die Hufe das Pferdes, um jeden Laut zu vermeiden. Der König Shuddodamma darf nichts hören. Die Götter haben alle Bewohner des Schlosses in tiefen Schlaf versetzt und sie haben die Stadttore geöffnet.

Das Abschneiden der Haare

Der zukünftige Buddha beschließt, alle Zeichen seiner Kaste und seines Standes abzulegen um wie ein Mönch zu leben. Mit dem Schwert schneidet er sein Haar ab.

Befreiung des Pferdes

Der zukünftige Buddha schneidet mit dem Schwert die Zügel seines Pferdes Kanthaka durch. Das Pferd stirbt aus Sehnsucht nach seinem Herren und wird im Himmel Indras wieder geboren.

Sujatas Geschenk

Der zukünftige Buddha sitzt meditierend unter dem „Baum der Ziegenherde" (ajapala). Sujata, ein junges Mädchen, glaubt, er sei der Baum-Geist, an den sie einen Wunsch gerichtet hat. Sie schenkt ihm eine goldene Schale voll Reis. Er teilt den Reis in 49 gleiche Teile, 49 Tage wird er noch bis zur Erleuchtung brauchen. Die goldene Schale wirft er in den Fluß.

Der Angriff Maras

Mara, Gott der Begierde, fürchtet die Überwindung der Begierde durch den Buddha. Er greift mit seiner Streitmacht den zukünftigen Buddha an, der meditierend unter dem Boddhi-Baum sitzt. Dieser ruft **Dharani**, die Göttin der Erde, als Zeugin an für die guten Werke in seinen vorher gehenden Inkarnationen. Mudra: **Bhumisparsa**. Dharani hat diese guten Werke in Wasser verwandelt und, das in ihrem üppigen Haar gespeichert. Sie erscheint und windet die Haare aus. Mara und seine Monster werden weg geschwemmt.

Das große Erwachen zur vollen Einsicht („Erleuchtung")

Der Buddha im Moment des Erwachens wird gewöhnlich unter dem Bo- /Boddhi-Baum sitzend abgebildet.

Buddha auf dem Naga Muchalinda

Nach der Erleuchtung meditiert der Buddha 7 Wochen ohne Unterbrechung. Er sitzt unter einem Boddhi-Baum neben einem See, in dem der Naga-König Muchalinda wohnt. Als ein Sturm ausbricht, beschützt der Naga den Buddha, indem er sich 7 Mal umter den Körper des Buddha ringelt, und schirmt ihn mit dem Fächer seiner Köpfe

Erste Predigt des Buddha in Benares am Ganges

Mudra: **Dharmachakra**. Ingangsetzung des Rades der Lehre. Wilde Tiere hören ihm zu.

Das Wunder des Waldes von Parilyyaka

10 Jahre nach der Erleuchtung zog sich der Buddha in den Wald von Parilyyaka bei Kosambi zurück, wo ein Elefant und ein Affe seine Schüler waren. Unfähig, Gut und Böse zu unterscheiden, sollten sie in Indras Himmel wiedergeboren werden, der ihnen den Weg zur Erlösung lehrte.

Unterwerfung Nalagiris

37 Jahre nach seiner Erleuchtung versucht sein Vetter Devadatta ihn umzubringen. Dieser setzt dazu einen Elefanten unter Drogen. Los gelassen in den Straßen von Rajagriha terrorisiert der Elefant die Einwohnerschaft, nur den Buddha nicht. Dieser segnet den Elefanten, der vor ihm nieder kniet und sofort wieder friedlich ist.

Liegender Buddha

Der Buddha bittet seinen Assistenten Ananda, ihm in einem Garten zwischen zwei Weidenbäumen ein Lager zu bereiten. Er legt sich auf seine rechte Seite und schaut nach Westen, zum untergehenden Vollmond. Gegen Ende der Nacht hat der Buddha seinen Meditations-Zyklus vollendet. Er geht in das Nirwana ein.

Der Kopf des Buddha ist auf den rechten Arm gestützt oder er ruht auf einem Kissen. Der linke Arm liegt locker gestreckt auf dem Rumpf. Die Füße liegen genau über einander oder der linke Fuß liegt etwa halb auf dem rechten.[111]

MUDRAS

Symbolische Hand-Gesten des Buddha.
Bhumisparsa Anrufung der Göttin der Erde als Zeugin.

Dyana, Samadhi Mudra der Meditation.

Abbhaya Furchtlosigkeit,

Vitarka Argumentierend, urteilend.

Fußabdrücke des Buddha

Symbole für die Ausbreitung der Lehre des Buddha. Volkstümlich gelten sie als Zeichen dafür, daß der Buddha diesen Ort besucht habe.

MAHAYANA-BUDDHISTISCHE BILDER

Avalokiteshvara

Bodhisattva der *Barmherzigkeit*, in Kambodscha meist **Lokeshvara** genannt. Trägt an seinem Kopfputz immer ein Bild des Buddha Amitabha. Wird mit vier Armen dargestellt. Attribute: Lotusknospe (daher Padmapani, Lotusträger), Rosenkranz, Wasserkrug, Manuskript. Zur Zeit Jayavarmans VIII. wird er in freistehenden Statuen mit 8 Armen dargestellt, sein Körper mit vielen kleinen Buddha-Bildern bedeckt, die überall hin Barmherzigkeit ausstrahlen.

Das Pferd Balaha

Inkarnation des Bodhisattva Avalokiteshvara als geflügeltes Pferd. Er verwandelt sich in ein Pferd, um den schiffsbrüchigen Kaufmann Simhala und seine Gefährten vor Seeungeheuern zu retten.

TIERE UND PFLANZEN

LÖWE

In Ägypten Sinnbild herrscherlicher oder göttlicher Macht, z. B. als Sphinx, in Mesopotamien als heiliges Tier der Ischtar; als Symbol der Tapferkeit und der Macht ist er in zahlreiche Wappen des Abendlandes eingegangen. Im Khmer-Reich häufig als Wächterfigur. Oder, im Wechsel mit Garudas, als Atlant. In SO-Asien hatte niemand einen echten Löwen gesehen. Also sind die Löwen reine Fantasie-Figuren.

EIDECHSE

Eine Eidechse taucht bei einigen Darstellungen Shivas auf. Ihre symbolische Bedeutung ist unbekannt. Manchmal wird sie mit dem Chamäleon verwechselt. (*Ravana* verwandelt sich in ein Chamäleon, um in die Gemächer der Frauen Indras eindringen zu können.)

ELEFANT

Symbol der Stabilität des Universums. Im Unterschied zum Löwen, der einen Eingang bewacht, stehen Elefanten an den Ecken einer Terrasse oder Plattform, also in den Zwischen-Himmelsrichtungen.

LOTUS

Die Lotus-Blume wächst aus dem Schlamm (dem Schmutz, dem Bösen) durch das Wasser (das Leben des Menschen auf der Erde) und öffnet ihre Blüte in der Luft (den Himmel, das Göttliche, die Vollendung). Lotus ist rein und vollkommen schön, ist deshalb *Symbol* für Reinheit, Vollkommenheit, das Göttliche, den Buddha.

LIANEN

Gelten als Glück bringend, beliebtes Dekor-Motiv in Reliefs.

ÖSTLICHER MEBON (02.02)   *Löwe, Baphuon-Stil, National Museum Bangkok*

III
ARCHITEKTUR

27

ELEMENTE DES TEMPEL-BAUS

ZELLEN

Sehr früh, vielleicht älter als die Prasat aus Ziegelsteinen, sind die Zellen. Künstliche Höhlen, Meditations-Räume. Sie sind meistens aus Sandstein gebaut, aus monolithischen Platten wie in Holz-Bauweise zusammen gesetzt; Das Dach ist flach. Ein Eingang nach Osten.

Beispiele:

- SAMBOR PREI KUK, N 17 (20.01)
- HANCHEY (21.04)
- WAT PHU (Laos)
- ASRAM MAHAROSEI (22.08)[112]

In HANCHEY war die Zelle in einen Prasat eingebaut. Wie weit die übrigen Zellen von Prasat umgeben waren, wissen wir nicht.

Jeder Khmer-Tempel, auch der einfachste, hat mindestens:

- einen Prasat.
- einen Eingang.
- eine Umfassungs-Mauer oder einen Erdwall mit Wassergraben.
- mit einem Tor.

PRASAT

Die Götter wohnen im Zentrum der Welt auf dem Berg Meru. Der Tempel-Turm ist ein symbolisches Abbild dieser Wohnung. „Das Heiligtum muß das genauest mögliche Abbild der Wohnung der Götter sein".[113]

PRASAT

heißt 1. Turm, 2. Tempel

1. ein Turm als ein Kern-Element eines Tempels.
2. eine Tempel-Anlage, ein hinduistisches oder buddhistisches Heiligtum.

GRUNDRIß

Die Rechteckform stammt vom Bau mit Dachstuhl aus Holz, mit Firstbalken und 2 Giebeln. Mit der Dach-Pyramide aus Backstein setzt sich das **Quadrat** durch mit 4 gleichen Seiten. Aber der Grundriß ist nie einfach quadratisch, die Ecken sind **abgestuft**, die Portale stehen über. So wird er annähernd **kreisförmig**. Sind die Tore durch Vorhallen betont, ergibt sich ein **kreuzförmiger Grundriß**, genauer gesagt: die Form eines griechischen Kreuzes mit gleich langen Armen.

TÜREN

Der Prasat steht im Schnittpunkt von Achsen (⇨BAKONG (11.04). Auf einer Seite, meist nach O, öffnet sich der **Haupt-Eingang**, die anderen Seiten können durch **Scheintüren** geschlossen sein, entweder die beiden Seiten links und rechts vom Haupt-Eingang oder alle 3 anderen Seiten.

Wenn der Prasat auf einem Sockel steht, führen **Treppen** zu allen Eingängen, ob offen oder geschlossen.

CELLA

In der **Cella**, der Innenraum des Prasat, steht eine Statue des Gottes oder ein Lingam mit Somasutra. Sie hat eine hölzerne Decke.

Die Cella mißt um die 3 m im Quadrat, oft noch weniger, in Angkor Wat sind es 5 m. Winzig im Vergleich zu den anderen Dimensionen des Baus.

Wenn später größere Türme gebaut werden, sind sie höher, sie sind kreuzförmig erweitert durch Portale und Vorhallen, sie stehen auf hohen Sockeln, aber die Cella wird kaum größer. Das hat 2 ganz verschiedene Gründe: Einmal ist es enorm schwierig, in Corbel-Technik mehr als ~3 m zu überwölben. Und der Gott „wohnt" hier nicht im westlichen Sinn, man wohnt nicht in geschossenen Räumen aus Stein.

In der Cella opfert der oberste Priester oder der König dem Gott, dazu ist Platz genug.

Die Außen-**Mauern** sind, besonders bei alten Tempeln, dick, entweder, weil die Cella eine Höhle im Berg Meru darstellt, oder weil die Maße von Cella und Mauer gewissen Gesetzen der Proportion folgen.

KUDU-BÖGEN

Umgekehrt U-förmige oder hufeimsen-förmige Umrahung des Giebelfeldes über dem Tor. Stammt ursprünglich aus Indien, wurde von den Khmer selbständig weiter entwickelt. Meistens Naga-Körper. Die beiden Enden des Bogens entwickeln eine eigene Vielfalt von Formen.

DÄCHER

Der Prasat hat **5 Geschosse**, wie der Götterhimmel auf dem Berg Meru. Die 4 oberen Geschosse sind verkleinerte Abbildungen des würfelförmigen Erdgeschosses, So entsteht eine 4-stufige **Dach-Pyramide**.

Dabei sind diese Geschosse nur außen vor getäuscht, innen ist ein einziger hoher Raum mit gestuften Wänden: fiktive Geschosse oder Schein-Geschosse.

Die Stufen der Dach-Pyramide in der Höhe schrittweise niedriger. Sie täuschen mit dieser **Verjüngung** mehr Höhe vor.

Eine runder **Knauf** aus Sandstein und eine senkrechte **Spitze** aus Metall oder Holz bekrönten den Bau.

DEKORATION

Die Tor-**Wandungen** sind glatt, Raum für **Inschriften**. Davor stehen Colonettes, schlanke Säulen, bei sehr alten Tempeln rund, später meist 8-eckig. Sie tragen den Lintel, den Türsturz, mit Relief. Und ein bogenförmig umrahmtes Giebelfeld, den **Fronton**. Auch hier: Relief.

Die Seiten der Mauer sind abgestuft. **Pilaster**, ein Zitat der Balken eines Holz-Baus, tragen das kräftig vorspringende Gesims. An der Außenwand Reliefs mit **Miniatur-Architektur** oder flache Nischen mit **Wächter-Figuren** in Relief.

Auf den Simsen des Dachs können **Pancharam** stehen.

PANCHARAM

Miniatur-Nachbildungen des Prasat. Sie stehen wie Fialen auf den Simsen des Überbaus. Prinzip der Wiederholung: der Prasat wird multipliziert, soll vielfach vorhanden sein. Ein Symbol für die reiche Fülle von Indras Götterhimmel.

Im Stil von Angkor Wat werden die Fialen verlängert und leicht nach innen gebogen. Die Stufen der Dach-Pyramide werden dadurch verdeckt, es entsteht eine filigran geschlossene Oberfläche in Knospenform. Besonders schön zu sehen beim Prasat von PHIMAI (Thailand).

ANORDNUNG DER PRASAT

Einzel-Prasat Linie von 3 Prasat
auf einer Achse, meist N-S, der mittlere Turm kann größer sein als die anderen

Linie von 5 Prasat
auf einer Achse, meist N-S, die Größe der Türme nimmt nach außen ab

doppelte Linie
vorne 3, hinten 3;

von Prasat
vorne 3, hinten 2; vorne 5, hinten 4

Pancharam, BANTEAY THOM (10.03)

Schein-Türe mit Kudu-Bogen, Fronton, Lintel, Pilastern, Colonettes. PHNOM CHISOR (22.04)

QUINCUNX

„Gruppe von 5 Punkten". Um den zentralen Prasat in den Ecken, NO, SO, SW und NW, 4 etwas kleinere Türme.

Die Quincunx symbolisiert die 5 Gipfel des Berges Meru.

Zeigt die Quincunx 5 Türme oder 3?

Flächenhaftes Sehen: Die Quincunx zeigt in jeder Himmelsrichtung, im Profil, jeweils 3 Türme. sichtbar aus 4 Richtungen.

Die Zahl 3 entspricht der Trimurti.

Gleichzeitig bietet die Quincunx die optimale Flächen-Nutzung auf der obersten Stufe der Pyramide.

NEBEN-PRASAT

Sie stehen konzentrisch zum zentralen Prasat oder symmetrisch zum Haupt-Eingang.

Oft hat ihre Anzahl symbolische Bedeutung, so

- 8 Prasat entsprechen den 8 Erschei-nungsformen Shivas. Oder den 4 Haupt- plus den 4 Neben-Himmelsrichtungen, also Ausdruck der Universalität. BAKONG (11.04), ÖSTLICHER MEBON (02.02).
- 33 Prasat (inklusive dem zentralen Prasat) auf jeder der 4 Seiten des BAKHENG—33 Götter in Indras Himmel
- 108 Neben-Prasat beim BAKHENG. Die Zahl 108 (=9x12, Quersumme 9) gilt als heilig und glücksbringend.

EINFRIEDUNGEN

ERDWÄLLE UND UMFASSUNGS-MAUERN

symbolisieren die den zentralen Berg Meru umgebenden Berge.

Zugleich umfrieden sie das Heilig-tum, sollen es vor dem Bösen schützen. Eine militärische Funktion hatten sie nie. Khmer-Könige verstanden sich als *Chakravartin*, Welten-Beherrscher, sie griffen ihre Nachbarn an und dachten nicht daran, sich gegen sie zu schützen.

Wälle und Mauern sind immer streng rechteckig und im rechten Winkel zu den Achsen ausgerichtet. Umfassungs-Mau-ern sind durch Kappen bekrönt, oft auch durch kamm-artige Aufsätze. Wenn diese, ab der Bayon-Zeit, mit Buddha-Reliefs ge-schmückt sind, heißen sie **Lotus-Blätter**. Die Mauer-Wand kann in regelmäßigen Abständen mit Reliefs geschmückt sein.

Sie trennen den heiligen Bezirk des Tempels von der profanen Außenwelt. Wer den Gopuram durchschreitet, geht von einer Welt in die andere.

In ihrer Vielzahl—große Tempel-An-lagen haben bis zu 5 Einfriedungen—ge-stalten sie eine schrittweise Annäherung an das Heiligtum, einen schrittweisen Übergang, eine Transzendenz.

HALLEN UND GALERIEN

Die den Tempel umrahmenden **Hal-len** verschmolzen nach und nach mit einander und den Umfassungs-Mauern und wurden zu **Galerien**, zunächst mit Gebälk und Ziegeln abgedeckt, dann mit Corbel überwölbt. Diese Galerien können die verschiedensten Formen annehmen: Öffnung. Einfache oder doppelte Säulen- oder Pfeiler-Reihe. Baluster-Fenster. Usw.

Die den zentralen Prasat umgebenden Hallen „dienten als Sakristeien, als Speicher für Opfergaben, als Schlafstätte für Pilger, als Wohnräume für die Tempeltänzerinnen usw".[115] Das gilt allenfalls für die frühen Formen, die mit Gebälk und Ziegeln abgedeckt waren. Die corbelgewölbten Galerien verloren diese Funktion, teilweise wurden sie bloße Dekoration, kaum mehr betret- oder begehbar. Mit ihrer Öffnung durch Pfeiler oder Säulen wird die Außen-Mauer zugänglich und bietet Platz für großflächige Reliefs.

Prozessionswege waren sie nicht. Auch die Vorstellung, daß ein Besucher des Tempels die gesamte Relief-Galerie durchschreitet, mit oder gegen den Uhrzeigersinn, wäre absurd.

Galerien können den zentralen Prasat oder die Quincunx, die man von Weitem hoch aufragen sieht, in der Nähe unsichtbar machen. Prasat oder Quincunx kommen erst wieder vor Augen, wenn man die innerste oder die 2. Galerie durchschritten hat.[116]

„Die umlaufende Galerie erlaubt es, Eck- und Tor-Pavillons sowie verlängerte Säle zu einem einzigen Bau-Element zusammen zu fassen, das die Komposition vereinheitlicht".[117]

WASSER-GRÄBEN

Symbol der Gewässer, auf der Erde und an ihrem Rand.

Stufenförmig verkleidete Ränder.

In großen Tempel-Anlagen gewöhnlich zwischen der 1. und 2. Umfassungs-Mauer. Diese stehen nahe zusammen.

Wenn das Gelände es nicht erlaubt, einen Wassergraben anzulegen, wird dieser durch 2 relativ nah beieinander stehende Mauern ersetzt. Der Zwischenraum bleibt frei.[118]

GOPURAM

Ein Tor mit einem Turm darüber oder ein Tor-Turm.

Vorbild sind ursprünglich die indischen Gopuram, große Tor-Türme.

Der zunächst prinzipiell quadratische Grundriß wird nach allen 4 Seiten erweitert.

Seitlich werden, teleskop-artig verkleinert, Hallen angebaut.

Auch seitliche Pavillons mit weiteren Tor-Öffnungen.

Der Eingang kann mit Vorhallen nach innen und außen verlängert sein.

So ergibt sich der für die Gopuram der Khmer typische kreuzförmige Grundriß.

Oft ist der innere Torraum eine regelrechte Cella, also selbst ein Heiligtum und nicht nur der Zugang zu einem solchen. Man hat hier Sockel von Statuen und von Lingam gefunden.

Gopuram am Haupt-Zugang sind gewöhnlich größer, differenzierter gebaut und reicher dekoriert als die übrigen.

An die Stelle des Gopuram kann ein **Tor-Pavillon** ohne Turm treten. Dieser wird oft ebenfalls Gopuram genannt.

WASSER-BECKEN

Rechteckige Wasser-Becken, ebenfalls ummauert, flankieren meistens die Haupt-Zugangswege. Ihre genaue Funktion ist ungeklärt. Sicher gibt es Bezüge zum *Wasser-Kult*.

STEGE

Zugangswege, auch Verbindungs-Wege zwischen Neben-Gebäuden, können als steinerne Stege ausgebaut sein, meistens auf 3 Reihen von kurzen Stein-Säulen. Diese Stege sind Imitationen hölzerner Stege in Stein.

NEBENGEBÄUDE

SAKRISTEIEN

Sie stehen vor dem Haupteingang des Tempels und wenden diesem ihren Eingang zu. Meistens entweder nur innerhalb der 1. Einfriedung, oder in der 1. und der 2. Einfriedung.

Wenn es nur eine Sakristei gibt, steht diese rechts vom Haupteingang, also bei O-Orientierung im SO.[119] Die größeren haben 2 niedrigere Seitenschiffe mit **Halbgewölben**, im erhöhten Mittelschiff oben breite, niedrige Fenster Bei kleineren Sakristeien werden diese Seitenschiffe imitiert durch ein fiktives Halbgewölbe in der Seitenmauer ohne Pfeiler-Unterstützung. Fiktives Obergeschoss: Von außen sieht es aus, als sei das Mittelschiff erhöht, innen gibt es einen einzigen Raum, keine Pfeiler und keine Schiffe, nur die angesetzten Halbbogen.

Dem Eingang gegenüber ist eine Scheintüre möglich, so im BAPHUON (06.06), in PREAH VIHEAR (17.01) und PHNOM CHISOR (22.04).

In ANGKOR WAT (04.01) und PHIMAI (Thailand) 4 offene Tore mit Vorbauten.

In WAT ATHVÉA (12.02), PHNOM CHISOR, ANGKOR WAT und im BAYON (07.01) stehen die Sakristeien auf hohen Sockeln, um sie „über die Mauer schauen zu lassen".

Zweck: Vielleicht dienten sie als Meditationsräume, zur Aufbewahrung von Manuskripten oder zu ähnlichen Zwecken wie die Hallen. „Bibliotheken", wie sie meist genannt werden, waren sie wohl in der Regel nicht. Multzer[120] vermutet, daß die Sakristeien rituelle Feuerstellen enthielten. Wenn es nur eine einzige Sakristei gibt, steht diese regelmäßig im SO. Hüter des Südostens ist Agni, der Gott des Feuers.

DHARMASALA

oder „Haus des Feuers". Sandstein- oder Laterit-Gebäude unbekannter Funktion, die König Jayavarman VII. (1181– ~1220) entlang der Hauptstraßen seines Reiches errichten ließ.

MANDAPA

Rechteckiger Vor-Bau, selbstständig stehende Halle, axial vor dem zentralen Heiligtum.

Bei alten Shiva-Tempeln beherbergt das Mandapa gegenüber dem Haupteingang des zentralen Heiligtums Nandi, den göttlichen Bullen Shivas.

Beim Flach-Tempel steht das Mandapa regelmäßig vor dem zentralen Heiligtum, und ist mit diesem durch das **Antarala**, einen kurzen Zwischenbau, verbunden.

Das Mandapa, oft mit 2 niedrigeren Seitenschiffen, die durch Pfeiler-Reihen abgeteilt sind, bietet viel mehr Raum als die enge Cella.[121]

Dharmasala. PREAH KHAN von Kompong Svay

„PALÄSTE"

4 Hallen im Rechteck angeordnet. In PRASAT THOM noch einzeln stehend, ab WAT PHU bilden sie einen geschlossenen Hof. Funktion unbekannt.

KREUZ-GALERIEN

Ein Hof mit umlaufender Galerie, auf seinen Achsenkreuzen sich 2 weitere Galerien, so daß 4 Innenhöfe entstehen. Funktion: Verbindung zwischen umlaufenden Galerien, in ANGKOR WAT (04.01) auch elegante Überwindung eines Höhenunterschieds.

„HALLEN DER TÄNZERINNEN"

Ähnlich Kreuz-Galerie, aber für sich stehend. Funktion unbekannt. Die Bezeichnung „Halle der Tänzerinnen" leitet sich von Apsàra-Friesen ab, die hier gefunden worden sind.

UMLAUFENDE HALLEN, KREUZ-GALERIEN.			
1. H. 10. Jh.	**PRASAT THOM**	18.10	„Paläste"
1. H. 11. Jh.	**WAT PHU,**	Laos	„Paläste"
	PREAH-	17.01	
	VIHEAR III		
ab ~1100	**CHAU SREI**	13.05	Kreuz-
	VIBOL, PHIMAI,	Thailand	Galerien
	BENG MEALEA,	13.06	
	ANGKOR WAT,	04.01	
ab ~1200	**PREAH KHAN**	09.03	„Hallen
	u.a. große		der Tän-
	Flach-Tempel		zerinnen"

STELEN-GEHÄUSE

Meistens quadratisch, 4 wuchtige quadratische Eckpfeiler, Dach in Form eines „Pfaffen-Hutes". In der NO-Ecke innerhalb der 1. Einfriedung.

AXIALE ZUGANGS-WEGE

Der Prasat hat 4 Seiten in den Haupt-Himmelsrichtungen. Von hier gehen axiale Wege aus, gebaut als Erd-Dämme, mit Seiten-Mauern, ganz mit Laterit oder Sandstein verkleidet, kreuzförmige Erweiterungen mit Treppen.

Zugangs-Wege werden gesäumt von Bildsteinen, Naga-Balustraden und—in der Bayon-Zeit—mit Riesen-Balustraden.

Der ausgebaute Zugangweg beginnt meistens an der äußeren Einfriedung.

Ab dem 12. Jh. werden die Zugänge mit Galerien und Kreuzgalerien überbaut.

Besonders betont ist der **Haupt-Zugang.** Um ihm Raum zu geben, ist das Zentrum der Tempel-Anlage in die Gegenrichtung versetzt (wenn der Haupt-Eingang im O ist, nach W).

Nebengebäude wie Sakristeien und Hallen sowie Wasser-Becken begleiten den Hauptzugang symmetrisch.

Der Haupt-Zugang, bei einem Shiva-Tempel im O, führt von außen geradeaus in die Cella. Wenn es ein Götterbild gibt, blickt es in diese Richtung. Die Blick-richtung des Götterbildes wertet diese Richtung auf über die anderen Himmels-richtungen.

Über diesen Haupt-Zugang betritt der König in einer feierlichen Prozession und Zeremonie den Tempel. Der Gott kann sich in alle 4 Richtungen bewegen; 4 Nandi liegen zu Füßen der 4 Treppen, bereit ihn in alle Welt zu tragen.

Der Mensch, auch der König, nähert sich nur über die Achse, die durch den Blick des Gottes bestimmt wird.

TREPPEN

In einer Flucht über alle Geschosse
hinweg. In Absätzen. Von Seitenmauern
begleitet. Eine einzige Treppe auf der
Zugangsseite oder 4 Treppen in alle Himmelsrichtungen.

Treppen sind ein vertikales Element,
lassen die Pyramide schlanker, höher und
steiler erscheinen.

Besonders wenn die Treppenstufen
höher als tief sind.

In Verbindung mit der falschen
Perspektive—die Stufen der Pyramide
werden nach oben niedriger—ergibt sich,
beispielsweise am TA KEO (02.12), ein
interessanter Effekt: nach oben werden die
Stufen niedriger, d.h. jedes Geschoß der
Pyramide hat gleich viele Treppenstufen.
Man hat den Eindruck, immer schneller
zu steigen, je weiter man in die Höhe
kommt. So werden die Tempel wahre
‚Treppen zur Welt der Götter'.[122]

Große Freitreppen an Axial-Tempeln.

NAGA-BALUSTRADEN

Geländer in Form von Schlangen-Kör-
pern mit 5-, 7- oder 9-köpfigen Kappen
und fächerförmigen Schwänzen. In älteren
Tempeln auf dem Boden, später auf Balustern. Säumen Große Dammwege,
Brücken und Terrassen.

Überall an der Grenze zwischen Wasser und Land.

Der Naga ist Symbol der engen und
harmonischen Beziehung zwischen Wasser, Erde und Luft.

Die Naga-Balustrade stellt symbolisch
den **Regenbogen** dar, der nach der indischen Tradition die Verbindungs-Linie
ist zwischen der Welt der Menschen und
der Welt der Götter, auf Erden versinn-
bildlicht durch die königliche Hauptstadt
(mit dem Staats-Tempel).[123]

Indem Khmer-Könige Naga-Balustraden errichten lassen, manifestieren sie
ihre Rolle und die Rolle ihres Reiches als
Schöpfer und Garanten dieser Verbindung.

Naga-Balustraden begleiten einen
Weg, der von der Erde der Menschen
in den Himmel der Götter führt, einen
Zugangsweg zum Tempel.[124]

▷ Riesen-Balustraden, bei 05.02

KREUZFÖRMIGE
TERRASSEN

Zuerst in PHNOM RUNG (Thailand),
BENG MEALEA (13.06) und PREAH
PALILAY (08.07). Vor dem Eingang zu
Tempeln, an Wasser-Becken. Sicherlich
eine Bühne für den öffentlichen Auftritt
des Königs, auf der oberen Ebene und
seines Hofstaats oder seiner Priesterschaft,
auf der unteren Ebene. Getragen von
Stein-Säulen (Nachahmung eines hölzernen Steges). Naga-Balustraden.

Schmücken die Zugangs-Wege und
werten sie auf.

Stelen-Gehäuse,
Nordöstlicher PRASAT CHRUNG (05.03)

28.
FUNKTION VON TEMPELN

DAS BAU-PROGRAMM DER KHMER-KÖNIGE

Ein neuer König startet mit der Thron-Besteigung ein Bau-Programm – traditionell in 3 Phasen:

- Hauptstadt, öffentliche Bauten, Baray, Straßen, Brücken, Hospitäler, Rast-Häuser.
- Tempel zu Ehren der Eltern und Ahnen.
- Staats-Tempel.[19]

Der Bau von Tempeln und deren Ausstattung schafft dem König Verdienste für sein *Karma*.

UNVOLLENDET

Mit dem Bau eines Tempels demonstriert der König den Göttern seine Verehrung, seinen guten Willen. Der Bau ist ein Opfer für die Götter. Die Bau-Maßnahme muß Größe zeigen, der König gibt den Göttern, was er vermag, und mehr. Seine Anstrengung muß unbegrenzt sein. Er geht über seine Grenzen und Möglichkeiten hinaus. Kein Tempel ist deshalb jemals vollendet worden. „Drohte" seine Fertig-Stellung, so begann eine neue Bau-Maßnahme

AHNEN-TEMPEL

Der Verehrung der vergöttlichten Ahnen und der Darstellung seiner legitimen Abstammung von königlichen Vorfahren veranlaßten die Könige, zuerst einen Ahnen-Tempel zu bauen. Wenn dieser 6 Heiligtümer beherbergt, so sind diese dem Vater und der Mutter des Königs und seinen 4 Großeltern gewidmet.

Ahnen-Tempel

PREAH KO	11.05	879
LOLEI	11.07	893
BAKSEI CHAMKRONG	01.05	A. 10. Jh.
PRASAT THOM (Koh Ker)	18.11	1. H. 10. Jh.
ÖSTLICHER MEBON	02.02	952
TA PROHM	02.11	1186
PREAH KHAN	09.03	1191

Staats- und Pyramiden-Tempel

SAMBOR PREI KUK N	20.01	E. 6. oder 7. Jh.
SAMBOR PREI KUK S	20.02	616-635
AK YUM	03.04	E. 8. Jh.
RONG CHEN	14.05	802
BAKONG	11.04	881
BAKHENG	01.02	um 900
BAKSEI CHAMKRONG	01.05	A. 10. Jh.
PRASAT THOM, Koh Ker	18.11	921-944
PRE RUP	02.04	961
TA KEO	02.12	1007
PHIMEANAKAS	06.05	E. 10., A. 11. Jh.
BAPHUON	06.06	M. 11. Jh.
ANGKOR WAT	04.01	1. H. 12. Jh.
BAYON	07.01	A. 13. Jh.

---

19. Philippe Stern, nach Chandler, S. 61 f.

ENTWICKLUNG DES PYRAMIDEN-TEMPELS

Die Vorläufer:
  AK YUM: 3-stufige Terrasse.
  RONG CHEN: flache Backstein-
Pyramide.

BAKONG, 881
Die erste große Stufen-
Pyramide aus Sandstein.
Ausbau der konzentrischen
Anlage.

BAKHENG,
Ende 9. Jh.
Noch größer und auf
natürlichem Hügel. Erste
Quincunx. 108 Neben-
Prasat.

**BAKSEI CHAM-
KRONG,**
A. 10. Jh.
Die erste steile Stufen-
Pyramide.

PRASAT THOM,
Koh Ker, Anfang 10. Jh.
Die erste steile Pyramide
in großen Dimensionen.

PRE RUP, 961
Quincunx auf einer
Stufen-Pyramide

TA KEO, 1007
5 Sandstein-Prasat in
Quincunx auf Sandstein-
Pyramide. Galerien.
Unvollendet.

BAPHUON, Rekonstruťions-Zeichnung

BAPHUON,
M. 11. Jh.
Rechteckige, große, steile
Stufen-Pyramide, Galerien,
Eck-Türme.

ANGKOR WAT,
1. H. 12. Jh.
Vollendung der Stufen-
Pyramide mit Quincunx
und Eck-Türmen in
riesigen Dimensionen.
Perfekte Galerien.

30.
SYMBOLIK DES PYRAMIDEN-TEMPELS

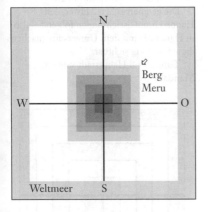

- steht auf einer Pyramide.
- umgeben von konzentrischen Wassergräben und Mauern.
- Ausgangspunkt von axialen Straßen in die 4 Himmelsrichtungen.

Der zentrale Prasat hat 4 gleiche Seiten. Nach allen 4 Himmelsrichtungen gehen von hier axiale Straßen bis ans Ende der Welt. Bis dort hin reicht die Herrschaft des *Chakravartin*.

Wo die axialen Straßen die Mauern oder Galerien schneiden, öffnen *Gopuram* den Weg. Große Dämme überqueren die Wasserstraßen.

Dieser Staats-Tempel ist Mittelpunkt der Hauptstadt, Mittelpunkt des Königreiches, Mittelpunkt der Welt. Das Zentrum ist jeweils Modell für die Peripherie, vom Zentrum aus wird diese Harmonie nach außen gebracht.

Die Welt ist ein Quadrat, umflossen vom Welt-Meer. Im Zentrum steht der Berg *Meru*, die Wohnung der Götter. Um den Meru liegen konzentrisch die Länder, Berge und Meere.

Der König baut in der Mitte der Welt einen prächtigen Tempel, eine Wohnung für die Götter.

Die Tempel-Anlage wird nach den Haupt-Himmelsrichtungen ausgerichtet. Sie ist in Harmonie mit Erde und Himmel, von wo diese Richtungen genommen werden.

Der Tempel-Berg ist ein Abbild des Berges Meru:

- Der zentrale Prasat, 5-geschossige Wohnung der Götter.

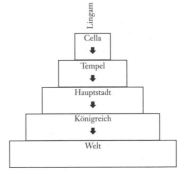

Das Zentrum ist der Ort, wo sich Himmel und Erde berühren, wo die Götter auf die Erde kommen.

Die Tempelanlage ist der Ort der Annäherung an die Götter. Je näher am Zentrum, desto näher an den Göttern.

Die Tempel-Anlage ist auch ein Ort abgestufter Exklusivität: Je heiliger der Ort, desto weniger Menschen haben Zutritt.[126]

Die axialen Zugangswege regulieren und organisieren diesen Zugang.

Der Weg zu den Göttern führt nicht nur zum Zentrum, sondern auch aufwärts, Richtung Himmel. Über die Stufen der Pyramide und ihre Treppenaufgänge.

Nach dem Tod des Herrschers werden dessen sterbliche Überreste im Tempel beigesetzt. Der Staats-Tempel wird damit zum Grab-Tempel, aber nicht zum „Mausoleum". Hier wird nun der vergöttlichte König unter seinem posthumen Namen verehrt.[127]

Nach hinduistischer Vorstellung erschaffen die Götter die Welt, indem sie sie in Harmonie bringen. (Die Materie ist vorhanden.) Mit dem Bau des Staats-Tempels im Zentrum seiner Hauptstadt manifestiert der König seine Rolle als—gottgleicher—Schöpfer.

Er ordnet den Raum und legitimiert dadurch seine Herrschaft. „Ordnen" heißt hier immer auch: befrieden, harmonisieren, fruchtbar machen, den Willen der Götter durchsetzen. Er erobert und herrscht im Auftrag der Götter, seine Herrschaft vollzieht göttlichen Willen und steht unter dem Schutz der Götter. Der König ist der Garant für die guten Beziehungen zwischen Göttern und Menschen.[128]

Die geometrischen Muster, den Haupt-Himmelsrichtungen folgend—also in Harmonie mit dem Universum, machen diese Ordnung sichtbar.

Tempel und Hauptstadt sind ein **Mandala**.

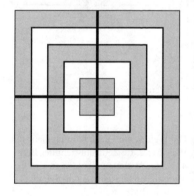

31.
FLACH-TEMPEL

KLEINE FLACH-TEMPEL

Die kleinen Flach-Tempel in Angkor sind alle im 12. Jh. erbaut worden und ähneln sich in der Anlage.

Das Grund-Schema:
- Zentraler Prasat, meist nach O ausgerichtet.
- davor Antarala und *Mandapa*.
- 1 oder 2 Galerien mit je 2 oder 4 Gopuram.

KLEINE FLACH-TEMPEL	
Vorläufer:	
PHNOM CHISOR (22.04)	A. 11. Jh.
PREAH VIHEAR (17.01)	A.-M. 11. Jh.
WAT ATHVEA (12.02)	A. 12. Jh.
BANTEAY SAMRÉ (02.03)	A. 12. Jh.
THOMMANON (08.11)	A. 12. Jh.
CHAU SAY TEVODA (08.12)	M. 12. Jh.
TA SOM (09.08)	um 1200
TA NEI (02.13)	um 1200

Die Achsen verlaufen horizontal geradlinig, man kann von einem Ende zum anderen durch den Tempel hindurch sehen.

Die gesamte Achse liegt auf gleicher Höhe mit dem Allerheiligsten. Dadurch ist vor dem Haupt-Eingang des zentralen Heiligtums freier Raum. Raum für den Haupt-Zugangsweg. *Mandapa*.

GROSSE FLACH-TEMPEL

Das **Planschema** des großen Flach-Tempels wurde in den Tempel-Anlagen von BENG MEALEA und TA PROHM entwickelt:
- Zentraler Prasat.
- auf der O-Seite davor ein großer Mandapa.
- 3 konzentrische Galerien in Rechteck-Form.
- Gedeckte Gänge, die Kreuz-Galerien, verbinden die 1. und 2. Galerie.

Größere Hallen erhalten wieder Holzgebälk und Ziegel-Abdeckung.

Auch der Flach-Tempel bildet den Berg Meru ab, betont aber die Darstellung der umgebenden Bergketten, die Galerien.

Längs der waagrechten Hauptachsen ergibt sich—heute—oft ein Durch-Blick von einem äußeren Tor bis zum anderen.

Der Flach-Tempel entspricht den Bedürfnissen des Buddhismus. Er schafft Raum für Gemeinschaften. Der hinduistische Tempel diente nur dem Opferritual eines Hohepriesters.

GROSSE FLACH-TEMPEL	
BENG MEALEA (13.06)	A. 12. Jh.
PHIMAI (Thailand)	12. bis Anfang 13. Jh.
TA PROHM (02.11)	1186
PREAH KHAN von Angkor (09.03)	1191
BANTEAY KDEI (02.08)	um 1200
BANTEAY CHHMAR (16.01)	um 1200

32.
HOLZ, STEIN UND WASSER

BAUMATERIALIEN, BAUTECHNIK

HOLZ

War das ursprüngliche Baumaterial. Traditionelle Khmer-Häuser werden heute noch ganz aus Holz gebaut, wie man in jedem Dorf sehen kann.

Bis zum 11. Jh. hatten Stein-Bauten Dächer aus Holz. Eingemauerte Balken stabilisierten das Sandstein-Mauerwerk.

Ab dem 12. Jh. werden Stein-Bauten gänzlich ohne Holz errichtet. Es gibt nur noch eingezogene hölzerne Decken und—vielleicht—hölzerne Treppen.

HOLZ-ARCHITEKTUR

Von den meisten Bauten der Khmer, ihren Wohnhäusern, Wirtschaftsgebäuden und von den Palästen ihrer Fürsten ist nichts geblieben. Sie waren aus Holz gebaut. Wie sie ausgesehen haben könnte, zeigen uns einige Reliefs. Die Holz-Architektur muß von höchster Perfektion und Qualität gewesen sein, wir können das noch aus ihrer Nachahmung in den Steinbauten erkennen. Der Khmer-Prasat wurde als Holzbau entwickelt, bevor er in Stein nach gebaut worden ist.

Die Sandstein-Bauten der Khmer ahmen bis ins Detail Holz-Architektur nach. Die aus Holz gebauten Tempel gaben

vor, wie ein Tempel auszusehen hatte. Also wurde der Tempel in Stein imitiert: Pilaster imitieren senkrechte Pfosten, Fenster- und Tür-Rahmen sind gezapft und gezinkt, wie vom Zimmermann gemacht. Scheintüren ahmen geschlossene Holztore nach. Fenster-Baluster sehen aus wie gedrechselte Docken. Relief ersetzt die Holzschnitzerei. Dammwege stehen scheinbar auf steinernen Pfählen. Oder man baut, wie beim BAPHUON (06.06) **Stege** aus Stein nach. Prächtig die dreieckigen **Giebel** von PREAH VIHEAR (17.01) oder Banteay Srei (13.01), geformt wie die Fronten des hölzernen Satteldachs.

Bei den einfachen Hütten der Bauern ist die Sache noch klarer: die sehen heute noch genau so aus wie vor 1.000 Jahren, sie stehen auf Pfählen, sind aus runden

Corbel-Gewölbe. In den Architraven rechteckige Aussparungen für Holz-Balken. CHAU SREI VIBOL (13.05)

Stämmen gebaut und mit Palmstroh gedeckt. Einziger Unterschied: Damals gab es keine Säge, aus einem Stamm konnte nur eine Bohle heraus gehackt werden.

ZIEGEL

„Die ... Lagen wurden ohne Mörtel aufeinander gesetzt; nachdem man die Steine poliert hatte, verband man sie mit einem pflanzlichen Bindemittel. Durch dieses Verfahren, das einem regelrechten Kleben gleichkommt, wirk die Mauer wie ein Monolith; die waagrechten Fugen sind fast unsichtbar".[130] Backstein-Reliefs wurden mit Stuck überzogen. ▷TRAPÉANG PHONG (11.02).

Dächer wurden bis ins 11. Jh. mit Ziegeln auf Holzgebälk gedeckt, dann wurde nur noch mit Sandstein überwölbt.

LATERIT

Ein fester, rötlicher Ton, der nach dem Abstechen an der Luft hart wird. Er wird für den Unterbau verwendet. Wo seine Oberfläche sichtbar war, wurde er wahrscheinlich verputzt.

SANDSTEIN

Bei frühen Backstein-Bauten verwendet man Sandstein für die Rahmen. Im 11. Jh. setzt sich der ganz aus Sandstein gebaute Tempel durch.

Sandstein ist grau, grün-grau oder rötlich. Steinbrüche waren am Phnom Kulen, rund 40 km von Angkor entfernt. Dort, bei BENG MEALEA (13.06), kann man heute noch einen antiken **Steinbruch** sehen. Von dort wurden die Steine während der Regenzeit auf Flößen nach Angkor transportiert. Der Sandstein ist

von unterschiedlicher Qualität, berühmt ist der feine rötliche Stein von BANTEAY SREI (13.01). Im 13. Jh. waren offensichtlich die guten Lagerstätten erschöpft, so daß sich die Baumeister König Jayavarmans VII. mit schlechterem Material behelfen mußten. Auch deshalb sind ihre Bauten heute oft in schlechterem Zustand als ältere Sandstein-Tempel.

Die Blöcke wurden aneinander glatt geschliffen, so daß sie fugenlos zusammen paßten, und trocken vermauert, nur durch die Schwerkraft gehalten. (▶*Anastylosis-Methode*).

Sandstein entsteht aus der Ablagerung von Sand in waagrechten Schichten. Wenn er so, mit waagrechter **Schichtung**, verarbeitet wird, ist er stabil. Wird die Schichtung beim Bau senkrecht gestellt und belastet, so kann es zu Aufblätterung kommen.

MAUERWERK

Die Khmer beherrschten nicht die Technik des Verbund-Mauerns, bei dem jeder Stein mit seiner Mitte über der Fuge liegt. Sie schichteten die Blöcke von der Ecke her über einander, wie es kam, oft Fuge auf Fuge. In Mauern klaffen heute deshalb oft senkrechte Risse und Spalten.

Am zentralen Turm des BAYON (07.01) kann man sehen, daß die Mauer, in die das Kopfrelief eingehauen ist, praktisch ohne Verbund vor die Kernmauer gestellt ist und sich wie eine Zwiebelschale ablöst.

Oft hat man sich mit Zapfungen, Gehrungen und Verschränkungen, also Techniken des Holzbaus, beholfen. AYMONIER (S. 141) zitiert eine Beschreibung der Bau- und Mauer-Technik von BANTEAY CHMAR:

„ ... die Fundamente waren unzulänglich. Die schweren Gebäude wurden einfach auf den Erdboden gestellt und sind bald unter ihrem eigenen Gewicht und vom Regenwasser durchnäßt zusammen gebrochen. Man muß wissen, daß die Khmer den Zement nicht gekannt haben, der den Bauten der Römer ein fast ewiges Leben gibt. Alle Teile ihrer Sandstein-Gebäude, von welcher architektonischen Form immer, sind nur durch ihr eigenes Gewicht, durch Gleichgewicht und Fügung zusammen gehalten. Jeder leichte Einsturz, der kleinste Fehler, muß den Bau aus den Fugen und zu Fall bringen, wobei benachbarte Bauteile mit gerissen werden".

Die heute in vermauerten Steinen sichtbaren **Löcher** haben ganz verschiedene Ursachen, von denen einige als bekannt gelten: Kreisrunde, sorgfältig gemeißelte Löcher von mindestens 10 cm Durchmesser enthielten kleine Schatz-Depots, die in die Steine eingelassen wurden.

Sind faustgroße Löcher ohne jede Sorgfalt in den Stein gehauen, dann sind das Spuren von Schatzräubern.

Auffällig sind die flachen Löcher in der Mitte auf der glatten Oberfläche eines Stein-Quaders. Hier wurden kurze Holzpflöcke eingetrieben zum Transport der Blöcke.

Regelmäßig verteilte bleistift-weite Löcher in großen undekorierten Wänden stammen von Dübeln, mit denen eine Verkleidung aus Bronze-Blech fixiert wurde. Oder man verankerte hier Edelsteine zum Schmuck der Wände.

Regelmäßig gitterförmig angeordnete, durchgehende Löcher dienten der Belüftung.

DAS FALSCHE GEWÖLBE

Den römischen Bogen oder den Spitzbogen kannten die Khmer nicht.

Wie die Inder bauten sie Krag-Gewölbe, in Angkor **Corbel**-Gewölbe genannt. Jeder Stein ragt mit einem Drittel seines Gewichts über den darunter liegenden. So lassen sich keine großen Spannweiten erzielen. In ANGKOR WAT (04.01) gibt es immerhin Corbel-Gewölbe, die 4,6, 4,7 m überspannen. Eine noch kühnere Konstruktion im BAYON (07.01) ist eingestürzt. Corbel-Gewölbe sind immer instabil. Das Gewicht drückt die freien Enden der Steine allmählich nach unten.

Es war auch ein langer Weg, bis es gelang, daß die Corbel-Überwölbung einen harmonischen Bogen bildete. Der Besucher kann das bei den Bauten studieren, die vor dem 12. Jh.—ANGKOR WAT—errichtet worden sind. Aber auch dort hat man die Wölbung der äußeren Galerie lieber mit einer Holzdecke verkleidet.

DER ZENTRALE SCHACHT

Im Zentrum der meisten Tempel-Pyramiden ist ein gemauerter Schacht, quadratisch oder rund. In manchen Schächten fanden sich Teile des Tempel-Schatzes: Über diese Schächte wurde viel gemutmaßt. Da hinein stellte man wohl einen Teakholz-Stamm und hatte so einen einfachen Kran. So konnte man mit langen Seilen die schweren Steinblöcke auf die Tempel-Pyramide ziehen. Überhaupt wurden Tempel von innen nach außen gebaut. Und nicht erst der Wassergraben ausgehoben und dann das Baumaterial über den Dammweg geschleppt.

BARAY

Im 9. Jh. verlegte König Jayavarman II. die Hauptstadt seines Reiches in die

Region des heutigen Roluos, nahe dem späteren Angkor, im NO des Tonlé-Sap-Beckens. In diesem tisch-ebenen, schwach zum Tonlé Sap geneigten Land schuf er ein komplexes System von Wasser-Bauten, umwallten Städten, axialen Straßen und Tempel-Anlagen. Herz der Anlage war der Baray **Indratataka**, auch Baray von Hariharalaya oder BARAY VON LOLEI (11.06). genannt. Er war von O nach W 3.800 m lang, von N nach S 800 m. Seine Dämme sind so gebaut, dass das Wasser über dem natürlichen Niveau gespeichert wird, also höher als das umliegende Land. Dazu ist es notwendig, den Zufluß, den Stung Roluos, weit oberhalb an zu zapfen. Das Wasser floß mit einem Gefälle, das etwas geringer war als die Neigung des Geländes. Die Sohle der Zulauf-Kanäle lag also über dem Terrain, und ihre Höhe wuchs bergab an.

Von diesem erhöhten Reservoir aus kann das Wasser ohne weiteren technischen Aufwand abfließen.

Der Baray steht quer zum natürlichen Gefälle, längs diesem ist er nur 800 m lang, entsprechend gering ist die Erhöhung des Stau-Spiegels am unteren Damm, läge er längs des Gefälles, wäre diese Höhendifferenz fast 5 mal so groß; entsprechend mächtiger müßte der untere Deich gebaut werden.[131]

Der Baray liegt nicht einfach quer zum natürlichen Gefälle, das hier nach SSW geht. Er ist streng nach den Himmelsrichtungen ausgerichtet, der Kern eines geometrischen Systems, das das Land, die Stadtanlagen und die Tempel nach den Himmelsrichtungen ausrichtet. Sein Zentrum—in dem später der Mebon LOLEI (11.07) errichtet worden ist—bestimmt die N-S-Achse für die Hauptstadt **Hariharalaya** (▷BAKONG-11.04).

Der Baray diente für die Versorgung der Wassergräben um die Tempel-Anlagen und der Kanäle in der Hauptstadt. Sein Wasser wurde nicht für die Bewässerung von Reisfeldern genutzt. Alle entsprechenden Annahmen sind durch heutige Forschung widerlegt[132]

Der Baray war ein Heiligtum, einem Gott geweiht. ▷ÖSTLICHER BARAY (02.11).

33.

STÄDTE, STRAßEN UND BRÜCKEN

Jeder neue König baute eine neue Hauptstadt mit Staats-Tempel. „Wie wenn er die Erde in Besitz nimmt, indem er ihr sein Siegel aufdrückt".[133]

Schon am Anfang, in Funan, sind die Grundrisse der Städte meistens rechteckig. Wälle—bis zu 5 parallel—und Wassergräben umgeben sie. Bald setzt sich der quadratische Grundriß durch.

Nach den Vorstellungen des Hinduismus ist die Welt quadratisch. Das Quadrat ist Symbol irdischer Vollkommenheit.

Die Stadt ist ein Mikrokosmos, Modell der Welt, also quadratisch.

Um die Harmonie der Welt zu stabilisieren, ist die Stadt nach den Haupt-Himmelsrichtungen ausgerichtet. Eine O-W- und eine N-S-Achse treffen sich in ihrem Zentrum, wo der Tempel steht. Dieser Tempel symbolisiert den Berg Meru, die senkrechte Welt-Achse. Über die Tempel-Pyramide stehen die Bewohner der Stadt mit dem Himmel der Götter in Verbindung. Diese Verbindung pflegt und garantiert der *Devaraja*.

Die Stadt-Viertel können in je 4, 9, 16 usw. quadratische Felder unterteilt sein.

Vom äußeren Wassergraben geht ein Be- und Entwässerungs-System aus, das die ganze Stadt durchzieht.

▷ANGKOR THOM (05.01)

Katalog	heutiger Name	alter Name	Gründung	Größe
	Oc-Eo (Mekong-Delta, Vietnam)		2.-4. Jh. (?)	3.000 m x 1.500 m
22.06	Angkor Borei	Vyadhapura?	4./ 5. Jh.	3 km²
	WAT PHU (Laos)		ab M. 6. Jh.?	2.500 m x 1.800 m
21.05	BANTEAY PREI NOKOR	Bhavapura? Indrapura?	vor oder ab M. 6. Jh.	2.500 m im Quadrat
20	SAMBOR PREI KUK	Isanapura	A. 7. Jh.	2.000 m im Quadrat
03	BANTEAY CHOEU (Westlicher Baray)	Amarendrapura	7. Jh.	2.500 m im Quadrat
14.05	Phnom Kulen	Mahendrapura	um 800	
11.03	PREI MONTI (Roluos)		Anfang 9. Jh. (?)	900 m x 700 m
11.04	BAKONG (Roluos)	Hariharalaya	881	900 m x 700 m
01.01	BAKHENG	Yasodharapura	gegen 900	4.000 m im Quadrat
18.09	KOH KER	Lingapura	Anfang 10. Jh.	3.000 m im Quadrat
19.01	PREAH KHAN von Kompong Svay		Anfang 11. Jh.	4.800 m im Quadrat
13.06	BENG MEALEA		Anfang 12. Jh.	1.200 m x 900 m

04.01	ANGKOR WAT		Anfang 12. Jh.	1.060 m x 875 m
	PHIMAI (Thailand)		Anfang 12. Jh.	1.020 m x 580 m
02.11	TA PROHM (Angkor)		1186	1.000 m x 650 m
05.03	PREAH KHAN (Angkor)		1191	820 m x 640 m
05.01	ANGKOR THOM	Yasodharapura	nach 1200	3.000 m im Quadrat
16.01	BANTEAY CHHMAR		nach 1200	2.500 m x 2.000 m

STRAßEN UND BRÜCKEN

Laterit-Straßen durchzogen das Khmer-Reich. Geradlinige Laterit-Dämme, Brücken mit aus Laterit-Blöcken gefügten Corbel-Jochen und Naga-Geländern.

Heute noch in Spuren erkennbar sind u.a. die Straßen:

- von Angkor über BANTEAY CHHMAR nach PHIMAI (heute in Thailand).
- von Angkor über BENG MEALEA nach PREAH KHAN von Kompong Svay.
- von Angkor nach SO—diese Straße ist u.a. durch 2 antike Brücken nachweisbar, über die heute der Verkehr der N 6 fließt. ▷ SPEAN PRAPTOS (20.17).

IV
ANHANG

IV
ANHANG

PRAKTISCHE HINWEISE

☛ Anmerkung: Die praktischen Hinweise beschränken sich auf meine sporadischen persönlichen Erfahrungen und Empfehlungen. Sie ersetzen nicht einen Reiseführer. Eintrittspreise werden nur erwähnt, wo sie ungewöhnlich hoch sind.

VON EUROPA NACH ANGKOR

• *Flug:*
   Siem Reap Angkor hat einen internationalen Flughafen. Ich empfehle Rückflug-Ticket von Europa nach Bangkok und eventuell einfachen Anschluß-Flug nach Siem Reap. Der 45-Minuten-Flug von Bangkok nach Siem Reap kostet in einer Richtung bei Bangkok Airways 6.000 B., ~135€, ist für Anfänger aber wohl unumgänglich.
   Wenn Sie Quartier vorbestellt und die Ankunft mitgeteilt haben, holt man Sie ab, sonst Taxi, 5 $. Lassen Sie sich nicht im Taxi zu Besichtigungs-Fahrten überreden.

• *Ab Bangkok über Land:*
   ▶ Von Bangkok nach Siem Reap.
   Zurück können Sie von Siem Reap nach Bangkok für 11$ mit dem Bus fahren.
   ▶ Von Siem Reap nach Bangkok.

BANGKOK

Da Bangkok für die meisten Reisenden nach Kambodscha auf dem Weg liegt, gebe ich hier ein paar Hinweise.
   Vom Flughafen in die Innenstadt, ~35 km, fahren Sie mit dem Airport Bus, 100 B. Ab 2 Personen ist das Meter-Taxi vorzuziehen. Im freien Taxi ohne "*meter*" zahlen Sie das Doppelte.
   Information: Tourist-Information und Tourist-Police informieren freundlich und kompetent, lassen Sie sich einen Stadtplan geben.
   Sehenswürdigkeiten: Im National Museum Bangkok gibt es einige sehenswerte Khmer-Plastiken. ▷Kapitel 23, Museen.

Unterkunft
   The Atlanta Hotel, Sukhumvit Road, Soi 2.
   Eröffnet 1952. Der Gründer und Hotelier, Dr. Max Henn, "a Berliner", starb 2002 im Alter von 94 Jahren. Sein Hotel war vor 50 Jahren eine Pioniertat im Nierentisch-Stil mit leichten Jugendstil-Anklängen und ist bis heute im Wesentlichen und in der Optik unverändert. Es hat einige Schrullen, über die man sich am besten amüsiert hinweg setzt. Beeindruckende Sammlung illustrer Stammgäste. Es gibt einen Swimmingpool nebst Kinder-Schwimmbecken, Fitness-Raum. Im Foyer

liegen Ratschläge für Thailand-Reisende (in Englisch) aus, deren Studium ich empfehle. Das Restaurant mit Original-Einrichtung plus moderner Technik bietet die vielfältigste, preiswerteste und schmackhafteste Auswahl an Western und Thai Food in Bangkok. Fried Rice 50 B. Anspruchsvolles Musikprogramm, nicht nur aus den 50ern. Abends gibt es einen Video-Film aus einem umfangreichen Katalog nach Ihrer Wahl. Zimmer, mit AC oder Fan, kosten ab 350 B. + 7%. Der Anfang der Sukhumvit ist heutzutage das Amüsierviertel von Bangkok. The Atlanta liegt abseits davon.

Buchung (frühzeitig!) über Herrn Suraphon (spricht Deutsch), eM: accomtt@hotmail.com.

Andere preiswerte Hotels an der **Sukhumvit**:

Miami Hotel, Soi 13. Lieblos geführtes Einfach-Hotel mit kleinem Schwimmbecken. Zimmer mit AC 600 B. In den Fan-Zimmern, 450 B., läßt sich kein Fenster öffnen.

Die **Khaosan-Road** und ihre Nachbarschaft in **Banglamphu** bietet eine nicht mehr überschaubare Auswahl an Guesthouses und einfachen Hotels. Der Standard ist allgemein: ordentlich, sauber, freundlich, zufriedene Gäste. Nicht alle Zimmer haben echte Fenster ins Freie.

Prakorb's House, Restaurant und Guesthouse. Als einziges in der Khaosan-Gegend noch mit authentischer Thai-Tradition. Das Restaurant ist relativ ruhig (kein TV, keine Musik), das Essen (Thai) gut und preiswert. Fried Rice 40 B. In einem traditionellen Holzhaus, das ruhig nach hinten liegt, Fan-Zimmer mit Gemeinschafts-Bad.

Banana Leaf. Bar und Restaurant, Bücher. Etwas versteckt in einem schönen Hof nahe dem nördlichen Ende der Khao-

san auf der W-Seite. Man sitzt im Freien unter Bananen-Stauden. Feine Musik, interessantes Publikum, überwiegend einheimische Studenten.

New World Lodge Hotel, einfach, ruhig, freundlich, effizient. Liegt wenige hundert Meter nordöstlich der Khaosan-Road, unmittelbar jenseits des Khlong (Kanal). Die meisten Zimmer, AC oder Fan, mit kleinem Balkon, blicken auf diesen Khlong. Ab 495 B.
eM: services@newworldlodge.com
Angenehm und preiswert auch **New Siam Guesthouse** und **New Siam II Guesthouse**. www.newsiam.net

VON BANGKOK NACH SIEM REAP

Wenn Sie vor Mittag in Bangkok sind, können Sie direkt weiter reisen.

Es gibt 4 Möglichkeiten:
• Flug, siehe oben.
• Bus und Taxi.
• Bahn und Taxi.
• Touristen-Bus.

Bus
Ab Northeastern Bus Station, Chatuchak, auf halber Strecke von der Innenstadt zum Flughafen. Stündlich **AC-Busse nach Aranyaprathet**, 164 B., 4 Stunden.

Zug
Ab Hua Lamphong Train Station, zentral gelegen, 5.55 Uhr **Zug nach Aranyaprathet**, an ~12 Uhr, 48 B. Frühzeitig am Bahnhof sein. Die Fahrt ist interessanter als mit dem Bus.

Tuk-Tuk zur Grenze 50 B.
☞ Vorsicht: auf dem Weg dorthin ein Laden, in dem man Ihnen ein Ticket für einen Bus Poipet–Siem Reap andrehen will, den es gar nicht gibt.

Taxi nach Siem Reap in Poipet am Kreisverkehr, 1.000 B., 3 bis 3 1/2 Stunden.

Touristen-Bus

Zu schwindelhaften Preisen (in Bangkok zahlt jeder was anderes) in 14 bis 15 Stunden zu einem Guesthouse am Rande von Siem Reap. Busse oft in miserablem Zustand. Nepp. Visum besorgt ein Agent für 700 B. Aufpreis.

Die Paxe werden möglichst spät in der Nacht abgeliefert und gedrängt, in diesem Guesthouse zu übernachten.

Empfehlung: Schnappen Sie Ihr Gepäck, lassen Sie sich auf nichts ein, gehen Sie zu Fuß ein Stück zurück. Jeder *Motodop* bringt Sie zu Ihrem Quartier oder besorgt es.

Grenz-Übergang Poipet, Visum

8 bis 20 Uhr. Man wird Ihnen sagen: Das Visum koste 1.000 B. oder mehr, und Sie brauchten dazu einen Agenten. Schwindel! Holen Sie sich am Visum-Schalter ein Formular und geben Sie Pass, Antrag, 1 Foto und 20$ ab. Man wird die $ zurück weisen und 1.000 B. (~25$) verlangen. Sagen Sie, Sie hätten nur $, „Ad mi-en Baht." („Ich habe keine B."). Reden Sie möglichst wenig, gehen Sie nicht weg. Sie kriegen ganz schnell Ihr Visum.

Sie kriegen dort auch ein—verlängerbares—Business Visa (regulär 25$), aber nur, wenn Sie bereit sind, dafür 1.500 B. (~37,5$) zu bezahlen.

KAMBODSCHA

Klima

XII-II	kühl und trocken
III-V	heiß und trocken
VI-VIII	heiß und Regen
IX-XI	kühl und Regen

Heiß: Maximum 35°. Kühl: Minimum 20°.

Regen: meist kurzzeitig am Nachmittag oder abends.

Trocken bedeutet (außerhalb von Angkor) auch: staubig.

In der Regenzeit Überflutungen, kein Problem in Angkor.

In und nach der Regen-Periode sind manche Tempel nahezu unsichtbar und unerreichbar hinter wucherndem Grün.

In der Trockenzeit, Dezember bis Februar, ist Hoch-Saison, es kann dann sehr voll werden.

Ich empfehle für die Reise unsere Sommer-Monate, da ist es ruhig und grün. Und Oktober, November.

Stand der Mittags-Sonne

In Kambodscha steht die Sonne zweimal im Jahr mittags senkrecht: Anfang Mai und Ende August. Von Mai bis August steht die Sonne mittags im Norden, von September bis April im Süden.

Geld

In Thailand und im NW Kambodschas zahlt man in Baht (B.). Zur Zeit ~44,5 B. = 1 Euro. 1 B. = ~0,02€. Geldumtausch problemlos. Mit der VISA- oder Master Card kann man in Thailand am ATM gebührenfrei Geld abheben.

In Kambodscha zahlt man mit US-Dollars und bekommt Riel (R.) heraus. 1$ = 4.000 R. Bargeld mit VISA-, Master-Card, Reiseschecks in € oder $.

Visum

Tourist Visa für 30 Tage 20 $. Verlängerbares Business Visa, 25 $. Prüfen Sie nach, im Bussiness Visa muss „Class **E**" eingestempelt sein. 1 Passbild. Sie bekommen das Visum problemlos an der Grenze oder nach der Ankunft im Flughafen.
▷Poipet!

Mitbringen

Leichte, luftige Kleidung. Soll gegen Sonne und Moskitos schützen. Wenn Schultern bedeckt sind und die Hosen bis ans Knie reichen, sind Sie korrekt gekleidet. Bequeme, trittsichere Schuhe, am besten aus Synthetik und waschbar. Neue Kleidung kostet in Thailand oder Kambodscha etwa so viel wie in Deutschland die Wäscherei. Breitkrempiger Hut oder Mütze. Sonnenbrille, Sonnenschutz-Creme. Mücken-Schutz. Kaufen Sie hier einen *Kramas*, der schützt den Nacken vor Sonne und Zugluft und kann bei Staub vor die Nase gezogen werden. Leichter Regen-Umhang. Bade-Kleidung. Ihre Toiletten-Artikel. Negativ–und Dia-Filme bekommen Sie hier in guter Qualität preiswert. Für manche Tempel sind Kompaß und Taschenlampe sinnvoll.

Informationen

Schwierig in Kambodscha. Es gibt nirgends Tourismus-Information, auch nicht im Weltkulturerbe Angkor.

Englisch-sprachige Broschüren: **The Angkor Guide** und **The Siem Reap Angkor Visitors Guide. The Phnom Penh Visitors Guide**. Erscheinen regelmäßig und werden kostenlos verteilt: in der Khaosan-Road in Bangkok, Phnom Penh und in Siem Reap.

In einigen Hotels und Guesthouses werden Sie auf Wunsch beraten, so in Siem Reap im Earthwalkers' und im Jasmine. Fragen Sie immer als erstes den Wirt oder Manager, nicht die Fahrer.

Kosten

Tempel-Pass für Angkor: 1 Tag 20$, 3 Tage 40$, 7 Tage 60§. Ordentliche Zimmer mit Fan, Bad und Fenster ab 4–5$, Essen 1 bis 2,5$.

Korruption

Wie die anderen Übel Krieg, Tuberkulose und AIDS verdankt Kambodscha auch die Korruption dem Westen. Sie wurde durch die französische Kolonial-Verwaltung etabliert.

- Das Eintritts-Geld für Angkor geht an eine private Gesellschaft, so ist kein Geld da, den Abfall weg zu räumen, den die Khmer, die nichts bezahlen, nach ihren Picknicks in den Tempeln hinterlassen.
- Ein Taxi-Fahrer muß, um von Poipet abfahren zu dürfen, 150–300 B. Provision abliefern.
- Die Polizei kassiert ihre Anteile von jedem Geschäft, egal ob legal oder illegal.
- Die Grenz-Polizei in Poipet verlangt für ein 20$ Visum 1.000 B., 25$.
- Ein Wohltäter, der in einem Dorf einen Brunnen bauen will, soll dem Bürgermeister Provision bezahlen.
- Ein Polizist bessert sein schmales Gehalt auf, indem er von Barang ziemlich willkürlich Geld-Strafen kassiert.
- Führer und Fahrer schleppen ihre Kunden in überteuerte Restaurants oder Essens-Stände, wo sie Provision kassieren.

Korruption ist alltäglich in Kambodscha, aber keineswegs die Regel. Es war schon schlimmer und scheint langsam besser zu werden. Als Besucher des Landes können Sie der Korruption nicht immer entgehen. Aber manchmal doch. Weisen Sie unberechtigte Forderungen freundlich und bestimmt zurück. „A tä!" („Nein!"). Wenn's nicht anders geht, zahlen Sie 1$, für mehr verlangen Sie eine Quittung. Dann sparen Sie Geld und Sie tragen dazu bei, daß dieses Übel eingedämmt wird.

Bitte beachten Sie auch die Hinweise dazu in diesem Buch.

Sicherheit

Tragen Sie Wertsachen in gut verschlossenen Taschen am Körper oder verwahren Sie sie im Safe. Verschließen Sie Ihr Zimmer und die Fenster, dann ist Kambodscha nicht gefährlicher als Deutschland.

Minen

Kambodscha ist neben Afghanistan das am schlimmsten verminte Land der Welt. Für Touristen besteht keinerlei Gefahr. Die Warnschilder sind unübersehbar. Rennen Sie nicht blindlings in den Busch!

Straßen

Durchwegs besser als vor wenigen Jahren noch. Die National-Straßen sind durchwegs gut befahrbar. Auf Neben-Strecken kann es saisonale Probleme geben; informieren Sie sich. Abgelegene Wege können nahezu unbefahrbar werden. In Siem Reap und Angkor bewegen Sie sich fast nur auf guten Asphalt-Straßen

Malaria

Lassen Sie sich in Deutschland rechtzeitig ärztlich beraten, auch über Schutz-Impfungen. In den Gebieten, die normalerweise besucht werden besteht kein besonders hohes Infektions-Risiko.

Bringen Sie guten Mücken-Schutz mit.

Wasser

Um Dehydrierung durch die ungewohnte Hitze zu vermeiden, sollten Sie pro Tag 3 l Wasser, lauwarm, in kleinen Portionen trinken. Trink–oder Mineralwasser in Plastik-Flaschen bekommen Sie fast überall. Nehmen Sie rechtzeitig Dehydrierungs-Salz (in jeder Apotheke, 8 Päckchen 1$).

SIEM REAP

Knapp 100.000 Einwohner, eine schnell wachsende Stadt, 5 km vor Angkor. Die Besucherzahlen steigen. Die Stadt und ihr Umland aus Dörfern, Reisfeldern, Palmen und dem riesigen Süßwasser-See Tonlé Sap bietet noch viel mehr als nur Angkor. Sie können Ausflüge zu weiter entfernten Tempeln unternehmen. Es gibt ein gemütliches Nachtleben. Machen Sie hier ruhig 2 oder 3 Wochen Urlaub.

ANGKORSERVICE

▷ Anzeige

Arzt

NAGA International Clinic, 593 Airport Road, 24-Stunden-Notruf: 063 964 500.

Friendship (Khmer-China) **Clinic**. Sivatha Road, wenig nördlich der Cambodian Commercial Bank. Blaues Kreuz. 24-Stunden-Service. 012 523 362, 012 516 619, 012 326 826.

Sokhapeap Clinic, an der RN 6, auf halbem Weg zum Phsar Leu. Nur Französisch. ☎ 063 963 486.

Zahnarzt

Dentist Tan Meng Heang, südlich gegenüber vom Salina Hotel. 012 866 152.

Baray Turkvill Souvenir Shop

Eine kambodschanische Initiative zur Weiterentwicklung von Volkskunst der Khmer. Weberei, Ikats, handgewebte Stoffe und Kleidung, Malerei, Plastiken, Flechtarbeiten, Keramik. Auch Antiquitäten. An der RN6 Richtung W, auf der rechten Seite, kurz vor der Abzweigung zum Westlichen Baray.

Beatocello

Professor Dr. Beat Richner, besser
bekannt als Beatocello. Er war ein
weltberühmter Clown, jetzt führt er zwei
große Kinder-Kliniken in Phnom Penh
und Siem Reap. Seine Leistungen und
Erfolge sind enorm, sein Einsatz für
die Gesundheit der kambodschanischen
Kinder und gegen Korruption ist beeindruckend. Sein Vortrag—jeden Samstag
um 19.15 Uhr—gemischt aus Cellospiel,
Gesang und Information, ist hinreißend.

Übrigens: Es gibt noch eine zweite
internationale Kinder-Klinik in Siem
Reap, das Angkor Hospital for Children.

Bettelei

Dem Vernehmen nach macht ein
professioneller Bettler 200$/Monat. So
viel verdient ein Arbeiter im Jahr. Wenn
ein oder eine Khmer in Siem Reap sagt,
daß es keine Arbeit gibt, dann heißt das:
Betteln ist bequemer und bringt mehr.
Kinder betteln, um Klebstoff („*clue*") zu
schnüffeln. In den Waisenhäusern dürfen
sie das nicht. Kleine Kinder und Säuglinge
werden ohne Not an Bettler vermietet,
auch nachts. Internationale Organisa-
tionen unterstützen arme Kinder, damit
sie die Schule besuchen können.

Entfernungen

Von Siem Reap nach

	km
Angkor Thom	9
ANGKOR WAT	5
Bangkok	420
BANTEAY SREI	30
Battambang (Boot: 75 km)	173
BENG MEALEA	55
Flughafen	9
Kbal Spean	35
Koh Ker	120
Kompong Thom	147
PHNOM KROM	10
Phnom Penh	315
Phnom Kulen, Anlong Thom	65
Phnom Kulen, Brah Thom	55
Poipet	156
Roluos-Tempel	13
Sisophon	105
Svay Leu	70
Tonlé Sap, untere Boots-Anlege-Stelle	13

Die Fahrzeiten können je nach
Straßen-Zustand sehr unterschiedlich sein.

Polizei

Wenn Ihnen ein Polizist eine Dienst-
marke anbietet, ~5$, dann ist das eine
Kopie, mit dem—legalen—Verkauf
bessert er sein schmales Gehalt auf. Das

geschieht auch innerhalb der Tempel-Anlagen. Dabei hätte die Polizei eigentlich die Aufgabe, in Angkor die Gäste vor Zudringlichkeiten zu schützen. Wer Sie in den Tempeln belästigt, ist entweder ein Angehöriger eines Polizisten oder er/sie hat die Polizei bestochen.
Tourist Police, Telefon 012 969 991, 012 950 091, 012 837 768, 016 862 629, 012 402 424.

Martini Disco

Khmer—und Rock-*dance*, vorwiegend einheimisches Publikum, *beer*—und *taxigirls*. Angenehme Atmosphäre, guter *sound*, gut besucht. Getränke schlecht gekühlt. Vorsicht: schmutzige Gläser und schmutziges Eis. Empfehlung: Mineralwasser („*small water*"). ~21 bis 1.30 Uhr.

Nepp–Restaurants

Fahrer und Führer schleppen ihre Gäste gerne in Lokale, die dafür Provision bezahlen. In der Regel ist das Essen dort kräftig überteuert.

Barrio

Bar, Restaurant. Französische Küche. Stilvoll und gepflegt. Frankophones und gemischtes Publikum. An der Sivatha-Straße.

Bopha Angkor

Hotel und Restaurant am Siem Reap Fluß, linke Seite. Gepflegtes Restaurant der gehobenen Klasse, Khmer-Küche. Fried Rice 2,5$. Sehr schöne Terrasse. Der Wirt hat zwei Khmer-Restaurants in Berlin und spricht fließend Deutsch. Zimmer 30–67$. eM: hba@rep.forum.org.kh

Freedom

Hotel und Restaurant, an der RN 6, kurz vor dem Psah Leu. Zimmer 15–50$.

Nudelsuppe 1$, Fried Rice 1,5$. Ein freundliches, gepflegtes und sehr preiswertes Restaurant.

Laundry Music Bar

Gepflegt, stilvoll, locker, angenehme Musik. Gemischtes Publikum, die angesagte Bar zu später Stunde. Partys. Nördlich vom Alten Markt, gelbe Leuchtreklame.

Lazy Mango Bookshop

Neben The Angkor What? Neue und gebrauchte Bücher, auch in Deutsch.

Lucky & Singapore Food

2 einfache, ordentliche Restaurants an der Sivatha-Straße in Höhe des Phsar Chas, gegenüber dem Monorom-Restaurant. Fried Rice mit chinesischem Tee 1$. Singapore hat Anchor-Bier vom Fass, 3.000 R., Lucky hat ausgezeichneten vietnamesischen Filter-Kaffee.

Massage

wird in den verschiedensten Formen angeboten und zu sehr unterschiedlichen Preisen. Viele blinde Masseure und Masseurinnen („*Seeing Hands*"). „Massage" in der Nacht-Szene und neben Friseur-Läden sind meist getarnte Bordelle.
Empfehlung: Mr. Seng, ein blinder junger Khmer, arbeitet in **Seeing Hands 4 (10)**, Sivatha-Straße, 100 m nördlich von der Cambodian Commercial Bank, in einer kleinen Gasse.

Moloppor Cafe

„Das Café im Schatten des Bo-Baumes". Restaurant. Wenige Meter flußaufwärts von Bopha Angkor. Stilvolles japanisches Restaurant mit erstaunlich niedrigen Preisen. Essen ab 1$, Faßbier 3500 R. Kräuter-Dampf-Sauna und

Heißbad, 2$. Damen 18 bis 20, Herren 20 bis 22 Uhr. Empfehlung!

PUB STREET / BAR LANE

Von Soup Dragon bis zum Molly Malone's Irish Pub, von Red Piano bis Banana Leaf—in der Straße westlich parallel zum Alten Markt konzentriert sich das Nachtleben.

7e Paradis Resort
„pärädai" Bar, Restaurant, Hotel, Vollmond-Party, öffentliches Schwimmbecken. An der Airport Road, 100 m vor der Straße zum Westlichen Baray. Zimmer 18–25$. 7paradis@bluewin.ch

Soup Dragon
Restaurant und Bar östlich vom Phsar Chas. Vietnamesisch, Khmer und europäische Küche. Nudelsuppe mittags, mit chinesischem Tee, 2.500 R. Fried Rice 2$.

Taj Mahal
am Phsar Chas. Sehr gute indisch-pakistanische Küche, preiswert.

Tara Floating Boat Restaurant
in Chong Kneas, ▷Tonlé Sap. Zimmer 25$.

Tell
an der Sivatha-Straße, nördlich vom Phsar Chas. Gepflegtes Restaurant der gehobenen Klasse. Asiatische und europäische Küche. AC und Terrasse. Deutscher Wirt.

Tonlé Sap
▶ Kapitel 24
Ein riesiger Binnen-See, sein Wasser-Stand und seine Ausdehung verändern sich stark im Lauf des Jahres. Es gibt—bei niedrigem Wasser-Stand—ein schwimmendes Dorf, Chong Kneas. Ertrunkener Wald. Vogel-Schutz-Gebiete. Ausflug von Chong Kneas, 1–2 Stunden, 5–10$/Boot. Boots-Ausflüge werden auch in Siem Reap angeboten.

Seit Oktober 2003 werden für den Zutritt zum See 16$ pro Barang kassiert (?).

TONLÉ SAP EXHIBITION

in Krousar Thmei, einem Waisenhaus, gegenüber vom Jayavarman VII Hospital. Besuch am besten zwischen 14 und 17 Uhr.

TRANSPORT IN ANGKOR

Motodop (Moped-Taxi) pro Tag 6–8, Tuk-Tuk (Motorrad-Sänfte mit 2-sitziger Polsterbank und Notsitz) 8–10, weiter entfernte Ziele kosten mehr. Taxi-Limousinen mit AC kosten 20–25§, Fahrrad mieten 1–2$. Fahrrad kaufen 28$. Touristen dürfen kein Moped oder Motorrad mieten.

Innerhalb der Stadt Motodop 500 o. 1.000 R.

Traditioneller Apsara Tanz
In Verbindung mit Buffet-Dinner. 20$ inklusive Provision, wenn Sie selbstständig hingehen billiger (?).

ZanzyBar
Die älteste Bar am Ort. Frankophones und gemischtes Publikum, Billard, girls. Das Klo ist abenteuerlich.

Unterkunft
Klima-Anlage oder Ventilator, air condition (AC) oder fan? Normalerweise kühlt es nachts so weit ab, daß Sie keine AC brauchen.

Es ist sinnvoll, die Unterkunft per E-Mail frühzeitig zu buchen. In der Hochsaison, Oktober bis März, kann es voll werden; in der Nebensaison, März bis Oktober, können Sie per E-Mail-Vergleich erhebliche Preisnachlässe aushandeln. Außerdem holt man Sie vom Flughafen oder vom Boot kostenlos ab. www.angkorhotels.org, www.catgem.com

• *Samnark Preahriem*
Freundliches Guesthouse in grünem Garten mit Pavillon. Sehr gepflegt, Familien-Atmosphäre, friedlich, ruhig. Zimmer ab 5–7$. Liegt zentral in einer Sackgasse bei der Wat-Bo-Street, hinter dem Bayon I Restaurant und Mom's Guesthouse. In der gleichen Sackgasse wie European Guesthouse. Empfehlung! ☎ 063 760 378, eM: preahriem@camnet.com.kh

• *Earthwalkers' Guest House*
Neu, gut ausgestattet, ein sympathisches norwegisches Projekt. Zimmer (alle mit Dusche und WC) von 4$ (1 Bett im 4-Bett-Raum) bis 15$ (AC), incl. Frühstück. Restaurant und Bar. An der Airport Road, ~gegenüber der Naga-Clinic. 25% Rabatt bei Buchung per eM. ☎ 012 967 901, eM: mail@earthwalkers.no, www.earthwalkers.no

• *Jasmine's Guesthouse*
#307, Airport Road. nach Wat Kesaram auf der linken Seite. Zimmer 1–15$, 15% Rabatt bei Vorausbuchung. Restaurant. Bus-Ausflüge nach BENG MEALEA. ☎ 012 784 980, 012 943 097, eM: vannkunn@yahoo.com, www.geocities.com/jasminlodge.

• *Pavillon Indochine*
Traditionelles Holzhaus und Bungalows, aufgelockert und stilvoll in Garten.

Nahe an Angkor. Zimmer 20–30$. Schönes Restaurant. eM: facg@bigpond.com.kh

• *Angkor Hotel*
Schönes Hotel an der Straße zum Flughafen. Zimmer 100–210$. Herr Dima, der General Manager spricht fließend deutsch. ☎ 063 964 301. eM angkor@online.com.kh, www.angkor-hotel-cambodia.com,

• *Angkor Village*
Stilvoller Holzbau, zentral und ruhig gelegen. Zimmer 80–170$. ☎ 063 963 561, eM info@angkorvillage.com, www.angkorvillage.com

• *Pansea Hotel*
Reizvoller Holz-Bau, zentral gelegen am Fluß. Zimmer 200–350$. eM angkor@pansea.com, ☎ 063 963 390.

VON SIEM REAP NACH BANGKOK

Zur Khaosan-Road
Minibus nach Poipet + Aircon Bus von Aranyaprathet nach Bangkok, Khaosan Road. 11$. Ab 6.30 Uhr Abholung vom Guesthouse, Ankunft in der Khaosan Road etwa 19.00 Uhr.

Zur Sukhumvit
Sie fahren wie oben nach Poipet. Gehen zu Fuß über die Grenze. Taschendiebe! Tuk-Tuk zur Bus-Station in Aranyaprathet, 50 B. Von dort stündlich Busse zur Northeastern Bus Station in Bangkok, 164 B., 4 1/2 Stunden. Von dort Taxi zur Sukhumvit, oder—schneller—Taxi zum BTS/Skytrain Mochit und per Schnellbahn zur Sukhumvit.

ANDERE ORTE IN KAMBODSCHA

Battambang

Eine freundliche Stadt, überschaubar. Schnellboot-Verbindung von Siem Reap. Empfohlen wird **Hotel Royal** (50 m westlich vom Zentralen Markt) 5$., man holt Sie an der Boots-Anlegestelle ab. Die Rezeption kann den Kontakt zu Mr. **Bat** herstellen, der Sie auf dem Moped zu den Tempeln fährt. Bat ist freundlich, spricht gut Englisch, kennt sich aus und fährt sanft.

Aktuelle Informationen über Battambang im **Siem Reap Angkor Visitors Guide**.

Kompong Thom

Städtchen an der Brücke der N 6 über den Stung Sen, übersichtlich um einen zentralen Platz s. der Brücke gebaut. 147 km von Siem Reap.

Übersichtliche Provinzstadt, nett, gastfreundlich. Der zentral gelegene Markt ist wegen seiner Ursprünglichkeit sympathisch. **Arunras**, bisher bekannt als Restaurant, betreibt jetzt auch das ehemalige Néak Meas Hotel. Nachtklub. **Mithepeap Hotel**, gleich rechts nach der Brücke, 5$. empfohlen.

Ein tüchtiger Führer, Spezialist für Abenteuer-Trips zu abgelegen Tempeln: Mr. **Sokhom**, ☎ 012 915 527. eM guideimsokhom@hotmail.com;

Phnom Penh

Informativ, aktuell und kostenlos: **The Phnom Penh Visitors Guide**. Wird in Bangkok, Khaosan-Road, und Phnom Penh verteilt.

Unterkunft

The Boddhi Tree. Freundlich, gepflegt, in einem traditionellen Holzbau. Gehobenes Restaurant. 50, Straße 113; gegenüber dem Toul Sleng Museum. eM: boddhitree_pp@hotmail.com, www.boddhitree.com, ☎ 011 854 430, 016 865 445

Capitol. 14, Straße 182. Großes, billiges Gästehaus im Zentrum. Restaurant, Reisebüro, kompetent für Ausflüge und Bus-Reisen. Schließfächer. Die Zimmer sind ordentlich, manche haben Fenster nach innen. Mit Bad ab 4$. ☎ 023 364 104, 023 724 104.01, eM capitol@bigpond.com.kh, www.bigpond.com.kh/users/capitol

In der Nähe mehrere ähnliche Häuser. Empfohlen: **Hong Phann Guest House** in der Querstraße südlich von Capitol, grünes Tor. ☎ 023 986 672.

Und **Mama Restaurant** in der Straße hinter Capitol.

#10 Lakeside Guesthouse. # 10, Straße 93, am Boeung Kak Lake.

Einfaches, freundliches und billiges Gästehaus mit neuem Anbau, Terrasse am Wasser. Die Zimmer z.T. ohne Fenster. Bei Regen problematisch, dann muß man die Fenster geschlossen halten und die offene Terrasse wird naß. Schließfächer. ☎ 012 916 441, 012 552 901, eM: number10_lakeside@hotmail.com

In der Nähe mehrere ähnliche Häuser. **GrandviewGuesthouse**. Wenige Meter südlich von „# 10". 3–8$, Dach-Restaurant mit Aussicht. Empfohlen. ☎ 023 430 766 eM: grand_view_gh@hotmail.com

Poipet

Falls Sie in Poipet übernachten müssen: Empfohlen wird

Ngy Heng Hotel, sauber, freundlich, Zimmer mit Fan 200 B., mit AC 400 B. Vom Kreisel gut 500 m Richtung Siem Reap, auf der rechten Seite.

GLOSSAR

Abgestufte Ecken Die Ecken eines Baus mit quadratischem Grundriß werden durch eine Abfolge von Stufen ersetzt; der Grundriß nähert sich dadurch der Kreisform an.

Aditi Mutter der Götter

Adorant Anbeter, Verehrer, Andächtiger

Ahnen-Tempel errichtet zu Ehren der vergöttlichten Vorfahren des Königs

Airavan, Airavana, Airavata, Erawan, Elefant mit 3 Köpfen und 4 Stoßzähnen, Reittier von *Indra*.

Allemong kh. Deutscher

Amarendrapura Eine Hauptstadt König Jayavarmans II. (790–835), im Westen des späteren Westlichen Baray, also die erste Hauptstadt im Bereich des späteren Angkor. Haupt-Tempel ▷ AK YUM (03.04).

Amitabha Bodhisattva des unendlichen Lichts, hilft den Schwachen.

Amphil kh. Tamarinde

Anak Sanjak ▶ *Sanjak*

Anantasayin Vishnu, auf Ananda ruhend

Ang kh. Buddha

Angada Sohn des ▶ *Valin*

Angkor „heilige Stadt", moderner Name für den Ort der Hauptstadt des Reiches der Khmer von E. 9. bis M. 14. Jh.

ANGKOR WAT, der größte und bedeutendste Tempel in Angkor

Anjali Mudra des Opferns

Antefix Schmuckstein am Dach-Sims oder am First

Apsàra himmlische Tänzerin

Aram, Ahram, Ashram, Asram Einsiedelei, Wohn–und Lehrstätte eines Guru oder Einsiedlers

Architrav waagrechter Steinbalken, getragen von Säulen oder Pfeilern

Ardhanarishvara Shiva, androgyn (zugleich männlich und weiblich)

Arhat, Arhant asketischer Weiser, Erleuchteter

Arkade Bogengang, nach einer Seite offene Galerie

Asket *frommer* Mann, *Einsiedler*, hinduistisch

Astragal Perlstab, Ornament mit Ovalen

Atsana Sangh Sitz der Mönche, niedrige Plattform in einem Viharn oder Bot auf der Südseite

Attribut «Beifügung», Gegenstand/Symbol, der einem Gott o.ä. zugeordnet wird

Ayodhya Hauptstadt von Ramas Vater im Ramayana

Ba Ba „ehrwürdiger alter Mann, Vater, Großvater", höfliche Anrede

Ba–kh. Vielleicht abgeleitet von „preah/ prah" =heilig. Großer Mann, groß, männlich, alt-ehrwürdig.

Badhresvara Aspekt Shivas als Herr des Berges (WAT PHU, PREAH VIHEAR, PRASAT THOM in Koh Ker)

Bahirava Wächter verborgener Schätze

Balarama, Bruder ▶ Krishnas, Inkarnation Arnantas.

Baluster kurze Säule oder Pfosten in einer ⇨ Balustrade, in Angkor oft wie gedrechselt, in Fensteröffnungen, ▶ *Docke*

Balustrade Geländer aus Stein

Banteay kh. "Festung", Tempel mit Umfassungs-Mauer(n)

Barang kh., Farang th. "Franke", westlicher Ausländer

Baransay, Faransay, Fransay kh. Franzose

Baray geometrisch angelegter großer Wasser-Speicher, Heiligtum

Baset, Braset kh. Guß einer Buddha-Figur. Gute Wünsche, Segen.

Bay kh. Reis

Bei kh. drei

Beng kh. Teich

Bhadeshvara, Bhadresvara Shiva als Herr des Berges, Nationalgottheit der Khmer und der Cham.

Bhaga Teil

Bhagavad-Gita "der Gesang des Erhabenen", 6. Buch des Mahabharata, religiöse und philosophische Lehre.

Bhagavata Anbeter Vishnus

Bhakti Verehrung, Anbetung

Bhavani Gemahlin Shivas

Bibliothek s. Sakristei

Bo-Baum, Boddhi-Baum Baum (von der Art wie der Baum oder aus einem Ableger gezogen von dem Baum), unter dem der Buddha in Bodh Gaya (Indien), zur vollen Einsicht erwachte ("Erleuchtung"), "Ficus religiosa". Pappelfeige, Pipul-Baum, Würgefeige. Der Bo-Baum ist keineswegs der älteste Baum auf der Erde; amerikanische Mammutbäume sollen bis zu 4.000 Jahre alt sein.

Bodhisattva "Erleuchtungs-Wesen", 1. zur vollen Einsicht Erwachter, der als Mensch wieder geboren wird, zukünftiger Buddha. Khmer-Könige in der Ära des Mahayana-Buddhismus sahen sich als Inkarnation eines Bodhisattva. 2. Auch der zukünftige (historische) Buddha wird B. genannt.

Bôk kh. Ochsen-Buckel

Boran kh. alt

Borei kh. Stadt

Bot, Ubosot th. Tempelhalle mit Altar und *Sema*. Ort für religiöse Zeremonien.

Brahmane indisch/hinduistisch, Angehöriger der höchsten indischen Kaste. Priester, Gelehrter, Ratgeber des Königs

Buddha "der zur vollen Einsicht Erwachte"; der historische Buddha begründete mit seiner Lehre den Buddhismus, die heute dominierende Religion in Südost-Asien

C-14-Methode ermöglicht die Bestimmung des Alters organischer Überreste durch Messung des Gehalts an einem radioaktiven Kohlenstoff-Isotop.

Chakra Scheibe, Rad, Diskus (Wurfscheibe). Buddhistisch: Rad der Lehre.

Chakravala Berge, konzentrisch angeordnet um den Berg ▶ *Meru*.

Cham ▶ *Champa*

Chaperon frz. "Behütung", "Kappe", die profilierte und geschmückte Abdeckung einer Umfassungs-Mauer, die fächerförmig ausgebreiteten Köpfe oder Schwanzenden eines Naga.

Chas kh. Alt

Chau kh. Enkel-Sohn

Chen kh. Chinese

Chi kh. Alte Frau, Nonne

Chinesisches Neujahrsfest Beginn des Mondjahres. Am 1. Neumond zwischen dem 15. Januar und dem 19. Februar. Also 3 bis 7 Wochen später als nach dem westlichen Kalender.

Choup kh. Quelle. Imagination

Chrung kh. Ecke

Chumreap sur kh. ▶ *Namasté*

Colonnette, frz. Steinsäule mit Relief-Dekor, die eine gedrechselte und geschnitzte Holzsäule nachahmt. Meistens beiderseits von einer Türe, anfangs meist rund, später meist achteckig.

Corbel frz. -Gewölbe, Krag-Gewölbe, die Khmer kannten den Bogen nicht und bauten Schein-Gewölbe. Jeder Stein ragt um 1/3 vor.

Da kh. Felsblock

Damrei kh. Elefant

Danda Szepter, Herrscher-Stab. Symbol königlicher Macht und der Aufgabe, das ▶ Dharma aufrecht zu erhalten.

Daun Großmutter, Stamm-Mutter

Delapidiert „entsteint", der Steine beraubt. Nicht nur Kunsträuber haben sich bedient, Ziegelsteine wurden (werden?) wieder verwendet für den Bau von Wat (kaum für die Holzbauten der Bauern). Ganze Tempel-Anlagen sind verschwunden, nachdem sie vor hundert Jahren noch beschrieben worden sind.

Deva „Glänzender". Im Hinduismus niedere männl. Gottheit, oft als Wächter von Tempeln. Im Mahayana-Buddhismus ein himmlisches Wesen, das in einer Welt der Glückseligkeit lebt.

Devata weibliche Gottheit, Tempel-Wächterin

Devî san. Göttin

Dhamma, Dharma Gerechtigkeit, Pflicht, guter Lebenswandel, von einem Gott verkörpert, himmlische Ordnung; der Wille des Königs, das Gesetz. Die Lehre *Buddhas*.

Dharmachacra, Vitarka Mudra: das Rad der Lehre drehen.

Diskus Wurfscheibe

Docke ▶ *Baluster*, gedrechselte kleine Säule

Drei Städte, drei Welten, Tripura, Triloka: Erde, Atmosphäre und Firmament.

Dreizack, Attribut Shivas

drittes Auge Ein Auge in der Mitte der Stirn, Organ besonderer Erkenntnis. Zeichen Shivas. Buddhistisch Zeichen für die Prädestination zur Erleuchtung.

Durga Gemahlin Shivas in ihrem zerstörerischen Aspekt, Reittier Tiger, Muttergottheit, hind. ▶ *Kali, Parvati.*

Ek kh. Eins

en face frontal, von vorne

Erawan th. ▶ *Airavana.*

Erleuchtung höchstes Ziel des Buddhismus, mit „Erleuchtung" schlecht übersetzt. Eher: Erwachen, tiefstes Erkennen, tiefste Einsicht, Erlösung, Transzendieren in ein Anderes, das kein „Sein" mehr ist.

Expat „Auswanderer", *Farang*, der (längere Zeit) in Asien lebt.

Farang ▶ *Barang*

Fiale eine Art Miniatur-Turm, der auf einem Dach-Sims oder auf einer Spitze steht.

Fries ein waagrechtes Band, eine Aneinander-Reihung von Bildern.

Fronton, frz. halbrundes oder dreieckiges Giebelfeld über einem Tor/Portal, mit Relief. S. *Lintel*

GACP German Apsàra Conservation Projekt der Fachhochschule Köln

Gaja Elefant

Gajasimha Fabeltier, halb Elefant, halb Löwe.

Galerie Mauer, die von einer offenen Halle oder zweiten Mauer begleitet wird. Oft mit Reliefs.

Gambhiresvara Gott der Tiefen, der verborgenen Weisheit. Erscheinungsform *Shivas*.

Gana Zwerg, Diener Shivas

Ganapati ▶ *Ganesha*.

Gandharva himmlische Musikanten, Gatten der Apsàra.

Ganesh, Ganesha Gott der Weisheit, Sohn Shivas, mit Elefantenkopf, Reittier: Ratte

Garuda göttlicher König der Vögel, Symbol der Sonne, Reittier Vishnus.

Garudavadhana ▶ *Garuda*

Gautama, Gotama Name des historischen Buddha

Geometrie drückt die Harmonie der Welt aus: Ausrichtung nach den 4 Himmelsrichtungen, konzentrische Quadrate.

Gesichter-Turm trägt 4 große Kopf-Reliefs.

Gestuft ▶ *Abgestufte Ecken*

Gestuftes Dach in Form einer Stufen-Pyramide.

Gopuram Tor-Turm

Govardhanadhara Krishna Govardhanadhara, den Berg G. stemmend.

Hamsa, Hang, Hong th., Hintha b. heilige Gans, Ganter, Schwan, auch (v.a. in Birma) Henne, Symbol der Reinheit. Sie schwimmt, taucht unter, geht auf dem Lande, fliegt, ist Zug-Vogel: Universalität. Reittier *Brahmas*.

Hara ▶ *Shiva*

Hari ▶ *Vishnu*

Harihara ein Gott, halb *Shiva*, halb *Vishnu*.

Hariharalaya Name der zweiten Hauptstadt des Khmer-Reiches in der Nähe von Angkor, bei dem heutigen Roluos.

Hat Längenmaß, ~40 cm.

heroische Größe vergrößerte Darstellung von Göttern oder Königen in Reliefs.

Hinduismus entstanden ab ~1500 v.Chr. aus der Verschmelzung der Religion der indoeuropäischen Einwanderer mit den ursprünglichen Religionen des Indus-Tals.

Ho-Chi-Minh-Pfad Netz von Nachschub-Wegen der nord-vietnamesichen Armee durch O-Kambodscha während des Vietnam-Krieges.

in situ an Ort und Stelle, am ursprünglichen, originalen Platz.

Indrajit Sohn *Ramas*

Inkarnation „Fleischwerdung", Gestalt, in der ein Gott auf der Erde lebt und wirkt. ▶ *Avatara*.

Isuan ▶ *Shiva*

Isvara Herr, Gottheit.

Jata *Shivas* Haarknoten, Symbol des Gottes der Winde.

Jataka Alte indische Volkserzählungen, umgedeutet als Legenden von Buddhas Inkarnationen vor seinem Leben als der Buddha.

Jatamukuta Haar-Knoten Shivas, schivaistischer Einsiedler und der Bodhisattvas; ▶ *Jata*

Jaya san. Sieg

Kailasa, Kailash Heiliger Berg, Heimat Shivas, s. *Meru*

Kal, Kel kh. klein

Kalanemi Asura, vielköpfig

Kalpa Zeitalter

Kandal kh. Zentral

Kapitell Kopf, oberes Ende einer Säule oder eines Pfeilers.

Kappe ▶ *Chaperon*

Kareikalammeyar Jüngerin des Shiva, mit hängenden Brüsten dargestellt.

Karma, Kama „Getanes", Lehre von Ursache und Wirkung. Karma bestimmt das Leben und die nächste Wiedergeburt. Jeder Mensch „hat" also ein Karma. Karma kann durch gutes Handeln mit edler Absicht verbessert werden, nicht durch berechnendes Handeln.

Kato Mealea legendärer göttlicher Gründer-König Kambodschas

Kaurava/ Kurava, Pandava Verfeindete Sippen im Mahabharata

Kbal kh. Kopf

Keo Kristall

Kesin Dämon, wildes Pferd, den ▶ *Kamsa* schickt, ▶ *Krishna* zu töten.

Khan Schwert, Herrschafts-Symbol

Khleang Lagerhaus, Schatzhaus

Khmau kh. schwarz

Khmeng kh. Kind, Kinder

Khmer ethnische Kambodschaner und ihre Sprache.

Kinnari, Kinnara himml. Musikanten, halb Mensch, halb Vogel

Kirti-Mukha ▶ *Kala*

Ko kh. Bulle. ▶ *Nandi*

Kompong i., kh. Landstadt, Dorf, Landestelle

Kong Sitz, Sessel, Thron, alt-ehrwürdig

Kosmos griechisch „Weltall", auch: „Ordnung", „Schmuck". Die alten Griechen stellen sich die—von Menschen bewohnte—Welt harmonisch geordnet dar, die selbe Vorstellung wie bei den alten Khmer.

Kraek kh. Krähe

Kraham, Krohorm kh. Rot

Kramas kh. kariertes Tuch

Krau kh. außen, draußen

Krol kh. Park, Pferch

Krom kh. unten

Krut kh., th. ▶ *Garuda*

Kubera, Kuvera Gott des Reichtums, der Menschen und Geister, Hüter des Nordens. Varana: Pferd

Kudu Bogen, hufeisenförmiges Blindfenster/ Blendfenster, symbolisiert die göttliche Präsenz.

Kuk kleiner Tempel

Kuk Po kh. ▶ *Boddhi-Baum.*

Kumara Kronprinz

Kuti Mönchszelle

Kuvalayapida Elefant, eines der Ungeheuer, mit denen ▶ *Kamsa* ▶ *Krishna* töten will.

Lakshmana Bruder *Ramas.*

Latisana ▶ Rajalatitasana

Lingam phallus-förmiges Symbol Shivas

Lintel Tür-Sturz mit Relief

Lintel Türsturz mit Relief, darüber ist meistens ein ▶ *Fronton.* Oft ist hinter dem Lintel mit Relief ein zweites, tragendes.

Lokapala Beschützer der Welt und Hüter der Acht Richtungen

Mae Mutter, Göttin

Maha groß

Mahabharata hinduistische Geschichte/ Erzählung, Epos beschreibt Kämpfe zwischen verwandten Fürsten in Nordindien. ▶ *Krishna.*

Mahaparinirvana ▶ *Nirwana*

Maharaja, Maharadscha Großfürst

Mahendra ein Name von ▶ *Indra.* Mythologischer Berg in der Mitte des Weltmeeres.

Maheshvara Shiva

Mahiparvata heiliger Berg

Mahisasura-mardini ▶ *Uma*

May Phoun kh. Bürgermeister, Dorf-Chef

Mandala geometrisches Muster mit magischer Bedeutung, Abbild des *Kosmos,* der geordneten, harmonischen Welt, Meditationsbild.

Mandapa san., Mondop th. Vorraum, Versammlungshalle vor dem Haupteingang eines Prasat, meistens 3-schiffig. In Sukhothai (Thailand) großes, etwa würfelförmiges Gebäude, das eine

Buddha-Figur enthält. In Bangkok (Ratanakosin-Periode) ein Gebäude mit quadratischem Grundriss und 7-stufigem Dach.

Mandara Mythologischer Berg der Götter, König der Berge.

Mantra Beschwörungs-/ Gebetsformel, Zauberspruch

Mebon Ahnen-Tempel auf einer künstlichen Insel im Baray.

Memay kh. Witwe

Meru Berg mit 5 Gipfeln in der Mitte der Welt, Wohnung der Götter.

Milchmeer Ur-Ozean, aus dem *Amrita* gequirlt wird.

Mohini Erscheinungs-Form ▶ *Vishnus* als verführerisch schöne Frau, entlockt den Asura das ▶ *Amrita*.

Mondstein (halb-)runder Schwellenstein, verziert

Monolith aus einem Stein, in einem Stück

Monsun (von arabisch *mausim* = Jahreszeit). Jahreszeitlich wechselnder Wind in Indien und Südostasien. Weht von April bis Oktober von SW und bringt Hitze und reichlichen Regen. Von Oktober bis April weht er aus NO und bringt kühle, trockene Luft.

Motodop kh. Moped-Taxi-Fahrer. Von moto double frz.

Mudra „Siegel", „Zeichen", symbolische Hand-Geste

Muka Dämon.

Mukhalingam Lingam mit Gesicht

Mukkuta kegelförmige Haartracht der Dämonen.

Naga göttlicher König der Wasser-Schlangen, Symbol des Wassers.

Namasté, Wai th., Chumreap sur kh. Mudra des Gebetes, der Anbetung, des Grußes

Nanda abgeleitet von „anantapannya" (Pali), „endlose Weisheit".

Nandi göttlicher Stier/ Buckelrind-Bulle als Reittier *Shivas*.

Narai th. ▶ *Vishnu*

Nashorn Reittier *Agnis*

Natakeshvara Shiva, tanzend

Néak, Nak kh. lokaler Gott, Geist, Drache, Schlange

Neang kh. Junge Frau, Dame

Nirti, Nirriti Gott des Unglücks, des Todes, der Zerstörung, der Korruption, Hüter des Südwestens, Varana: Yaksha.

Nirwana san., Nibbana p. „Erlöschen", „Erlösung", endgültige Erlösung aus dem Rad der Wiedergeburten, höchstes Ziel des Buddhismus. Buddhisten betrachten Nirwana als Ende von Leiden und Täuschung. Es ist Anfang des seligen Verweilens im Ziel. Ähnlich, aber anders definiert, im Hinduismus.

Noreay ▶ *Vishnu*

Ogre Riese, Ungeheuer, Menschenfresser

Om Heilig

Orientierung Während christliche Kirchen nach der Blickrichtung der Gemeinde „orientiert" sind, ist bei Khmer-Tempeln die „Orientierung" gleich der Blick-Richtung des Gottes—zum Haupt-Eingang. Orientierung nach O wird im Allgemeinen Shiva zugeordnet, Orientierung nach W Vishnu. Andere Orientierungen ergeben sich in der Regel aus dem Gelände-Relief.

Pad Fuß, Füße

Padma Lotus, Zwerg ▶ *Kavara*

Pagode Mehrgeschossiger buddhistischer Tempel-Turm mit übereinander gestapelten Dächern, in SO-Asien. Das englische Wort *pagoda* hat

eine viel all-gemei-
nere Bedeutung:
Tempel, Tempel-
Anlage, Stupa,
Kloster, Heiligtum
Das Wort „Pagode"
sollte man deshalb
vermeiden, weil es
mißverständlich
ist.

Pali Mittelindische
Sprache, aus dem
Sanskrit abgeleitet.
Sprache des Bud-

Pagode

dha, in der seine Lehren aufgezeichnet
sind. Sprache der Theravada-Texte.

Pali-Kanon Die heiligen Schriften des
Theravada-Buddhismus.

Pancacaratra-Sekte Anbeter Vishnus

Pandava ▶ *Kaurava*

Paneel Wandverkleidung, Wandbild,
Flach-Relief. Die Reliefs in Angkor
sind keine *Paneele*, sie sind direkt in die
Wand gemeißelt.

Parvata Berg

Pattini Göttin der Keuschheit

Pean kh. 1. Jüngere Tochter, Nesthäk-
chen, 2. gewunden

Phkaek kh. Charakteristische Waffe der
Khmer, Haumesser mit 2 Schneiden an
langem, um 90% gebogenem Stil, aus
Indonesien. Heute noch, einschneidig,
als Werkzeug in der Landwirtschaft.

Phnom kh. Phukhao th. Berg, Hügel

Pho, Phu „Erleuchtung"

Phong Mönch

Phoum kh. Dorf

Phsar kh. Market

Pilaster flacher Wandpfeiler, halber ▶
Pfeiler

Pluk kh. Elfenbein, Stoßzahn des
Elefanten.

Poo kh. Onkel

Prajnaparamita „Vollendung der
Weisheit", weiblicher Bodhisattva,
buddhistische Gottheit, ▷ TA
PROHM (02.11).

Pranam, Pranan anbeten

Prang in Thailand ein Chedi oder Prasat
im "Khmer-Stil", Umriß wie ein Mais-
Kolben, gestuft.

Prasat Tempel-Turm, Heiligtum

Preah kh. aus: Brah, san., heilig, gehei-
ligt.

Preahriem kh. ▶ *Rama*

Pream kh. Priester, Einsiedler

Prei kh. Wald

Prohm, Prom kh. ▶ *Brahma*

Puja Verehrung, Anbetung, Opfer

Puja-Tage Feiertage des Mond-Kalen-
ders.

Pura Stadt

Pyramiden-Tempel hat 1 oder 5 Prasat
auf einer Stufen-Pyramide.

Quadrat Symbol irdischer Vollkommenheit.

Quincunx die Anordnung von fünf
Prasat wie die fünf Augen auf einem
Würfel.

Rahal rechteckiges Stau-Becken, das
auf der Seite, wo das Wasser einfließt,
keinen Damm hat. ▶ *Baray*.

Rajalitasana „königliche Sitzhaltung",
ein Unterschenkel waagrecht, der
andere senkrecht, die Füße beisam-
men, die rechte Hand ruht auf dem
rechten Knie.

Rakhshini weibliche Form des Rhakhshasa

Ramayana, Ramakien th. indisches
Epos, Geschichte von *Rama* und *Sita*.

Ravana König der Rakshasas (Dämonen), hat 10 Köpfe und 20 Arme.
Er raubt Sita und kämpft gegen *Rama*,
ihren Gatten. Das ist der Inhalt des
Ramayana.

Register „Zeilen" eines Reliefs, von
unten nach oben gezählt.

Relief Backstein–und Sandstein-Tempel
sind innen und außen mit Reliefs geschmückt; Galerien zeigen Relief-Zyklen

Remorque-moto frz.-kh. ▶ *Tuk Tuk*

Rig Veda Sammlung alter heiliger
Schriften der Inder.

Rishi, Rshi, Russi th. Großer Weiser
oder Erleuchteter

Roméas Nashorn

Rudra „Wilder", „Brüllender", zerstöre-
rischer Aspekt *Shivas*, vedischer Gott

Run kh. Loch

Rung kh. Höhle

Rung th. Regen-Bogen

Saivite ▶ *Shivait*

Sakristei In Angkor ein kleines Gebäude, das—vermutlich—als Kapelle
zur Aufbewahrung der heiligen
Flamme *Agni* dient, zur Aufbewahrung
von Opfergaben, als Pilgerherberge
oder als privater Schrein. Meist als
„Bibliothek" bezeichnet.

Sala, Salla (Kloster-)Schule

Samadhi *Mudra* der Meditation.

Sampot kh. als kurze Hose gewundenes
Tuch.

Samsara Kreislauf, Rad der Wiedergeburten.

Sangha Gemeinschaft der Mönche

Sanjak Leibgardist, „Bluts-Bruder",
hochraniger Gefolgsmann.

Sankha Muschel, Zwerg ⇨ *Kuvara*

Sanskrit Altindische Sprache indoeuropäischen Ursprungs, also mit
europäischen Sprachen verwandt.
Traditionell die Sprache des Hinduismus und des Mahayana-Buddhismus.

Sap süß, Süßwasser

Sarasvati Gemahlin des Brahma, Schutz-
herrin der Beredsamkeit, Künste und
Musik.

Satelliten-Tempel Eine vollständiger
Tempel mit Galerie innerhalb eines
großen Flach-Tempels, mit diesem auf
der selben Achse.

Satvata Anbeter Vishnus

Schein-Türe Nachahmung eines
geschlossenen 2-flügligen Holz-Tores
in Stein

Schrein kleiner Tempel, kleines Heiligtum

Sema, Sima san. „Grenze" Grenzstein,
8 solche Steine stehen um einen *Bot*.
Ein *Viharn* hat keine Sema.

Shakti 1. weibliche, kreative Energie
eines Gottes, hind. 2. eine Waffe

Shiva hinduistischer Gott, Zerstörer und
Erneuerer, National-Gott der Khmer.

Shiva nataraja tanzender ▶ *Shiva*

Shivait Anhänger *Shivas*

Siam „Dunkler", Name Thailands bis
1939.

Siddharta Name des historischen Buddha als Prinz

Siem Reap „der Ort, wo die Siamesen
besiegt wurden"

Simha, Singha th., Löwe

Simhamukha Monster, wie ▶ Kala, aber
mit Unter-Kiefer.

Sims, Gesims waagrechter, hervor
tretender Balken oder Streifen.

Sita wunderschöne Gattin *Ramas*, Inkarnation *Lakshmis*.

Soma Mondgott. Getränk *Indras*.

Spean kh. Brücke

Srah, Sras kh. Wasser-Becken für rituelle Waschungen.

Srang kh. König

Srei kh. Frau

Srok kh. Distrikt

Stele stehender Stein mit Inschrift

Strudel-Topf Abtragungs-Form. Steine,
die in einen Wasser-Strudel geraten,
bohren sich in den Felsen.

Stung kh. Fluß

Stupa „Erdhügel". Buddhistisches Bauwerk zur Aufbewahrung von Reliquien und anderen Heilig¬tümern.

Sturz, Türsturz ▶ *Lintel*

Sumeru th. ▶ *Meru*

Sutra, Sutren „Leitfaden", Lehrsatz, Lehrrede des Buddha.

Svay kh. Mango

Ta, To kh. alter Mann, Vorfahre, alt

Tadev kh. Bauwerk

Tandava ▶ *Shivas* Tanz

Tara „Erlöserin", buddhistische Gottheit, meistens werden die Grüne oder die Weiße Tara dargestellt.

Tboun kh. Süden

Teap kh. niedrig

Tempel-Anlage besteht aus Prasat, Umfassungs-Mauer(n); eventuell Neben-Prasat, Neben-Gebäude, Galerie(n), Gopuram, Wasser-Graben

Tevoda weibliche Gottheit

Thep Gottheit, Engel

Thma kh. Stein

Thmey kh. neu

Thom kh. groß

Thorani th. ▶ *Bhumidevi*

Tipitaka ▶ *Tripitaka*

Toap, Top kh. Militär

Tonlé kh. Wasser, Gewässer, Fluß, See

Torana Bogen, Tor

Trapéang kleiner Wasserspeicher, Stausee, Wasser-Becken

Tribhanga dreifache Biegung des Körpers, aus der ind. Kunst

Tribhunanesvara Lokale Gottheit, allmählich verschmolzen mit ▶ *Badhresvara* (Koh Ker).

Triloka, Tripura ▶ Drei Städte

Trivikrama *Vishnu* der ▶ *Drei Schritte*

Tuk Tuk th. Moped-Taxi

Tympanon Giebelfeld, ▶ Fronton.

Ubosot ▶ *Bot*

überwachsen Die Vegetation kann in der Regenzeit so üppig wuchern, daß überwachsene Tempel praktisch unerreichbar und unsichtbar werden.

Umamahesvara *Shiva* und *Uma* auf *Nandi*.

Umfassungs-Mauer grenzt den Tempel von der Welt ab, notwendiger Teil einer Tempel-Anlage

Urna ▶ *Drittes Auge*.

Ushnisha Beulenförmige Scheitelerweiterung des Buddha, Ausdruck seiner großen Weisheit.

V–W bei der Schreibung von Tempel-Namen wird unter französischem Einfluß gerne das V, unter angelsächsischem Einfluss eher das W verwendet.

V–Y Im Khmer wird das Y eher wie V oder W ausgesprochen, die Schreibweise von Namen geht entsprechend durcheinander.

Vahana „tragendes Wesen", Fahrzeug oder Reittier eines Gottes und sein Bestimmer: Vahama macht es möglich, den Gott zu identifizieren.

Vaishnavite, Vaishnanva Vishnu-Kult, Anhänger des Vishnu-Kults.

Vajra Blitz, Donner-Keil. Phallus, *Lingam*.

Varahi weiblicher Aspekt von Varaha

-varman „Rüstung", in Königsnamen: „beschützt von ..."

Varuna Gott des Meeres, Regengott, Hüter des Westens, Varana: Makara oder Naga.

Veda Hinduistische Schriften der göttlichen Offenbarung.

Vel Lanze, Waffe des Skanda, hind.

Vighnapati, Vighnesa, Vighnesvara ▶ *Ganesha*

Vihara, Viharn, Vihear, Vihan Heiligtum, Buddhistische Tempelhalle minderen Ranges, dient zur Aufbewahrung geheiligter Gegenstände und für einfachere Zeremonien. Hat keinen ▶ *Sema*. Gewöhnlich tragen 2 Reihen steinerner Säulen eine hölzerne Dachkonstruktion, die heute oft verschwunden ist. Oder ganz aus Holz + Ziegeln gebaut. Versammlungs-Ort der Laien-Buddhisten.

Vijaya Sieg

Vipassana „Einsicht", Meditations-Technik des Theravada-Buddhismus, beruht auf Selbst-Annahme, alles umfassender Liebe, Achtsamkeit und Konzentration auf den gegenwärtigen Augenblick durch Atembeobachtung.

Vishnu hinduistischer Gott, Erhalter

Vishrakarman Bruder Shivas, Erbauer des Universums.

Vitarka ▶ *Dharmachacra*

Volute gewunden wie ein Schneckenhaus

W, V ▶ *V–W*

Wandung die glatte Innenwand des Tür-Rahmens, oft mit Inschriften.

Wasser-Graben Symbol der Gewässer dieser Erde oder des Ur-Meeres, das die Welt umgibt.

Wat Buddhistischer Tempel, Kloster

WMF, World Monuments Fund Private Stiftung aus den USA, Restaurierungs-Arbeiten in Angkor.

Wulst waagrechte halbrunde Verdickung.

Y–V ▶ *V–Y*

-yang, -yon kh. ▶ *Yantra*

Yantra magische geometrische Form des Mahayana-Buddhismus.

Yasodharapura Name der ersten Hauptstadt in Angkor, gegründet von König Yasovarman I. (889–~915). Zentrum PHNOM BAKHENG (01.02).

Yéai, Yea, Veai kh. Dame, alte Dame, Großmutter

Yoni Darstellung der weiblichen Scham, Symbol für Fruchtbarkeit und schöpferische Energie, Basis des *Lingam*, ▶ *Snanadroni*.

Yuon kh. abfällige Bezeichnung für Vietnamesen.

LITERATUR

Aymonier, Marine-Offizier und Epigraphist, erkundete 1882-85 die Khmer-Tempel und–Inschriften. Neben ▶
Lajonquière die wichtigste Quelle. Vieles, was er noch beschreibt, ist heute zerstört und verschwunden.

- **Robert Acker: New geographical tests of the hydraulic thesis at Angkor.** In: South East Asia
  Research, 6, 1, S. 5–47.

- **Jeannine Auboyer, Michel Beurdely, Jean Boisselier, Chantal Massonaud, Huguette Rous-
  set: Handbuch der Formen–und Stil-Kunde Asien.** Wiesbaden (Fourier) 1988. Französische
  Originalausgabe: La grammaire des formes et des styles: Asie. Fribourg (Schweiz) (Office du
  Livre) 1978.

- **Adolf Bastian: Reise durch Kamboja nach Cochinchina.** Jena 1868.

- **Jean Boisselier: Notes sur l'art du bronze khmer.** Artibus Asia 29 (1967); S. 275 ff.

- **Jean Boisselier: Trends in Khmer Art.** Ithaca (Cornell University) 1989.

- **Albert le Bonheur: Von Göttern, Königen und Menschen.** Flach-Reliefs von Angkor Vat und
  dem BAYON. Mit Fotos von J(aroslaw) Poncar. Wuppertal 1995.

- **Lawrence Palmer Briggs: The Ancient Khmer Empire.** 1951. Nachdruck: Bangkok (White
  Lotus), 1999). *Eine profunde und umfassende Sammlung von und Zeugnissen. Das Literatur-Verzeichnis
  umfasst 750 Titel! Grundlegend.*

- **Bruno Bruguier: Le Prasat Ak Yum.** In: Bizot: Recherches nouvelles sur le Cambodge. EFEO
  1997.

- **David Chandler: A History of Cambodia.** 2. Auflage Chiang Mai (Silkworm Books) 1998.

- **George Coedès: Angkor an Introduction.** (1943) Singapur 1984.

- **Nadine Dalsheimer, Bruno Dagens: Les collections du musée national de Phnom Penh.**
  Paris (EFEO, Magellan) 2001

- **Pierre Dupont: Mission au Cambodge: Phnom Kulen.** BEFEO 1937.

- **Pierre Dupont: Les Monuments du Phom Kulen I: Le Prasat Nak Ta.** BEFEO 1938.

- Jacques Dumarçay: Notes d'architecture khmère. [Vat Phu, Neak Pean, Khleang N]. BEFEO 1992.

- **Jacques Dumarçay, Michael Smithies: Cultural Sites of Burma, Thailand and Cambodia.**
  New York (Oxford University Press) 1995.

- **Jaques Dumarçay: Architecture and its Models in South-East Asia.** Bangkok (Orchid Press)
  2003.

- **Michael Freeman: A Guide to Khmer Temples in Thailand and Laos.** New York (Weather-
  hill), 1996, 1998. *Profunde Beschreibung aller relevanten Tempel, glänzend geschrieben und fotografiert,
  handlich, unentbehrlich für den Besuch.*

- **Claude Jacques, R. Dumont: Angkor.** Paris 1990.

- **Claude Jacques: Angkor,** Résidences des dieux. Fotos: Michael Freeman. Bangkok (River
  Books) 1997. *Die derzeit bedeutendste Beschreibung und Interpretation der Monumente. Exzellente
  Fotos, die Luft-Aufnahmen bieten überraschende Einsichten.*

- **Claude Jacques: Ancient Angkor.** Fotos: Michael Freeman. Bangkok (River Books), 1999.
  Flexibel gebundene Ausgabe des obigen.

- **Jean Filliozat: Le symbolisme du monument de Phnom Bakheng.** BEFEO 44, Band 2,
  (1954), S. 524–554.

- **Madelaine Giteau: Angkor.** Übersetzung ins Deutsche: Alfred P. Zeller. Fribourg (Office du
  Livre) und Stuttgart (Kohlhammer) 1967. *Eine Schilderung des Lebens im Khmer-Reich des 13. Jh.*

- **Maurice Glaize: Les Monuments du Groupe d'Angkor.** 1944. 5. Auflage Paris (J. Maison-
  neuve) 2001. *Klassische, sehr anspruchsvolle Beschreibung.*

- **Maurice Glaize,** The Monuments of the Angkor Group. Übersetzung der 4. Auflage der französischen Ausgabe. Buchausgabe vergriffen, frei vergriffen. Frei herunter zu laden aus dem Internet:
  www.theangkorguide.com

- **Xaver Götzfried: Das Khmerreich** (9.–15. Jh.): Angkors Ruinen im Dschungel. In: Brockhaus 2002, CD-ROM.
- **Karl-Heinz Golzio: Geschichte Kambodschas.** München (C. H. Beck) 2003.
- **Bernard-Philippe Groslier: Hinterindien.** (1960). Baden-Baden 1974.
- **Bernard-Philippe Groslier: „La cité hydraulique angkorienne",** BEFEO 1971.
- **George Groslier:** Troisième recherches sur les cambodgiennes. Étude sur le temps passé à la construction d'un grand temple khmer **(Banteay Chmar)**. BEFEO 1935
- **Danielle Guerét: Le Cambodge,** une indroduction à la conaissance du pays khmer. Paris und Pondicherry (Kailash Editions), 1998.
- **Charles Higham: The Civilization of Angkor,** London, 2001.
- **Charles Higham: Early Cultures of Mainland Southeast Asia.** Bangkok (River Books) 2002
- **Helen Ibbitson Jessup/ Thiery Zéphir (Herausgeber): Sculpture of Angkor and Ancient Cambodia.** 1997. *Ausstellungs-Katalog, umfassender Überblick und solide Einführung.*
- **Claude Jacques: Angkor.** Könemann, 1999.
- **Heinz Kotte, Rüdiger Sievert: Der Traum von Angkor.** Kambodscha, Vietnam, Laos. Bad Honnef (Horlemann) 2000. *Informative Reportagen. Thema: Wie sieht das heutige Kambodscha seine große und leidvolle Vergangenheit?*
- **E[tienne-Edmond] Lunet de Lajonquière: Inventaire archéologique de l'Indochine.** Paris (Leroux). Tome I, 1903. *Cambodge,* Tome II, 1907. *Provinces nouvellement Rattachées au Cambodge,* Tome III, 1911 *Siem Reap et Battambang,* 3 Bände. Paris (Leroux) 1902, 1907, 1912.

BEFEO = Bulletin de l'École Française d'Extrême-Orient
- **Étienne Aymonier: La Cambodge.**
  I Le royaume actuel, II Les provinces siamoises,
  III Le Groupe d'Angkor et l'histoire. Paris (Leroux) 1900-1903.
- **Étienne Aymonier: Khmer Heritage in the Old Siamese Provinces of Cambodia.** (Paris 1901). Neuausgabe: Bangkok (White Lotus) 1999. Englische Übersetzung des 2. Bandes des oben genannten Werks.

Beschreibung und Erklärung der hinduistischen und buddhistischen Bilderwelt in den Reliefs der Khmer-Tempel.
- **Vittorio Roveda: Preah Vihear.** Bangkok 2000. **Vittorio Roveda:** Sacred Angkor. The Carved Reliefs of Angkor Wat. Fotos von Jaro Poncar. Bangkok (River Books), London Thames & Huson) 2003.

Einführung in eine faszinierende Bilderwelt, die zweite Entdeckung von Angkor Wat.
- **Eric Seidenfaden: Complement á l'inventaire descriptif** des monuments du Cambodge pour les quatre provinces du Siam oriental. BEFEO 22, S. 55–99.
- **Philippe Stern: Le style de Kulen.** BEFEO 1938.
- **Philippe Stern: Les momuments khmèrs du style de BAYON et Jayavarman VII.** Paris 1965.
- **Henri Stierlin: Angkor.** München (Hirmer). *Obwohl in Details veraltet, ist diese Darstellung der Khmer-Tempel in ihrer chronologischen Ordnung und Entwicklung ein Klassiker und eine anregende Lektüre.*
- **Heng L. Thung: Geohydrology and the Decline of Angkor.** Journal of the Siam Society, 82, Teil 1, 1994.
- **Michel Tranet: Sambaur-Prei-Kuk.** Monuments d'Içanavarma (615–628) et ses environs. 3 Bände. Toyota Foundation (1999). *Umfangreiche, unübersichtliche und nicht zuverlässige Material-Sammlung.*

- **Heinrich Zimmer**: Indische Mythen und Symbole. Düsseldorf (Diederich) 1973.

Lajonquière, Infanterie-Offizier, inventarisierte auf den Spuren von ▶ *Aymonier für die EFEO von 1900 bis 1904 insgesamt 940 Monumente. Sein Werk ist immer noch die wichtigste Informations-Quelle über die Khmer-Tempel.*

- **Jean Laur, Angkor** An Illustrated Guide to the Monuments. (Flammarion) 2002. *Übersetzung aus dem Französischen.*
- **Wibke Lobo: Erzählende Reliefs von Angkor Vat**. Berlin, 1986. *Sehr anregende Interpretation einiger Flach-Reliefs.*
- **Pierre Loti: A Pilgrimage to Angkor**. Chiang Mai (Silkworm Books) 1996. *Klassischer Bericht von 1901.*
- **Eleanor Mannika: Angkor Wat, Time, Space and Kingship**, Honolulu 1996.
- **Henri Marchal: Nouveau Guide d'Angkor**. Phnom Penh 1961.
- **Henri Mauger: Le Phnom BAYANG**. BEFEO 1937.
- **Henri Mauger: PREAH KHAN de Kompong Svay**. BEFEO 1939.
- **Vann Molyvann: Les cités khmers anciennes**. Toyota Foundation 1999.
- **Eleanor Moron: Configuration of Time and Space at Angkor Wat**. Studies of Indo-Asian Art and Culture, 5, 1977, S. 217–267.
- **Henri Mouhot: Travels in the Central Parts of Indo-China (Siam), Cambodia, and Laos** during the Years 1858, 1859 an 1860. London 1864. Nachdruck Bangkok (White Lotus), 1986.

Luzide Einführung.

- **Zhou Daguan: The Customs of Cambodia**. Bangkok (Siam Society) 2003. Bericht über den Alltag in Angkor um 1297.[20]

Mouhot war der „Entdecker" Angkors, seine Berichte machten die Tempel der Khmer in der westlichen Welt bekannt.

- **Hedwige Multzer o'Naghten: Les Temples du Cambodge**. Architecture et Éspace sacré. Paris (Librairie Orientaliste Paul Geuthner S.A.), 2000.
- **Henri Parmentier: L'art khmèr primitif**. 2 Bände. Paris (EFEO, G. van Oest) 1927.
- **Henri Parmentier: Completement à l'art khmèr primitif**. BEFEO 1935.
- **Henri Parmentier**: L'Art Khmèr Classique: monuments du quadrant nordest. Paris (EFEO, G. van Oest) 1939.
- **Henri Parmentier: Angkor**. 3. Auflage Phnom Penh 1960.
- **John T. Parry: A New Perspective on Angkor**—the Spatial Organization of an Historic Landscape Viewed from Landsat In: Geocarto International, Vol. 11, No.2, Juni 1996.
- **Philip Rawson: The Art of Southeast Asia**. London, New York (Thames and Hudson) 1967. Nachdruck 1995. *Eine Einführung in die Entwicklung der indisierten Kulturen und ihrer Kunst.*
- **Vittorio Roveda: Khmer Mythology**. Bangkok (River Books), 1997. 4. Auflage 2003.

REISEFÜHRER

deutsch:
- **Kambodscha**. Andreas Neuhauser. Reise-Know-How Verlag. 2003. (6. Auflage in Vorbereitung). *Längst ein Klassiker, und auf dem neuesten Stand.*
- **Nelles Guide Kambodscha, Laos**. 2003.

---

20. Die deutsche Übersetzung von Guido Keller, Libri Books on demand, ist unbrauchbar.

- **Kambodscha**. Verlag Stefan Loose. *Deutsche Übersetzung des Lonely Planet Guide.*
- **Kambodscha—Travel Handbuch**. Beverley Palmer. Dumont 2003.
- **GEO Special Vietnam, Laos, Kambodscha**. 1998.
- **Merian Vietnam, Laos, Kambodscha**. 1995.

englisch:
- **Adventure Cambodia**: An Explorer's Travel Guide. Matt Jacobson & Frank Visakay. Chiang Mai (Silkworm Books),. 2001. *Gründlich recherchiert, brauchbare Ortspläne.*
- **Cambodia Handbook**. John Colet. Footprint Handbooks 2003.
- **Cambodia**. Lonely Planet, 2002.
- **Laos**. Lonely Planet, 2002.

Karten
- **Cambodia 1:750.000 Road Map**. Karto-Atelier Zürich.
- **Nelles Maps. Vietnam, Laos, Cambodia**. 1:1,5 Millionen.
- **Topograpische Karte 1:100.000**. Viele Blätter, z.T. Aufnahme von 1997, z.T. älter. Erhältlich bei Sokla, Phsar Thom Thmey No. 62 (Central Market Phnom Penh, rechts vor dem W-Eingang der zentralen Halle).

INTERNET

- **Andy Brouwer's** Cambodia tales http://cambodia.e-files.dk
  http://www.btinternet.com/~andy.brouwer/
- **George Moore's** Cambodia Travel Links
  http://www.rectravel.com/khlavn/
- www.cambodianonline.net
- **Johann Reinhart Ziegers** Internet-Seiten mit Berichten von seinen Reisen und dem kambodschanischen Alltag
  http://www.angkorguide.de
- **Musee Guimet**, Paris ▶ Museen.
  http://www.museeguimet.fr
- **Unterkunft in Siem Reap**: http://www.angorhotels.o

ENDNOTEN

1. Das Geld geht zum größten Teil an eine private Gesellschaft.
2. DUMARÇAY, S. 25–27.
3. GLAIZE, S. 96 f.
4. GITEAU, S. 110
5. Stierlin sieht hier Ähnlichkeiten mit der Pyramide II aus der Maya-Stadt Tikal (6. Jh. v. Chr. bis 9. Jh. n.Chr.) im heutigen Guatemala.
6. Eine Volksstamm, der hier gelebt hat und als dessen Nachkommen die Einwohner des Dorfes Pradak gelten
7. GLAIZE, S. 239.
8. Der 2. Teil des Namens weist auf die Gottheit Badreshvara hin, die in WAT PHU (Laos) verehrt wurde. König Rajendravarman erbte von seinem Vater das Zhenla-Königreich Bhavapura, in dem WAT PHU lag, und vereinigte es mit dem Reich von Angkor.—Der moderne Name, „Umwenden des Leichnams", ist irrelevant.
9. Einmal Rajendravarman, einmal sein Halbbruder und Vorgänger Harshavarman II. (~941–944).
10. Eines der vielen Dinge in Angkor, über die wir nichts wissen. „Guides verschwenden mit der Erklärung nur die Zeit der Besucher". (FREEMAN/ JACQUES)
11. STIERLIN
12. GLAIZE
13. Kuti ist dem alten Namen des Platzes. König Jayavarman II. (790–835) hatte hier eine Stadt gegründet.
14. ▷ BANTEAY KDEI (02.08)
15. Pilippe Stern, nach CHANDLER, S. 61
16. BRIGGS, S. 212 f.
17. Jaques und Pottier, nach MULTZER, S. 58.
18. HIGHAM, S. 309.
19. HIGHAM, S. 157.
20. GITEAU, S. 252.
21. CHANDLER, S. 50.
22. STIERLIN, S. 150.
23. STIERLIN, ebenda.
24. ▷ Interwiew mit eine Zeit-Zeugen
25. MULTZER, S. 81.
26. Andreas Volwahsen, nach STIERLIN, S. 130.
27. STIERLIN, S. 150
28. Moron nach CHANDLER, S. 50 f., GOLZIO, S. 73 f.,
29. Die großen Tableaus sind zusammen ~520 m lang. Dazu kommen die Eck-Pavillons.
30. Vergleichbar wäre Borobudur, dort sind aber die Reliefs auf verschiedene Ebenen verteilt
31. Le Bonheur, nach ROVEDO, S. 23.
32. MOUHOT, S. 295
33. Beschreibung der Reliefs nach GLAIZE, LOBO und ROVEDO.
34. STIERLIN
35. ÉFEO hat durch das östliche Angkor 2 Rundwege ausgebaut: Petit Circuit und Grand Circuit..
36. Nach GITEAU, S. 178 f.
37. Zitiert nach STIERLIN, S. 181.
38. GITEAU, S. 179.
39. Führer sprechen hier gelegentlich von "Schlangen-Gruben".
40. Die angeblichen Lepraflecken stammten wohl von Flechten.
41. BRIGGS, S. 232.

42. BRIGGS, S. 232.
43. STIERLIN, S. 143.
44. In der Literatur wird sie meistens als 1. Stufe der Pyramide gezählt.
45. Z.T. nach GLAIZE, S. 71 f.
46. CHANDLER, S. 66.
47. GLAIZE, S. 109
48. FREEMAN/JACQUES, S. 80.
49. GLAIZE, S. 113.
50. Beschreibung der Reliefs nach GLAIZE und ROVEDO.
51. MULTZER, S. 12
52. „Alter Som"—es gibt auch einen Tempel dieses Namens
53. Henri Marchal, französischer Archäologe, arbeitete in den 1930-er Jahren in Angkor.
54. „muay" (eins, khmer), „coin" (Münze, französisch). Ein Reis-Bauer verdiente im Jahr knapp 40 Riehl, dem entsprach etwa der Lohn Ta Soms.
55. Georges Trouvè, Konservator 1933–35.
56. BRIGGS, S. 202.
57. Jetzt in VIHEAR PRAMPIL LOVENG.
58. GLAIZE, S. 140.
59. Ein Herrschaftszeichen der Könige von Kambodscha bis heute.
60. GLAIZE, S. 219.
61. Jacques und Pottier, nach MULTZER, S. 58.
62. Es gibt mehrere Tempel gleichen Namens.
63. BOISSELIER
64. GITEAU; S. 220.
65. GLAIZE, S. 215.
66. G. Coedès nach GITEAU, S. 150.
67. AYMONIER, S. 195.
68. GLAIZE, S. 250.
69. GLAIZE, S. 251.
70. © 2002 Bibliographisches Institut & F. A. Brockhaus AG
71. GOLZIO, S. 51
72. GLAIZE, S. 257.
73. S. 233 f.
74. Coedes, zitiert nach BRIGGS, S. 185.
75. Claude Jacques und G. Coedés, nach MULTZER, S. 32 f.
76. nach AYMONIER, S. 133-145, BRIGGS, S. 225-227.
77. Von außen nach innen gezählt.
78. = Indravarman + Kumara (Kronprinz).
79. BRIGGS, S. 206.
80. „Herr des Berggipfels", ein Beiname Shivas.
81. Gopuram werden von innen nach außen nummeriert.
82. Nach ROVEDO 2, S. 37 f.
83. Zur Erklärung der Reliefs wurde ROVEDO 2 herangezogen.
84. BRIGGS, S. 117–120
85. Fälschlicher Weise „Prang" genannt
86. GITEAU, S 96..
87. Parmentier, nach BRIGGS, S. 121.
88. Parmentier, nach BRIGGS, S. 155.
89. BRIGGS, S. 74 f.

90. nach BRIGGS, S. 33.
91. Einen ähnlichen Grundriss finden wir bei RUSEI ROLEAK (20.17) und DAUN MUM (20.20)
92. BRIGGS, S. 72.
93. „Drai Drang" bedeutet „Großer Fuß" (des ruhenden Vishnu).
94. Nach örtlicher Tradition gilt Ta Prohm als der Sohn und Nachfolger des legendären Gründer-Königs Ket Mealea.
95. Nach örtlicher Tradition war Yeay Peau die Mutter des Königs Ta Prohm.
96. CHANDLER, S. 21 f.
97. Diese bedeutendste Plastik der Khmer ist unter „Post-Angkorian Buddha" versteckt. Vom Eingang aus nach rechts = N, gerade aus.
98. BOISSELIER
99. Heng L. Thung
100. © 2002 Bibliographisches Institut & F. A. Brockhaus AG
101. Z. T. nach MOLYVANN, S. 22–47.
102. Vermutlich seine Hauptstadt bis zu seiner Machtübernahme in Angkor, 1010.
103. CHANDLER, S. 19 f.
104. CHANDLER, S. 18.
105. ▷ Außengalerie von ANGKOR WAT (04.01), O-Seite, S-Flügel.
106. GITEAU, S. 269.
107. ▷ Außengalerie von ANGKOR WAT (04.01, W-Seite, S-Flügel.
108. GITEAU
110. In Angkor werden diese alten Symbole erst spät oder gar nicht verwendet.
111. Es gibt, abgesehen von einigen modernen Figuren, keine Darstellung eines toten Buddha.
112. DUMARÇAY/SMITHIES, S. 75 f.
113. MULTZER, S. 18.
114. „Die ersten Galerien, selbst wenn sie vollständig unzugänglich sind, sind einzig nach innen geöffnet, das heißt, sie wenden sich dem Tempel zu, den sie isolieren. "MULTZER, S. 82.
115. STIERLIN, S. 89.
116. MULTZER, S. 85 f
117. MULTZER, S. 96
118. BOISSELIER; S. 52.
119. BRIGGS, S. 100.
120. MULTZER, S. 33.
121. In der älteren Literatur werden Zellen Mandapa genannt.
122. Dagens, nach MULTZER, S. 89.
123. Coedés und Paul Mus, nach GLAIZE, S. 106.
124. Paul Mus, nach MULTZER, S. 12.
125. Philippe Stern, nach CHANDLER, S. 61 f.
126. MULTZER, S. 79.
127. Auch der posthume König wird nicht mit Shiva oder Vishnu identifiziert, er ist in deren Nähe gerückt.
128. MULTZER, S. 68.
129. ▶ Kaptel 26, Entwicklung und Typologie des Prasat
130. Boisselier, nach STIERLIN, S. 92.
131. STIERLIN
132. Bernard-Philippe Groslier: „La cité hydraulique angkorienne", 1971. Charles Higham: The Civilization of Angkor, London: 2001, S. 156–162.
133. MULTZER, S. 19.
134. Die deutsche Übersetzung von Guido Keller, Libri Books on demand, ist unbrauchbar.

NACHWORT

Zuerst waren die Bilder in GEO, dann, viele Jahre später, mein erster Besuch in Angkor. Ich habe Tempel gesehen, nichts verstanden, wollte mehr wissen. Das war schwierig. Schließlich habe ich das Buch selbst geschrieben, das ich für die Khmer-Tempel gebraucht hätte. Es ist das Protokoll meines Studiums der Monumente. Das Thema hat sich ausgeweitet: Angkor ist nicht isoliert, Tempel stehen im ganzen Lande. Und jeder zeigt sich als ein unverwechselbares Individuum. Jede „Entdeckung" war faszinierend. Parallel ging das Lesen, die Literatur über die Khmer-Tempel ist unübersehbar.

Die meisten Tempel habe ich gesehen, bei den anderen habe ich die Informationen zusammen getragen, die ich gefunden habe.

Fast alles in diesem Buch stammt aus der Literatur. Da sind die großen Forscher des 19. und frühen 20. Jh., Mouhot, Bastian, Aymonier, Lunet de Lajonquière, Parmentier, um nur einige zu nennen. Da ist die Arbeit der EFEO und ihrer Angkor-Konservatoren. Und: Briggs, der als letzter eine umfassende Quellen-Sammlung unternommen hat. Zahlreiche weitere Bücher habe ich auswerten können. Ich weiß mich den Autoren tief verpflichtet.

Viele Menschen haben mir geholfen, mich freundlich unterstützt und so meine Arbeit erst möglich gemacht. Gunter Ullrich, Kunsterzieher und Künstler (www.gunterullrich.de), hat mir, damals sein Schüler, im Zeichen-Unterricht die Augen geöffnet für Kunst und Architektur. Christophe Pottier, EFEO, und Alice Harvey, WMF, haben mir freundlich und zuvorkommend weiter geholfen. Diethard Ande, Verlag White Lotus Bangkok, hat mir Literatur gezeigt und mich an seiner publizistischen Erfahrung Teil haben lassen. Christina, Amazing CAMBODIA, war und ist eine unerschöpfliche Informationsquelle und kluge Beraterin. Hans (Café Mariam, Phnom Penh) hat mir von seinen Reise-Erfahrungen in Kambodscha erzählt. Soeun Cham Nan, Min Thol und Chan Prom, örtliche Führer in Angkor, haben mir Angkor und das ganze Land gezeigt. Kim Theany, Diethelm Travel Phnom Penh, hat mich motiviert, die Tempel off-Angkor anzusehen. Tek-Sakana Savuth, Angkor Participatory Development Organisation (Dorf-Entwicklungs-Projekt) hat mir Dörfer gezeigt und das Gespräch mit Tà Som, dem Zeit-Zeugen ermöglicht. In Phally hat mir die Angkor Conservation gezeigt. Um Sok, Chief of Department Culture and Fine Arts Kompong Thom, gab mir eine Einführung in SAMBOR PREI KUK. Eric Llopis führte mich in den Erdboden unter Angkor und die prä-historische Vergangenheit. Kong Sarith, Indochina Services Siem Reap, hat mir umfassende technische Hilfe gegeben.

Tee (Siem Reap), Bat (Battambang), Prak Kunthea (SAMBOR PREI KUK) und Ya (Phnom Penh) waren meine kundigen, tüchtigen Fahrer, Neung (Siem Reap) eine eben solche Fahrerin, die die Wege gefunden und mich sicher über abenteuerliche Strecken gebracht haben. Im Sokhom (Kompong Thom) hat mir wertvolle Tipps gegeben. Von Roland Reissman und Reinhard Hohler, erfahrenen Reiseleitern, haben ich viel über Land, Leute und Kunst gelernt, sie haben mir Literatur erschlossen. Reinhard Hohlers umfassende Bibliothek war und ist eine fruchtbare Quelle. EFEO Siem Reap und die Siam Society Bangkok ließen mich ihre Bibliotheken nutzen. Für alle diese Hilfe, die Aufgeschlossenheit und liebenswürdige Unterstützung, die ich von diesen Menschen erfahren habe, sage ich an dieser Stelle ganz herzlichen Dank.

Alles, was ich geschrieben habe, ist überprüft. Dabei sind mir sicher Irrtümer unterlaufen. Auch ändern sich die Dinge. Deshalb bin ich für Hinweise auf Fehler und für Kritik dankbar.

Wenn Sie mir ein E-Mail schicken, informiere ich Sie gerne laufend über meine weitere Arbeit in Südost-Asien.

Johann Reinhart Zieger
eM: jrz@online.com.kh

JOHANN REINHART ZIEGER

ist ein echter Baráng, er stammt von hessisch-fränkischen Bauern und thüringisch-fränkischen Zimmerleuten ab und wohnt, wenn er kurz zu Hause ist, unterhalb des Dürer-Hauses in Nürnberg.

Studierte Germanistik, Geographie und Geschichte, nebenbei etwas evangelische Theologie und Kunstgeschichte. War abwechselnd Gymnasial–und Gesamtschul-Lehrer.

Studierte auf eigene Faust deutsche Romanik, Kunst des Römischen Reiches, italienische Renaissance, griechische Tempel und Statuen.

Reisen nach Ladakh, Sri Lanka, Thailand, Kambodscha, Laos, Bali und Sulawesi, Hongkong und Süd-China.

Lebt seit 2000 in Südostasien mit Schwerpunkt Siem Reap. Gab Trainings für Deutsch sprechende Führer in Angkor, Thailand und Birma. Studiert jetzt die Kunst der indisierten Kulturen Südost-Asiens: Khmer-Reich, Champa (Zentral-Vietnam), Java und Birma.